INHALT

WIE DIE ERZÄHLUNGEN AUS TAUSENDUNDEINER NACHT ENTSTANDEN SIND

Es wird uns in alten Märchen berichtet, daß vorzeiten in Indien ein König aus dem Stamme der Sassaniden herrschte. Er hinterließ zwei Söhne, würdige Erben des Vaters. Der ältere hieß Schachriar; dieser war noch tapferer und verdienstvoller als Schachsenan, der jüngere.

Als der alte König starb, übernahm Schachriar als Sultan die Regierung. In brüderlicher Liebe teilte er die Macht und das Reich mit Schachsenan. Ihn bestellte er zum König von Samarkand in Persien.

Zehn Jahre hatten die beiden Brüder fern von einander gelebt. Da bekam Schachriar Sehnsucht, den geliebten Bruder wiederzusehen. Er betraute seinen ersten Wesir mit der Führung einer stattlichen Gesandtschaft, die Schachsenan in sein Reich geleiten sollte.

In der Nähe der Hauptstadt des benachbarten Reiches wurde der Wesir von Schachsenan und seinem Hofstaat empfangen und freundlich begrüßt. Sogleich entledigte sich der Wesir seines Auftrages. Der König nahm die Einladung des Sultans gerne an und rüstete sofort zur Reise.

Als der Zug sich der Hauptstadt des Bruders näherte, eilte ihm Sultan Schachriar mit großem Gefolge entgegen. Unter Freudentränen hieß er Schachsenan willkommen.

Eines Tages lud Schachriar den Bruder ein, mit ihm auf die Jagd zu kommen. Schachsenan lehnte ab, weil er sich nicht wohl fühlte. So ritt der Sultan mit seinem ganzen Hofstaat allein zur Jagd.

Schachsenan schloß sich in sein Zimmer ein. Er setzte sich ans Fenster und blickte hinaus. Zwanzig Sklaven und zwanzig Sklavinnen traten in den Garten. In ihrer Mitte aber befand sich die Gemahlin Schachriars. Sie setzten sich an einen der Springbrunnen. Dann unterhielt sich die Königin lachend und übermütig mit ihren Dienerinnen. Sie lief neugierig im Garten umher. Ohne Scheu enthüllte sie vor den Sklaven ihr Angesicht, obgleich dies nicht gestattet war. Der Sultan hatte seiner Gemahlin streng verboten, in seiner Abwesenheit ihre Gemächer zu verlassen.

Als der Sultan zurückkehrte, erzählte ihm Schachsenan, was er erlebt hatte.

Zornentbrannt sagte der Sultan: „Das will ich mit meinen eigenen Augen sehen."

Auf den Rat des Bruders gab Schachriar am nächsten Tag vor, wieder auf die Jagd zu reiten. Heimlich kehrte er in den Palast zurück. Nun sah er vom Fenster aus die Behauptung Schachsenans bestätigt.

Da rief Schachriar schmerzerfüllt: „Es gibt keine Treue und keinen Gehorsam mehr auf dieser Erde." Er befahl, seine Frau zu töten.

Nun ging Schachriar daran, eine neue Gemahlin zu nehmen. Er hatte sich ein unfehlbares Mittel ausgedacht, um sich vor der Treulosigkeit der Frau zu bewahren. Der Wesir mußte ihm die Tochter eines vornehmen Würdenträgers als Gattin zuführen. Am Morgen nach der Hochzeit aber ließ er sie töten. So konnte sie ihn nicht betrügen. Und jeden Tag nahm er von nun an eine Frau.

So trieb es der Sultan drei Jahre lang. In der Stadt aber verbreitete sich Bestürzung. Alle wehklagten über den Tod so vieler Töchter des Landes. Es gab fast kein Haus mehr, das nicht durch den Tod einer Jungfrau betroffen war. Die Entrüstung über das unmenschliche Treiben des Sultans wuchs. Trotzdem mußte ihm der Wesir weiterhin alltäglich ein Mädchen zuführen.

Nun hatte der Wesir selbst zwei Töchter. Die ältere hieß Scheherasade, die jüngere Dinarsade. Scheherasade war sehr belesen. Dazu besaß sie ein erstaunliches Gedächtnis und war von außergewöhnlicher Schönheit.

Der Wesir liebte seine Töchter sehr. Besonders Scheherasade hatte er innig ins Herz geschlossen.

Eines Tages sagte sie zu ihm: „Mein Vater, ich bitte Euch, gewährt mir eine Gnade."

„Ich werde deine Bitte erfüllen", gab der Wesir zur Antwort, „wenn du nichts Unvernünftiges verlangst."

Da entgegnete Scheherasade: „Ich bitte Euch, mich dem Sultan als Gemahlin zuzuführen. Ich will der Grausamkeit ein Ende machen. Entweder gelingt es mir, am Leben zu bleiben und das Land von diesem Schrecken zu befreien, oder ich werde sterben wie die andern."

Der Vater aber sagte entsetzt: „Ich beschwöre dich, es nicht zu tun. Du weißt nicht, in welche Gefahr du dich begibst. Der Sultan läßt jede Frau am Tage nach der Hochzeit töten. Ich muß diesem Befehl gehorchen. Er wird seinen Schwur halten. Du opferst dein Leben umsonst."

Aber Scheherasade erwiderte: „Ich kenne die Gefahr. Sie kann mich nicht erschrecken. Ich will und muß mein Vorhaben ausführen. Und wenn Ihr mich dem Sultan nicht vorstellen wollt, so gehe ich selbst hin. Ich werde mich ihm als Gattin anbieten."

Da sagte der Wesir zornig: „So renn in dein Verderben! Zieh deine schönsten Gewänder an. Schmücke dich bräutlich und halte dich bereit, mir zum Herrscher zu folgen!"

Dann begab er sich zum Sultan. Er berichtete, daß er ihm als nächste Gattin seine Tochter Scheherasade bringen werde. Der Sultan war erstaunt und fragte nach dem Grund dieses Entschlusses.

„Herr", sagte der Wesir, „sie wünscht selbst, Eure Gattin zu werden. Die Ehre, Eure Gemahlin zu heißen, achtet sie höher als das Leben. Selbst das traurige Los, das ihrer harrt, kann sie in ihrem Entschluß nicht wankend machen."

„Dann bring sie", erklärte der Sultan. „Aber sei versichert, daß ich dir morgen den Befehl erteilen werde, sie zu töten. Und wenn du zögerst, wird dein eigener Kopf fallen."

„Herr", erwiderte der Wesir, „ich werde gehorchen, wenn auch mein Herz blutet."

Traurig entfernte sich der Wesir, um Scheherasade zu holen. Sie aber tröstete den Vater. Denn sie war überzeugt, daß alles ein gutes Ende nehmen werde.

Bevor Scheherasade das Haus verließ, sagte sie heimlich zu ihrer jüngeren Schwester Dinarsade: „Höre, meine Schwester! Ich gehe jetzt zum Sultan, um seine Frau zu werden. Aber ich werde ihn bitten, auch dich holen zu lassen. Denn ich will noch eine Nacht in deiner Gesellschaft verbringen. Verlange von mir, daß ich dir eine der schönen Geschichten erzähle, die ich weiß. Dadurch soll uns die Nacht rascher vergehen. Ich werde dann eine Geschichte erzählen. Und dadurch hoffe ich, mich und das ganze Land von dem grausamen Treiben des Sultans zu befreien." Dinarsade versprach mit Freuden, diesen Wunsch zu erfüllen.

Scheherasade folgte nun ihrem Vater zum Sultan. Er empfing sie freundlich. Dann befahl er ihr, das Antlitz zu enthüllen. Als er ihre Schönheit sah, war er bezaubert. Liebevoll begann er mit ihr zu reden. Sie aber fing zu weinen an. Da fragte er sie nach der Ursache ihrer Trauer.

Und Scheherasade sagte: „O Herrscher der Gläubigen, ich habe eine jüngere Schwester, die ich zärtlich liebe. Ich möchte sie noch einmal sehen und von ihr Abschied nehmen."

Da sandte der Sultan um das Mädchen. Es kam sofort und setzte sich zu Füßen der königlichen Braut. Nach einiger Zeit sagte es zu Scheherasade: „Ich bitte dich, meine Schwester, erzähle doch eine der schönen Geschichten, die du weißt. Dadurch wird uns die Nacht rascher vergehen."

Scheherasade wandte sich an den Sultan. Sie bat um die Erlaubnis, den Wunsch des Mädchens zu erfüllen. Erfreut, eine Geschichte zu hören, gab der König seine Zustimmung.

Und Scheherasade begann zu erzählen. Sie war mit der Geschichte noch nicht zu Ende, als sie bemerkte, daß es schon Tag wurde. Da brach sie ab. Sie sagte, daß nun erst das Wundervollste an der Geschichte folge. Wenn ihr Herr, der Sultan, es erlaube, werde sie in der folgenden Nacht die Erzählung fortsetzen.

Schachriar hatte mit Vergnügen den Worten Scheherasades gelauscht. Nun dachte er: Ich muß sie ja nicht heute töten lassen. Dazu ist immer noch Zeit, wenn sie mit ihrer Erzählung zu Ende ist. Er ging also in die Ratsversammlung, ohne dem Wesir die Hinrichtung seiner Gattin anzubefehlen.

Der Großwesir hatte nach einer schlaflosen Nacht mit Bangen den Morgen erwartet. Nun würde er gleich den Todesbefehl erhalten. Wie überrascht aber war er, als sein Herr den Palast verließ, ohne den unseligen Befehl zu erteilen!

Der Sultan verbrachte den Tag mit Regierungsgeschäften. Erst am Abend betrat er das Schlafgemach. Scheherasade und ihre Schwester erwarteten ihn schon. Sie speisten und unterhielten sich. Dann bat Dinarsade, die begonnene Geschichte fortzusetzen.

Der Sultan sagte sofort: „Ja, vollende deine Erzählung! Ich bin begierig zu hören, wie alles sich wendet."

Und Scheherasade erzählte zu Ende. Der Morgen war noch fern, da begann sie eine neue Geschichte. Diese war noch spannender als die erste. Aber ehe sie zum Schluß gelangt war, graute der Morgen. So verschob sie die Fortsetzung auf die folgende Nacht. Und so tat sie es weiter, Nacht für Nacht. Und der Sultan verschob den Befehl, sie zu töten, von Morgen zu Morgen.

So war Scheherasade tausendundeine Nacht mit ihrer Schwester beim Sultan. Und sie erzählte tausendundeine Geschichte; von denen wollen wir nun die schönsten hören.

Aber was in der tausendundersten Nacht geschah, steht am Schluß der Erzählungen — am Schluß dieses Buches.

DER KLEINE KADI

Zur Zeit des Kalifen Harun al Raschid wohnte in Bagdad ein Kaufmann namens Ali Kodjah. Er betrieb für sich allein ein kleines Handelsgeschäft. Damit bestritt er seinen Lebensunterhalt. Diesem Kaufmann erschien drei Nächte hindurch im Traum ein ehrwürdiger Alter. Und jedesmal forderte er ihn dringender zu einer Pilgerfahrt nach Mekka auf. Darüber war Ali Kodjah sehr erschrocken. Darum faßte er den Entschluß, die Wallfahrt zu unternehmen.

Er fing an, Laden und Waren und all sein Hab und Gut zu verkaufen. Auch sein Haus vermietete er. Als die Pilgerkarawane von Bagdad nach Mekka abgehen sollte, hatte er alles geordnet. Er war zur Reise bereit. Nur eines blieb ihm noch zu tun übrig: tausend Goldstücke in Sicherheit zu bringen. Die besaß er noch über das Reisegeld hinaus.

Ali Kodjah suchte also ein Gefäß. Es mußte geräumig genug sein, seinen Schatz zu fassen. Er fand einen irdenen Krug. In diesen legte er die tausend Goldstücke hinein. Darüber gab er Oliven, und dann verschloß er die Öffnung des Kruges wieder. Das Gefäß gedachte er einem befreundeten Kaufmann zur Aufbewahrung zu übergeben.

Er trug den Krug zu ihm und sagte: „Bruder, ich will mit der Pilgerkarawane eine Wallfahrt in die heilige Stadt Mekka antreten. Hier habe ich einen Krug mit Oliven. Den möchte ich dir übergeben. Ich bitte dich, ihn bis zu meiner Rückkehr sorgsam aufzubewahren."

Der Kaufmann erwiderte sehr höflich: „Hier hast du den Schlüssel zu meinem Warenspeicher. Öffne ihn und trage den Krug selber an den Platz, der dir gefällt! Bei deiner Rückkehr sollst du das Gefäß genauso wiederfinden, wie du es hingestellt hast."

Ali Kodjah tat, wie ihn sein Freund geheißen hatte. Sodann versperrte er den Speicher und brachte den Schlüssel zurück. Nach wenigen Tagen ging die Karawane ab. Ali Kodjah gelangte glücklich nach Mekka.

Dort hielt er sich eine Weile auf. Dann schloß er sich einer neuen Karawane an, die nach Kairo ging. Er fand Gefallen am Lande Ägypten und an der Stadt Kairo. Also blieb er längere Zeit dort. Von Kairo zog er nach Damaskus. Und von da reiste er nach Jerusalem und noch in viele andere Städte. Schließlich dauerte es sieben Jahre, bis er wieder in Bagdad ankam.

Sieben Jahre lang hatte der Freund nicht an Ali Kodjah und seine Oliven gedacht. Unbeachtet stand der Krug im Speicher. Aber als Ali Kodjah auf der Heimreise war, kam eines Abends im Hause des Kaufmanns das Gespräch auf die Oliven. Die Gattin des Kaufmannes hätte gerne einige zum Essen gehabt. Aber es waren nirgends welche zu bekommen.

„Oliven möchtest du?" fragte der Kaufmann. „Da fällt mir ein, daß Ali Kodjah vor sieben Jahren ein mit Oliven gefülltes Gefäß in meinen Speicher stellte. Nach seiner Rückkehr wollte er es wieder abholen. Wer weiß, wo er jetzt ist. Vielleicht ist er schon gestorben. Jedenfalls ist nicht die geringste Nachricht von ihm eingetroffen. Ich glaube, wir könnten die Oliven verspeisen. Nur weiß ich nicht, ob sie noch gut sind. Gebt mir den Schlüssel zum Speicher und ein Licht. Ich werde hingehen und welche holen."

Die Frau des Kaufmanns war jedoch ein ehrliches und rechtschaffenes Weib. Darum suchte sie ihn von seinem Vorhaben abzubringen, indem sie sagte: „Mann, das sollst du nicht tun! Es ist nicht redlich und anständig, von anvertrautem Gut zu nehmen. Auch weißt du nicht, ob dein Freund doch noch lebt. Er kann heute oder morgen zurückkommen. Bedenk die Schande, wenn er dann merkt, daß du ihn bestohlen hast. Ich jedenfalls will diese Oliven nicht kosten. Auch glaube ich nicht, daß sie nach sieben Jahren noch eßbar sind."

Aber ihre Worte vermochten den Gatten nicht umzustimmen. Er ging in den Speicher und riß den Deckel vom Krug herunter. Da sah er, daß die Oliven verfault waren. Nun war er neugierig, ob die unteren ebenfalls verdorben seien. Also schüttete er die oberen auf eine Schüssel. Auf einmal kollerte mit den Oliven ein Goldstück heraus. Verwundert

schaute er in den Krug hinein. Er bemerkte, daß fast keine Oliven darin waren. Dafür war der Krug bis zur Hälfte mit Goldstücken angefüllt. Nun schüttete er die Oliven in das Gefäß zurück. Dann begab er sich wieder zu seiner Familie.

„Liebe Frau", sagte er, „du hast recht. Die Oliven sind verschimmelt und nicht mehr zu genießen. Ich habe das Gefäß wieder verschlossen. Wenn Ali zurückkommt, merkt er gar nicht, daß ich hineingeschaut habe."

„Du hättest besser getan", erwiderte die Frau, „gar nicht daran zu rühren. Gott gebe, daß uns kein Unheil daraus erwachse!"

Die ganze Nacht sann der Kaufmann darüber nach, wie er sich das Gold aneignen könne. Am nächsten Morgen ging er auf den Markt. Soeben waren frische Oliven eingelangt. Er kaufte so viele, wie der Krug fassen konnte. Dann ging er in den Speicher, schüttete die alten Oliven weg und nahm die Goldstücke heraus. Hierauf füllte er den Krug mit frischen Oliven. Er verschloß das Gefäß wieder säuberlich und stellte es schließlich an denselben Ort, wo Ali es hingesetzt hatte.

Etwa ein Monat war vergangen, da traf Ali Kodjah heil und gesund in Bagdad ein. Weil er sein Haus ja vermietet hatte, stieg er in einer Herberge ab. Der Mieter mußte erst von seiner Ankunft verständigt werden und sich eine andere Wohnung suchen.

Am nächsten Tag begab sich Ali zu seinem Freund, dem Kaufmann. Dieser hieß ihn mit geheuchelter Freude willkommen. Er war nun doch sehr in Sorge, wie sich alles entwickeln werde. Bald bat Ali den Freund, ihm das Gefäß mit den Oliven zurückzugeben.

„Lieber Freund“, sagte er, „hier ist der Schlüssel. Geh selbst in den Speicher und hol dir das Gefäß. Es muß noch an derselben Stelle sein, wo du es hingestellt hast.

Ali Kodjah nahm den Schlüssel und ging in den Speicher. Dort holte er das Gefäß und gab den Schlüssel wieder zurück. Er dankte dem Kaufmann herzlich und eilte dann mit dem Gefäß in seine Herberge. Rasch nahm er den Deckel herunter und fand die guten Oliven. Aber zu seiner Bestürzung war nicht ein einziges Goldstück im Krug. Händeringend lief er in seinem Zimmer umher. Er konnte es nicht fassen, daß sein alter Freund so treulos an ihm gehandelt haben sollte.

Er ging zum Kaufmann zurück und sagte zu ihm: „Gott sei mein Zeuge! Aber ich habe vor meiner Pilgerfahrt tausend Goldstücke in diesen Krug gelegt. Jetzt finde ich kein einziges darin. Vielleicht hast du das Geld gebraucht. Vielleicht hast du es auch in deinem Geschäft angelegt. In diesem Falle bin ich beruhigt. Ich weiß, daß du es mir zurückgeben wirst, sobald du kannst. Nur bitte ich dich, mir einen Schuldschein darüber auszustellen. Bei der Rückzahlung kannst du nach Belieben verfahren."

Der Kaufmann hatte eine ähnliche Anrede erwartet. Darum hatte er sich auch schon eine entsprechende Antwort ausgesonnen.

„Lieber Freund", sagte er, „du hast das Gefäß selbst in den Speicher gestellt. Ich habe es mit keiner Hand angerührt. Du sagtest mir damals, es seien Oliven im Krug. Also mußt du auch Oliven drinnen gefunden haben. Hättest du Goldmünzen hineingegeben, so wären sie sicher noch vorhanden gewesen. Ich finde es sehr sonderbar, daß du mich des Diebstahls beschuldigst."

Ali Kodjah bat und flehte; die tausend Goldstücke seien sein ganzes Vermögen gewesen. Der Kaufmann solle doch Mitleid mit ihm haben und ihm das Geld zurückgeben. Dieser aber nannte ihn einen Schwindler und Betrüger. Dann wies er ihn aus dem Haus.

Ali aber sagte: „Da du so schlecht handelst, fordere ich dich vor das Gesetz. Wirst du die Frechheit haben, dasselbe vor dem Kadi zu sagen?"

Der Kaufmann wagte nicht, sich gegen diese Vorladung zu sträuben. „Gut", sagte er, „ich fordere dasselbe von dir. Wir werden ja sehen, wer vor Gericht recht bekommt."

Die Sache kam also vor den Richterstuhl des Kadi. Der Richter fragte Ali Kodjah, ob er Zeugen habe. Dieser antwortete, er habe damals niemand ins Vertrauen ziehen wollen. Daher könne er keinen Zeugen namhaft machen. Den Kaufmann habe er für einen redlichen Freund gehalten. Darum habe er ihm sein Vermögen ohne Zeugen anvertraut.

Nun wurde der Kaufmann vorgeladen, um unter Eid seine Aussage zu machen. Er schwor, daß die Anklage falsch sei. Von den tausend Goldstücken habe er nicht das geringste gewußt.

Da sprach der Kadi ihn frei und entließ ihn. Der Kaufmann eilte vergnügt nach Hause. Er war auf diese Weise sehr einfach zu tausend Goldstücken gekommen.

Ali Kodjah aber kehrte betrübt in seine Wohnung zurück. Er konnte nicht begreifen, daß seine gerechte Sache verloren sein sollte. Am nächsten Tag verfaßte er eine Bittschrift. Damit stellte er sich in einer Straße auf, wo der Kalif vorüberzugehen pflegte. Einer der Beamten trat wirklich zu ihm, nahm ihm die Schrift ab und überreichte sie dem Kalifen. Ali folgte dem Zug bis zum Palast und wartete. Nach einiger Zeit erschien der Beamte wieder. Er teilte Ali mit, daß der Kalif die Bittschrift gelesen habe. Er geruhe, ihn und den Beklagten für den nächsten Tag vorzuladen. Im Ratssaal werde er selbst über die Angelegenheit entscheiden.

An diesem Abend legte der Kalif eine Verkleidung an. Er wollte unerkannt erforschen, was sich in der Stadt ereignete. Deshalb machte er sich in Begleitung des Großwesirs Giafar und des obersten Palastbeamten Mesrur auf den Weg. Unweit seines Palastes traf er auf einem freien Platz eine Schar von zehn bis zwölf Kindern. Sie spielten im Mondschein. Der Kalif blieb eine Weile stehen. Er wollte sehen, was die Kinder trieben.

Da hörte er einen hübschen und lebhaften Knaben zu den andern sagen: „Kommt her, wir wollen jetzt Kadi spielen! Ich bin der Richter. Einer von euch soll Ali Kodjah spielen. Und ein anderer ist der Kaufmann, dem Ali seine tausend Goldstücke anvertraut hat."

Als der Kalif den Namen Ali Kodjah hörte, fiel ihm die Bittschrift ein. Nun war er neugierig, welche Entscheidung die Kinder in ihrem Spiel treffen würden. Er setzte sich daher in der Nähe auf eine steinerne Bank. Von dort aus beobachtete er das Richterspiel mit lebhafter Aufmerksamkeit.

Der Junge setzte sich mit der Amtsmiene eines Kadi hin. Zwei andere Knaben führten den Kläger Ali und den geklagten Kaufmann vor.

Der junge Kadi fragte mit strenger Miene: „Ali, welche Anklage erhebst du gegen den Kaufmann?“ Dieser trug nun nach einer Verbeugung seine Sache Punkt für Punkt vor.

Darauf wandte sich der Kadi an den Knaben, der den Kaufmann spielte, und sagte: „Was hast du auf diese Klage zu erwidern? Warum hast du die Goldstücke nicht zurückgegeben?“ Der angebliche Kaufmann brachte die gleichen Gründe vor wie der wirkliche vor dem Kadi in Bagdad. Er leugnete alles und wollte seine Aussage beschwören.

„Halt“, sagte der jugendliche Richter. „Ehe du schwörst, will ich mir das Olivengefäß näher ansehen. Ali Kodjah“, fuhr er zum Kläger gewendet fort, „hast du das Gefäß mitgebracht?“ Dieser antwortete, er habe es nicht bei sich. Da forderte der Richter ihn auf, es sogleich zu holen.

Der Knabe kam nach kurzer Zeit wieder. Er stellte sich so, als brächte er das Gefäß mit und als setzte er es vor dem Richter nieder. Dieser fragte den Kläger und den Angeklagten, ob es dasselbe Gefäß sei, das der eine dem andern anvertraut hatte. Als beide bejahten, ließ er den Deckel vom Gefäß herabnehmen. Ali Kodjah tat, als ob er das Gefäß öffnete. Der Richter sah in den Krug hinein. Er nahm eine Olive heraus und kostete sie.

Hierauf sagte er: „Die Oliven sind ausgezeichnet. Wie kommt das? Sie waren doch sieben Jahre in einem Gefäß verschlossen und können daher nicht mehr gut sein. Ruft zwei Olivenhändler. Die sollen ihr Urteil darüber abgeben.“

Zwei Kinder übernahmen die Rolle der Olivenhändler. Der angebliche Kadi fragte sie, ob sie Olivenhändler seien. Sie versicherten, daß der Olivenhandel ihr Geschäft sei. Schon ihre Vorfahren hätten seit jeher diesem Beruf angehört.

Der Kadi fuhr fort: „Sagt mir, wie lange bleiben Oliven genießbar?“

„Herr“, erwiderten sie, „im dritten Jahr verlieren sie Farbe und Geschmack. Dann taugen sie nichts mehr. Man muß sie wegwerfen.“

„So seht euch einmal die Oliven in diesem Kruge an“, entgegnete der Kadi. „Kostet sie. Dann sagt mir, wie lange sie sich wohl darinnen befinden.“

Die beiden Sachverständigen taten, als ob sie die Oliven untersuchten und kosteten. Sie versicherten dem Kadi, daß sie noch gut und frisch seien.

„Ihr täuscht euch", erwiderte der kleine Kadi. „Ali Kodjah sagte ausdrücklich, daß er die Oliven vor sieben Jahren in diesen Krug gelegt habe."

„Herr Richter", antworteten die Sachverständigen, „wir können versichern, daß es heurige Oliven sind. Wir behaupten zugleich, daß jeder Olivenhändler in Bagdad unser Gutachten bestätigen wird."

Der angeklagte Kaufmann wollte gegen dieses Zeugnis Einwendungen machen.

Doch der junge Richter rief ihm zu: „Schweig! Du bist ein Dieb und ein Schuft. Du hast eine Tat begangen, für die du zu hängen verdienst.“

Die Kinder klatschten diesem Urteil Beifall. Dann stürzten sie sich auf den angeblichen Verbrecher, um ihn zum Galgen zu führen. Damit beendeten sie fröhlich und ausgelassen ihr Spiel.

Mit Aufmerksamkeit hatte der Kalif das Spiel der Kinder verfolgt. Er bewunderte besonders den Scharfsinn und die Klugheit des Knaben, der den Richter dargestellt hatte. Die Angelegenheit sollte am nächsten Tag in Wirklichkeit vor ihm verhandelt werden.

Im Weggehen sagte er zum Großwesir: „Merk dir den Jungen, der den Kadi gespielt hat. Führe ihn morgen zu mir. Er soll in meiner Gegenwart dieselbe Angelegenheit im Ernst untersuchen und entscheiden. Berufe auch den Kadi, der in dieser Sache Recht gesprochen hat. Das Kind soll ihm ein Beispiel geben, damit er in Zukunft besser seine Pflicht tut. Ferner laß Ali Kodjah verständigen. Er muß das Olivengefäß mitbringen. Und schließlich bestelle zwei Olivenhändler als Sachverständige zur Verhandlung!"

Früh am nächsten Morgen machte sich der Großwesir Giafar auf den Weg, um den Knaben zu suchen, der im Spiel den Kadi gegeben hatte. Mit Mühe machte er das Haus ausfindig, in dem der Junge mit seiner Mutter wohnte. Diese begann zu weinen, als ihr Sohn zum Kalifen geführt werden sollte. Auch der Sohn erschrak. Der Großwesir aber beruhigte sie. Er sagte, daß der Kalif dem Knaben wohlgesinnt sei. Da zog ihm die Frau sein bestes Gewand an und ließ ihn mit dem Großwesir fortgehen.

Als der Junge in den Ratssaal getreten war, rief ihn der Kalif zu sich. Er sagte: „Tritt näher, mein Sohn! Du warst es also, der gestern im Spiel den Streithandel zwischen Ali Kodjah und dem Kaufmann entschieden hat. Ich habe dir zugehört. Und ich bin sehr zufrieden mit dir."

Nun ergriff ihn der Kalif bei der Hand und wies ihm einen Platz an seiner Seite an. Dabei sagte er: „Gleich wird der wirkliche Ali Kodjah mit dem Kaufmann erscheinen. Du sollst in ihrer Sache Recht sprechen, so wie du es gestern getan hast."

Das Kind hatte neben dem Kalifen Platz genommen. Sodann wurden die Parteien vor den Thron geführt. Sie warfen sich nieder und berührten mit der Stirn den Teppich.

Als sie sich wieder erhoben hatten, sagte der Kalif zu ihnen: „Nun trage jeder von euch seine Sache diesem Knaben vor! Er wird euch anhören und nach Recht und Gerechtigkeit entscheiden. Sollte er etwas verfehlen, werde ich für ihn einspringen." Beide brachten vor, was sie zu sagen hatten.

Der Kaufmann wollte einen Eid für die Richtigkeit seiner Angaben leisten. Aber der Knabe sagte: „Schwöre nicht eher, als bis ich den Olivenkrug gesehen habe. Man bringe ihn hierher!"

Ali Kodjah brachte sogleich das Gefäß herbei. Er stellte es vor die Füße des Kalifen. Dann nahm er den Deckel ab. Der Kalif besah die Oliven. Er nahm eine und kostete sie. Hierauf wurde das Gefäß den beiden Olivenhändlern übergeben. Diese untersuchten die Früchte. Übereinstimmend erklärten sie, daß es sich um heurige Oliven handle. Der Knabe sagte, Ali Kodjah gebe an, er habe die Oliven schon vor sieben Jahren eingelegt. Aber die beiden Kaufleute erklärten, kein Olivenhändler in der Stadt könne ein anderes Urteil abgeben.

Der angeklagte Kaufmann erkannte nun, daß der Streitfall zu seinen Ungunsten entschieden war. Darum legte er ein Geständnis ab. Trotzdem versuchte er noch, manches zu seiner Rechtfertigung vorzubringen.

Aber der Knabe ging nicht so weit, ihn zum Hängen zu verurteilen. Er blickte den Kalifen an und sagte: „Dies, o Beherrscher der Gläubigen, ist nun kein Spiel mehr. Ich habe das Urteil gefällt. Dir allein kommt es zu, die Strafe zu verhängen. Ich bitte dich daher, diesen Kaufmann nach dem Gesetz zu bestrafen. Ali Kodjah soll die tausend Goldstücke zurückbekommen, die sein rechtmäßiges Eigentum sind."

Der Kaufmann gestand, wo er die tausend Goldstücke versteckt habe. Er wurde auf Befehl des Kalifen dem Henker übergeben. Ali Kodjah erhielt seine tausend Goldstücke zurück. Der Kadi, der das falsche Urteil gesprochen hatte, wurde vom Kalifen ermahnt. Er solle fernerhin von diesem Kinde lernen und seine Pflicht gewissenhafter erfüllen. Den Knaben aber umarmte der Herrscher liebevoll. Er entließ ihn mit einem Geschenk von hundert Goldstücken.

SINDBAD DER SEEFAHRER

Unter der Regierung des Kalifen Harun al Raschid lebten in Bagdad zwei Männer namens Sindbad. Der eine war Sindbad der Lastträger, der andere Sindbad der Seefahrer.

Sindbad der Lastträger war ein armer Mann. Er trug gegen geringes Entgelt für andere Leute Lasten aus. Sindbad der Seefahrer aber war ein angesehener Kaufmann. Er betrieb einen ausgedehnten Handel und hatte große Reichtümer angesammelt.

An einem heißen Sommertag schleppte Sindbad der Lastträger eine besonders schwere Bürde von einem Ende der Stadt zum andern. Er keuchte. Der Schweiß rann ihm in großen Tropfen über die Stirn. Schon war er sehr müde, aber er hatte noch immer eine große Strecke Weges vor sich. Da kam er in eine sauber gekehrte Gasse, die mit Rosenwasser besprengt war. Nahe einem großen, schönen Haus setzte er seine Last ab. Er mußte ein wenig ausruhen.

Da hörte er einen lieblichen Gesang. Der Wohlgeruch von Räucherwerk und auserlesenen Speisen umschmeichelte ihn. Anscheinend wurde in dem Haus ein Fest gefeiert. Neugierig trat er näher heran, um einen Blick hineinzutun.

Er erblickte viele schöngekleidete Diener und Sklaven. Sie trugen die feinsten Speisen und Getränke und eilten geschäftig hin und her. Als einer der Diener in seine Nähe kam, fragte der Lastträger, wie der Herr dieses Hauses heiße.

„Wie“, fragte der Diener, „du willst aus Bagdad sein und weißt nicht einmal, daß dieses Haus dem reichen Handelsherrn Sindbad gehört? Hast du nie von seinen Reisen und Seefahrten gehört?“

Der Lastträger hatte wohl schon vom Reichtum Sindbads gehört, nur hatte er sich noch nie Gedanken darüber gemacht. Aber nun dünkte ihm seine Lage doppelt armselig. Er konnte sich nicht enthalten, laut auszurufen: „Lieber Gott, warum können die einen in Lust und Freude leben, während sich die andern mühevoll durchs Leben schlagen müssen? Was hat Sindbad der Seefahrer getan, daß er ohne Mühe und Sorgen leben darf? Was aber habe ich verbrochen, daß du mein Schicksal so mühevoll und freudlos gestaltest?"

Während er noch mit seinem Schicksal haderte, kam einer der Diener auf ihn zu. Er ergriff ihn heftig beim Arm und sagte: „Komm sofort mit! Sindbad, mein Gebieter, will dich sprechen!"

Der Lastträger folgte dem Diener. Dieser führte ihn über marmorne Stufen in einen großen Saal. Da standen kostbare Diwane, mit den feinsten Teppichen belegt. Inmitten des Raumes rauschte ein Springbrunnen in einem marmorglänzenden Becken. Der Gesang der Vögel aus dem nahen Garten und der Duft der Speisen ließen unserm armen Träger seine Armut erst recht zu Bewußtsein kommen. In dem Saal war eine festliche Tafel errichtet, an der schön gekleidete Menschen saßen. Ein ehrwürdiger Greis mit einem langen, weißen Bart nahm den Ehrenplatz ein. Es war Sindbad der Seefahrer.

Der Lastträger verbeugte sich tief. Aber der Hausherr lud ihn ein, an seiner Seite Platz zu nehmen. Er setzte ihm selbst Speise und Trank vor. Als der Lastträger gegessen und getrunken hatte, fragte der Gastgeber nach seinem Namen. Auch wollte er wissen, was für ein Geschäft er betreibe.

Der Lastträger antwortete: „Ich heiße Sindbad und bin Lastträger. Mein Geschäft ist mühsam: Ich trage gegen geringen Lohn für die Leute Lasten aus. Daher bin ich ein armer Mann und habe keinen Besitz."

„Sei mir willkommen!" erwiderte der Greis. „Nun wiederhole mir die Worte, die du vorhin auf der Straße sagtest." Er hatte nämlich durch das offene Fenster die Worte des Lastträgers gehört und ihn daraufhin in den Saal kommen lassen.

Beschämt und verlegen senkte Sindbad das Haupt. „Verzeiht mir, Herr!" sagte er. „Nehmt mir die Worte nicht übel. Die Mühen und Plagen der Arbeit machen den Menschen oft übellaunig und führen zu unbedachten Reden."

„Glaub nicht, daß ich dir deshalb zürne", entgegnete Sindbad, der Handelsherr. „Ich begreife deine Worte. Du siehst meinen Reichtum und vergleichst damit deine Armut. Aber auch ich habe den Reichtum nicht ohne Mühe und Plage, sondern unter Gefahren aller Art erworben." Er wandte sich an die Gesellschaft im Saal und fügte hinzu: „Manche von euch hätten wahrscheinlich lieber auf die Reisen verzichtet, als sich solchen Gefahren ausgesetzt. Ihr habt schon von meinen Unternehmungen gehört. Doch ich will euch nun meine Abenteuer genau erzählen."

Zuerst ließ er noch die Bürde des Lastträgers von der Straße weg an einen sicheren Ort bringen. Dann begann er seine Erzählung:

Erste Reise Sindbads des Seefahrers nach Sumatra

„Ich hatte von meinen Eltern ein großes Vermögen geerbt, und so lebte ich viele Jahre herrlich und in Freuden. Alles, was mein Herz begehrte, konnte ich mir verschaffen. Viele gute Freunde halfen mir, mein Hab und Gut zu verschwenden. Allmählich kam mir zu Bewußtsein, daß es nicht immer so weitergehen könne. Das traurige Los der Armut stand mir bevor, wenn ich mein Treiben nicht einstellte. Also raffte ich die Reste meines Erbes zusammen. Ich machte alles zu Geld, was ich noch besaß. Dann beriet ich mich mit mehreren tüchtigen Kaufleuten. Ich kaufte allerlei Waren ein, um einen eigenen Handel zu eröffnen. Gemeinsam rüsteten wir ein großes Schiff aus und begaben uns auf die Reise.

Wir fuhren durch viele Meere und landeten bald auf dieser, bald auf jener Insel; überall verkauften oder tauschten wir unsere Waren. Eines Tages kamen wir zu einer herrlichen Insel. Ihre fast ebene Oberfläche leuchtete uns wie eine grüne Matte entgegen. Um das Ufer schwirrten Vögel mit buntem Gefieder. Ein Paradies schien sich vor uns aufzutun. Der Kapitän ließ die Segel einziehen und befahl, Anker zu werfen. Die Mannschaft des Schiffes durfte an Land gehen. Wir wanderten kreuz und quer über die Insel; einige entzündeten ein Feuer, um zu kochen, andere wuschen ihre Wäsche. Plötzlich erzitterte die Insel wie unter einem fürchterlichen Stoß.

Vom Schiff aus hatte man gesehen, daß sich die vermeintliche Insel in Bewegung setzte. Der Kapitän rief uns zu, rasch wieder an Bord zu kommen: Die Insel sei in Wirklichkeit ein großer Wal. Einige sprangen rasch ins Boot, andere warfen sich ins Meer und schwammen zum Schiff; viele liefen ratlos umher. Ich griff gerade nach einem großen Brett neben der Feuerstelle, als der Wal unter uns wegtauchte. Krampfhaft hielt ich mich an dem Holz fest und ließ mich von den Wellen treiben.

Nur wenige konnten sich an Bord retten. Als sich ein frischer Wind erhob, ließ der Kapitän die Segel aufziehen und die Anker lichten. Das Schiff entfernte sich, ohne daß man mich bemerkt hätte.

Ich war nun allein dem Spiel der Wellen preisgegeben. Hilflos trieb ich einen ganzen Tag und eine Nacht im Meer umher. Schon glaubte ich, dem Tode nahe zu sein. Da warf mich eine Welle auf eine Insel. Die Ufer waren felsig und steil. Es wollte mir nicht gelingen, einen der Felsen zu erklettern; ich war am Ende meiner Kräfte. Endlich konnte ich eine Baumwurzel fassen, an der ich mich in die Höhe zog. Zu Tode ermattet, streckte ich mich unter dem Baum aus und schlief sogleich ein. Den Rest des Tages und die Nacht lag ich in traumlosem Schlummer. Die Sonne stand schon hoch am Himmel, als ich wieder erwachte.

Mit schleppenden Schritten machte ich mich auf den Weg ins Innere der Insel, um nach Nahrung und Wasser zu suchen. Hunger und Durst quälten mich. Ich fand eßbare Wurzeln und aß von den Früchten der Insel. Meinen Durst löschte ich an einer sprudelnden Quelle. Erfrischt schritt ich weiter. Da traf ich Leute des Maharadschas, des Herrschers der Insel. Mit ihnen zog ich zur Hauptstadt des Landes. Der Herrscher nahm mich freundlich auf und erkundigte sich teilnahmsvoll nach meinem Schicksal. Ich erzählte ihm mein Abenteuer. Er beschenkte mich reichlich und befahl seinen Dienern, mich mit allem Nötigen zu versehen. Er machte mich sogar zum Aufseher über die Küsten des Meeres. Ich hatte alle Ursache, ihm dankbar zu sein.

Oft kamen Kaufleute auf die Insel. Jeden fragte ich, ob er aus Bagdad sei. Aber keiner kam von dorther, und keiner kannte diese Stadt.

Als ich einmal im Hafen weilte, legte gerade ein großes Schiff an. Ich traute meinen Augen nicht. Das war ja jenes Schiff, mit dem ich meine Reise aus der Heimat angetreten hatte. Da kam auch schon der Kapitän; es war derselbe, der unser Schiff kommandiert hatte. Er ließ einen Teil der Schiffsladung an Land bringen.

Dann sagte er zu mir: ‚Herr, wir haben noch Waren von einem gewissen Sindbad aus Bagdad auf dem Schiff. Unterwegs wollte dieser mit einigen anderen Leuten eine Insel besichtigen. Die Insel war aber in Wirklichkeit ein Wal von ungeheurer Größe. Als der Wal ins Meer tauchte, konnten sich nur wenige auf das Schiff retten. Die meisten ertranken. Auch Sindbad habe ich nicht wiedergesehen. Ich habe nun beschlossen, Sindbads Waren zu verkaufen. Den Erlös will ich seiner Familie senden.‘

Da rief ich: ‚Ich bin Sindbad der Seefahrer, den du für tot hältst. Ich konnte mich hierher retten. Die Warenballen auf dem Schiff sind mein Eigentum.‘

Als der Kapitän meine Worte vernahm, schüttelte er den Kopf. Er sagte: ‚Wie kann ich dir glauben? Ich habe selbst gesehen, wie Sindbad ertrank, und meine Mannschaft hat es mir bestätigt. Und du behauptest, dieser Sindbad zu sein! Du siehst aus wie ein rechtschaffener Mann. Trotz-

dem lügst du. Du willst dich nur der Waren bemächtigen, die nicht dir gehören. Es gibt wirklich keine Redlichkeit mehr auf Erden.'

Ich aber erwiderte: ‚Kapitän, urteile nicht vorschnell. Hör mich zuerst an!' Dann erzählte ich ihm, was ich erlebt hatte. Auch erinnerte ich ihn an manche Vorgänge auf dem Schiff und an verschiedene Gespräche. Er sollte daraus erkennen, daß ich wirklich auf dem Schiff gewesen war.

Erschüttert warf er sich an meine Brust. Ich hatte ihn überzeugt, daß ich kein Betrüger war. Er lobte Gott für meine wunderbare Rettung. Schließlich rief er alle seine Leute zusammen. Voll Freude teilte er ihnen meine Abenteuer mit. Auch die Kaufleute versammelten sich um mich. Sie erkannten mich wieder und freuten sich über das Wiedersehen.

Der Kapitän übergab mir alle meine Waren. Ich bat ihn, er möge einige Stücke behalten. Aber er schlug mein Anerbieten ab.

Ich brachte nun dem Maharadscha verschiedene kostbare Geschenke. Dieser war über meinen plötzlichen Reichtum sehr verwundert. Ich hatte ja nichts besessen, als ich in sein Land gekommen war. Nun berichtete ich von der Landung des Schiffes und meinen unbeschädigten Waren.

Der König nahm meine Geschenke an, doch bot er mir noch kostbarere als Gegengabe. Sodann verkaufte ich meine Ladung. Mein Gewinn war beträchtlich. Ich nahm Abschied vom König und stach mit demselben Schiff, mit dem ich ausgereist war, wieder in See. Gott begünstigte unsere Fahrt. Bei gutem Wind segelten wir an vielen Inseln vorbei. Endlich landeten wir in der Heimat. Glückstrahlend schloß ich meine Familie in die Arme. Mit dem gewonnenen Geld schaffte ich mir ein Haus und Dienerschaft an. Ich richtete mich ein, so gut ich konnte. Nun wollte ich wieder ein angenehmes Leben führen."

Sindbad der Seefahrer hielt in seiner Erzählung inne. Dann meinte er: „Es ist spät geworden. Morgen will ich meine Schilderung fortsetzen. Du aber, Lastträger, erquicke dich noch mit Speise und Trank!"

Als dieser gegessen hatte, gab ihm der Seefahrer einen Beutel mit hundert Goldstücken und lud ihn ein, am nächsten Tag wiederzukommen. Der Lastträger bedankte sich überglücklich. Dann machte er sich mit seiner Last auf den Weg. Unterwegs dachte er über die Erzählung des reichen Sindbad nach. Seine Familie aber war dankbar für das Geschenk.

Voll Ungeduld erwartete der Lastträger den nächsten Morgen. Kaum war die Sonne aufgegangen, verrichtete er sein Morgengebet. Dann zog er sich bessere Kleider an. Erwartungsvoll ging er zu Sindbad dem Seefahrer. Dieser hieß ihn freundlich willkommen. Die Gäste waren bald vollzählig. Wieder ließ der Hausherr köstliche Speisen und Getränke servieren.

Nach dem Mahle aber sprach er zu den Gästen: „Meine Freunde, nun will ich weitererzählen. Hört mir aufmerksam zu. Denn die Abenteuer sind diesmal noch merkwürdiger als das letztemal."

Alle schwiegen, und Sindbad begann:

Zweite Reise Sindbads des Seefahrers nach Ceylon

„Nach meiner ersten Reise wollte ich den Rest meiner Tage ruhig in Bagdad verbringen. Doch bald ergriff mich wieder die Reiselust. Ich kaufte daher viele Waren und schiffte mich mit anderen Kaufleuten auf einem guten Segler ein. Wir erflehten den Segen Gottes und begannen unsere Fahrt.

Von Insel zu Insel segelten wir und von Stadt zu Stadt. Überall drängten sich die Menschen um unsere Waren. Wir machten gute Tauschgeschäfte, und unser Gewinn mehrte sich. Eines Tages landeten wir wieder auf einer Insel; aber wir sahen weder Menschen noch Häuser, obwohl die Insel reich bewachsen war. Es gab Bäume mit köstlichen Früchten, und murmelnde Bäche flossen durch grüne Wiesen. Wir stiegen aus und kosteten von den Früchten. Ich hatte aus dem Schiff Speisen mitgenommen. Im Schatten eines dichten Baumes hielt ich meine Mahlzeit. Nach dem Essen wurde ich müde und schlief ein. Ich weiß nicht, wie lange ich geschlafen hatte. Aber als ich erwachte, war ich allein auf der Insel. Auch das Schiff war fort.

Ich war verzweifelt. Hätte ich mich nur mit meiner ersten Seereise begnügt! Nun befand ich mich allein auf dieser Insel. Wieder war ich allen Gefahren ausgesetzt. Daheim hätte ich hingegen sorglos und in Ruhe leben können. Ich machte mir die größten Vorwürfe, aber die Reue kam zu spät.

Schließlich ergab ich mich in den Willen Gottes. Ich beruhigte mich und begann, die Insel näher zu untersuchen. Aber ich sah keinen einzigen Menschen. Dann stieg ich auf einen hohen Baum, um von dort Ausschau zu halten. Auf der einen Seite sah ich nur Himmel und Wasser. Auf der Landseite dagegen bemerkte ich in der Ferne etwas Weißes. Ich stieg vom Baum herunter. Kurz entschlossen ging ich in der Richtung des weißen Gegenstandes.

Bald erkannte ich, daß es eine große, weiße Kugel war. Sie griff sich wie weiche Seide an. Ich ging um sie herum. Es war keine Öffnung zu sehen. Die Kugel war außerdem so glatt, daß man nicht hinaufsteigen konnte. Sie mochte etwa fünfzig Schritt im Umfang haben.

Gegen Abend verfinsterte sich plötzlich die Sonne. Ich dachte zuerst an eine dichte Wolke. Aber plötzlich sah ich einen Vogel von außerordentlicher Größe in schnellem Flug auf die Insel herabstürzen. Mir fiel ein, daß Matrosen oft von einem großen Vogel erzählt und diesen Vogel Roch genannt hatten. Sofort dachte ich, daß die weiße Kugel ein Ei dieses Vogels sein müsse. Und wirklich war es so. Der Vogel setzte sich auf das Ei, um zu brüten. Ich aber setzte mich neben einen der Füße des Vogels. Er war so dick wie ein Baumstamm. Mit einer Binde meines Turbans band ich mich an diesem Fuße fest. Wenn der Vogel fortflog, sollte er mich mitnehmen. Auf diese Weise hoffte ich von der Insel fort in ein bewohntes Land zu kommen.

Ich wartete die ganze Nacht. Am Morgen erhob sich der Vogel von dem Ei und stieg in die Luft. Er spürte nicht, daß ich an seinem Fuße hing. Ich war für ihn nicht mehr als eine Flaumfeder. Nach geraumer Zeit stürzte er sich in rasendem Flug aus den Wolken auf die Erde nieder. Mir schwand fast die Besinnung. Am Boden löste ich rasch die Binde vom Fuß des Vogels. Dieser aber hieb mit seinem Schnabel nach einer mächtigen Schlange; er ergriff sie mit den Krallen. Mit dieser Beute erhob er sich wieder in die Wolken.

Ich mußte mich zuerst von meiner luftigen Reise etwas erholen. Dann blickte ich mich um. Ich befand mich in einem tiefen Talkessel. Ringsum ragten himmelhohe Berge auf. Nirgends gab es einen Weg oder Pfad. Wie sollte ich aus diesem Tal herauskommen? Ich war von einer Gefahr in die andere geraten. Meine Lage war hier nicht besser als auf der verlassenen Insel.

Spähend schritt ich im Tale umher. Da bemerkte ich, daß der Boden mit glänzenden Steinen bedeckt war. Ich hob einige davon auf; es waren lauter Diamanten von ansehnlicher Größe. Meine Freude währte nicht lange. Denn zugleich entdeckte ich eine Menge baumlanger Schlangen; sie hätten leicht einen Elefanten verschlingen können. Untertags lagen sie aus Furcht vor dem Vogel Roch in ihren Erdhöhlen. Bei Nacht aber kamen sie zum Vorschein, da gingen sie auf Nahrungssuche aus.

Es war unterdessen Abend geworden. Ich verspürte große Müdigkeit. Nun suchte ich einen Unterschlupf und fand auch bald eine geräumige Erdhöhle. Ihren Eingang verschloß ich mit Steinen. Dann blickte ich mich in der Höhle um. Vor Schrecken stockte mir fast der Herzschlag. Im Hintergrund der Höhle ruhten mehrere der großen Schlangen auf einem riesigen Haufen. Ich drückte mich in eine Ecke der Höhle. Ohne ein Auge zu schließen, verbrachte ich die Nacht. Am Morgen schob ich den Stein vom Eingang weg. Leise und zitternd schlich ich mich aus der Höhle. Ich hatte die ganze Nacht nicht geschlafen. Nun setzte ich mich unter ein Gebüsch und schlief bald ein.

Nicht lange schlummerte ich so. Bald weckte mich ein Geräusch. Große Stücke Fleisch kollerten von den Felsen herab. Ganz in meiner Nähe blieben sie liegen.

Da fiel mir etwas ein. Ich hatte von Kaufleuten gehört, die sich auf absonderliche Weise Diamanten aus einem unzugänglichen Tale verschafften. Wenn die Adler Junge haben, werfen die Kaufleute Fleischstücke in das Tal hinab. Die herumliegenden Diamanten bleiben in dem Fleisch stecken. Natürlich holen sich die Adler die Fleischbrocken für ihre Jungen. Wenn sie nun mit dem Fleisch zu ihren Nestern fliegen, machen die Leute Jagd auf sie. Sie vertreiben sie mit Geschrei und durch Knüppelschläge. Und aus dem zurückgelassenen Fleisch lösen sie die Diamanten heraus. Nur so ist es möglich, die Diamanten zu gewinnen. Einen Abstieg in dieses Felstal gibt es nicht.

Bisher hatte ich geglaubt, aus diesem Tal nicht entrinnen zu können. Nun schien mir eine Rettung möglich.

Ich sammelte eine Menge der schönsten und größten Diamanten und steckte sie in einen ledernen Beutel. Hierauf nahm ich das längste Stück Fleisch, das ich fand; mit der Leinwand meines Turbans band ich es mir

um den Leib. Den Lederbeutel befestigte ich an meinem Gürtel. Dann legte ich mich auf den Bauch und wartete. Bald kamen die Adler; einer von ihnen faßte mit seinen Krallen das Fleisch, das ich um mich herumgebunden hatte. Damit trug er mich durch die Lüfte davon. Kaum hatte er mich seinen Jungen ins Nest gelegt, eilten auch schon die Kaufleute herbei. Sie verscheuchten die Adler mit großem Lärm. Einer der Kaufleute wollte die Diamanten aus dem Fleischstück lösen, in das ich gewickelt war. Als er mich sah, erschrak er zuerst. Aber er suchte gleich weiter nach Diamanten, und weil er keine fand, schalt er mit mir. Er glaubte, ich hätte ihn seines Verdienstes beraubt.

Ich aber sagte: ‚Scheltet mich nicht. Fürchtet auch nicht um Euren Verdienst. Ich habe mehr Diamanten, als ihr in dem ganzen Fleisch finden könntet. Ich habe sie im Tale selbst gesammelt und nur die allerschönsten mitgenommen.‘

Nun zog ich meinen prall gefüllten Ledersack hervor. Inzwischen waren die übrigen Kaufleute herangekommen. Staunend hatten sie meinen Worten gelauscht.

Ich begab mich mit ihnen in ihre Wohnung. Dort leerte ich den Beutel aus. Sie waren überwältigt von der Größe und Schönheit meiner Steine. Noch niemals hatten sie so schöne Diamanten gesehen. Dem Kaufmann, der mich gescholten hatte, wollte ich eine Handvoll geben, er sollte durch mich nicht zu Schaden kommen. Er nahm aber nur einen mittelgroßen Stein; dieser sei mehr wert als alle, die er bisher gefunden habe. Von nun an müsse er keine Reisen mehr unternehmen, meinte er.

Dann verließen die Kaufleute die Gegend. Ich schloß mich ihnen an. Wir kamen über hohe Berge und durch tiefe Täler, wir begegneten Schlangen und allerlei Raubtieren. Mit Gottes Hilfe aber entgingen wir allen Gefahren.

In der Hafenstadt angelangt, tauschte ich für einige meiner Steine Waren ein. Dann segelten wir von Land zu Land und von Stadt zu Stadt. Mein Gewinn und Reichtum mehrten sich.

Nach langer Reise kam ich wieder in Bagdad an. Hier verteilte ich Almosen unter die Armen und beschenkte meine Freunde. Dank meines Reichtums konnte ich es mir im Kreise meiner Verwandten und Bekannten wohlergehen lassen. Aber jeder, der eine Reise unternehmen wollte, holte zuerst meinen Rat ein."

So erzählte Sindbad der Seefahrer. Dem Lastträger aber ließ er neuerlich hundert Goldstücke geben. Er lud ihn ein, am nächsten Morgen den Bericht über die dritte Reise zu hören. Der Lastträger und die Gäste gingen nach Hause. Am folgenden Tag kamen sie wieder.

Als man gegessen und getrunken hatte, setzte Sindbad seine Erzählung fort:

Dritte Reise Sindbads des Seefahrers nach Selahath

„Einige Zeit führte ich in Bagdad ein ruhiges Leben. Aber allmählich wurde mir das Nichtstun langweilig. Der Mensch sehnt sich immer nach Neuem. Ich dachte nicht mehr an die Beschwerden meiner früheren Reisen. Also begann ich, Handelsware für eine neue Seereise einzukaufen. Die Güter ließ ich nach Balsora bringen. Dort ging ich mit andern Kaufleuten wieder zur See. Lange Zeit fuhr ich mit gutem Gewinn über die Meere, ohne daß sich ein Unfall ereignete.

Aber einmal erhob sich ein heftiger Sturm. Das Schiff gehorchte dem Steuer nicht mehr. Es wurde schließlich in die Nähe einer Insel getrieben. Dort waren wir vor dem Sturm geschützt; wir warfen daher die Anker aus.

Der Kapitän wäre lieber nicht gelandet. ‚Denn', sagte er, ‚diese und die Nachbarinseln sind von einem Stamme scheußlicher Wilder bewohnt. Sie haben noch jeden überfallen, der sich in die Nähe dieser Inseln wagte. Zwar sind sie nur so groß wie Zwerge, aber dafür zahlreich wie die Heuschrecken. Wir dürfen uns daher nicht wehren, sonst sind wir alle des Todes.'

Als wir das hörten, gerieten wir in Angst und Schrecken. Es dauerte auch gar nicht lange, so sahen wir die Wilden von allen Seiten auf unser Schiff zuschwimmen. Kleine, rotbehaarte Gestalten kletterten mit affenartiger Behendigkeit am Tauwerk des Schiffes empor. Wir konnten es gar nicht fassen, so schnell waren sie auf dem Verdeck. Sie redeten uns mit gurgelnden Lauten an. Aber wir verstanden ihre Sprache nicht.

Wir sahen, daß sie nicht als Freunde kamen; aber es waren so viele, daß wir nicht wagten, uns zur Wehr zu setzen. Bald bissen sie mit ihren Zähnen das Ankertau und alle Seile durch und zogen das Schiff ans Land. Uns zwangen sie auszusteigen. Dann fuhren sie mit dem Schiff davon.

Wir wußten nun nicht, was aus uns werden sollte. Zuerst stillten wir unsern Hunger mit einigen Früchten, Kräutern und Wurzeln, die auf der Insel wuchsen. Dann wanderten wir umher. Da sahen wir in der Ferne ein großes Gebäude. Als wir näherkamen, bemerkten wir, daß es ein prächtiges Schloß war. Es hatte ein zweiflügeliges Tor aus Ebenholz. Wir öffneten das Tor und traten in einen Hof; auf der einen Seite lag ein Haufen Menschenknochen, auf der andern eine Menge Bratspieße. Bei diesem Anblick erschraken wir heftig. Aber wir sahen keinen Menschen in der Nähe. Also setzten wir uns niedergeschlagen auf die Erde, um uns auszuruhen.

Plötzlich erbebte die Erde. Mit einem Geräusch wie das Brausen des Sturmes trat ein Mann, groß wie ein Palmbaum, an uns heran. Er hatte mitten auf der Stirn nur ein einziges rotglühendes Auge. In einem schwarzen Gesicht dehnte sich ein riesiger Mund; aus diesem ragten zwei lange, spitze Zähne wie die Hauer eines Ebers. Die Oberlippe war gespalten wie bei einem Kamel, die Unterlippe hing bis auf die Brust herab. Seine Nasenlöcher waren groß wie eine Männerfaust. Ohren hatte er wie ein Elefant. Und seine Fingernägel glichen den Krallen eines riesigen Raubtieres. Beim Anblick dieses scheußlichen Ungeheuers drohte uns vor Schreck die Besinnung zu verlassen.

Der Riese setzte sich auf eine Bank im Hof und beobachtete uns aufmerksam. Dann erhob er sich. Er kam auf uns zu und faßte mich beim Genick. Wie ein Schlächter sein Schlachttier, drehte er mich in der Luft hin und her. Auch befühlte er mich von allen Seiten. Aber ich war ihm zu wenig fett. Darum stellte er mich abseits von meinen Gefährten. Dann ergriff er den nächsten, um ihn zu begutachten. So prüfte er alle meine

Genossen. Zuletzt kam er an den Kapitän; dieser war am fettesten von uns allen. Ihn stellte der Riese auf seine Handfläche und stieß ihm einen Spieß durch den Leib. Der Arme war sofort tot. Hierauf holte er Holz. Über einem mächtigen Feuer briet er den Kapitän am Spieß. Dann aß er den Braten und schmatzte dabei vor Behagen. Die abgenagten Knochen warf er auf die Seite. Nach beendeter Mahlzeit legte er sich auf die Bank im Hof. Bald verkündeten donnernde Schnarchtöne, daß er eingeschlafen war. Wir aber blieben die ganze folgende Nacht zitternd in dem Hof stehen. Als es Morgen wurde, erhob sich der Riese. Er ging seines Weges, ohne uns weiter zu beachten.

Jammernd beratschlagten wir, was zu geschehen habe. Wir sahen den sicheren Tod vor Augen. Es war uns klar, daß der Riese am Abend wieder einen von uns verspeisen würde. Alle Tage würde sich das wiederholen. Wir durchstreiften die ganze Insel. Aber wir fanden weder ein Versteck noch eine Gelegenheit zur Flucht. All unser Suchen war vergeblich. Unsere Nahrung bestand wieder nur aus Früchten und Kräutern. Da wir keinen geeigneten Platz für die Nacht fanden, mußten wir ins Schloß zurückkehren.

Gegen Abend erschien der Riese abermals. Er setzte sich auf die Bank und verfuhr wie am Vortag. Schließlich wurde wieder einer unserer Gefährten am Spieß gebraten und verzehrt. Dann legte sich der Riese auf die Bank und schnarchte wie Sturmgebraus. Wir aber konnten vor Angst wieder die ganze Nacht nicht schlafen. Am frühen Morgen verließ der Riese den Palast, ohne uns zu behelligen. Unsere Lage war gräßlich. Mehrere Gefährten wollten sich lieber ins Meer stürzen, als die Angst vor diesem scheußlichen Tod länger zu ertragen.

Aber einer von uns sagte: ‚Warum denkt ihr denn an euren Tod? Gott hat verboten, sich selbst das Leben zu nehmen. Denkt doch zuerst an den Tod des Scheusals. Vielleicht weiß einer einen Rat. Und vielleicht können wir uns dann von diesem Ungeheuer befreien.‘

Da erwiderte ich: ‚Brüder, ich habe einen Plan. Am Meeresufer sind große Waldungen. Dort wollen wir bei Tag Bäume fällen und Flöße bauen. Diese verbergen wir am Ufer. Wenn es an der Zeit ist, können

wir uns ihrer bedienen. Am Abend aber versuchen wir, den Riesen zu beseitigen. Gelingt es, so können wir ruhig auf der Insel bleiben. Wir können abwarten, bis ein Schiff kommt und uns aufnimmt. Mißlingt unser Vorhaben, dann wollen wir uns mit den Flößen eilends aufs Meer hinaus begeben. Es ist zwar gefährlich, sich mit einem Floß den Wogen des Meeres anzuvertrauen. Trotzdem halte ich es für besser, einen ehrlichen Seemannstod in den Wellen zu finden, als von diesem Ungetüm verdaut zu werden.'

Die Gefährten pflichteten meinen Worten bei. Wir gingen sofort an den Bau der Flöße.

Am Abend kehrten wir in den Palast zurück. Nur kurze Zeit verging, bis der Riese erschien. Abermals verspeiste er einen unserer Genossen zum Abendmahl. Dann legte er sich auf die Bank zur Ruhe. Bald hörten wir ihn schnarchen. Jetzt sollte ihn die Rache für seine Untaten ereilen. Wir nahmen den eisernen Bratspieß und hielten ihn über das Feuer. Als er rotglühend war, näherten wir uns dem schlafenden Riesen. Mit einem heftigen Stoß bohrten wir ihm das glühende Eisen ins Auge.

Mit entsetzlichem Gebrüll fuhr das Ungeheuer auf. Es suchte uns mit den Händen zu ergreifen. Wir aber sprangen rasch zurück. Geschickt wichen wir seinen suchenden Pranken aus. Sehen konnte er uns ja nicht, da sein Auge ausgebrannt war. Vor Schmerzen brüllend, stampfte er wie ein gewaltiger Berg im Hof umher, daß die Erde bebte. Endlich fand er das Tor und tappte ins Freie hinaus.

Wir verließen gleich hinter dem Riesen das Schloß. Bei den Flößen wollten wir abwarten, wie sich das Ungetüm weiter verhalte. Inzwischen war es Tag geworden. Da sahen wir den geblendeten Riesen, auf die Arme zweier ebenso scheußlicher Begleiter gestützt, herankommen.

Nun zögerten wir nicht länger, mit den Flößen ins Meer hinauszurudern. Aber die Riesen bemerkten unsere Flucht. Sie eilten ans Ufer und wateten bis zum Gürtel ins Wasser. Dann hoben sie große Steine auf; geschickt warfen sie diese nach den Flößen. Alle wurden getroffen und zertrümmert; nur mein Floß blieb unbeschädigt. Also kamen ich und zwei meiner Gefährten mit dem Leben davon. Die übrigen ertranken. Wir waren erschöpft und von Hunger ermattet. Trotzdem ruderten wir aus Leibeskräften, um von der Insel wegzukommen.

Nun trieben wir im Meer umher. Wir waren ein Spiel des Windes und der Wellen. Wir sahen den sichern Tod vor Augen. Aber wir hatten uns in unser Schicksal ergeben. Doch das Glück war uns hold. Ein günstiger Wind trieb uns am folgenden Tag gegen eine Insel. Dort wimmelte es von Vögeln und Wild; auch eßbare Früchte und Bäche mit kristallklarem Wasser waren da. Wir lobten und dankten Gott für unsere Rettung. Da wir reichlich Nahrung fanden, kamen wir bald wieder zu Kräften.

Am Abend legten wir uns am Ufer des Meeres zur Ruhe und schliefen bald ein. Mitten in der Nacht wurden wir von einem rasselnden Geräusch geweckt. Ich sah, wie eben eine riesenhafte Schlange einen meiner Gefährten erfaßte. Er schrie und wollte sich befreien. Aber die Schlange schmetterte ihn wiederholt zur Erde. Dann würgte sie ihn hinunter, daß die Gebeine krachten. Im Nu war der ganze Mann verschlungen. Schleunigst liefen mein anderer Gefährte und ich davon.

‚Mein Gott!' rief ich aus. ‚In was für schreckliche Gefahren werden wir verwickelt! Dem Riesen und den Wellen sind wir glücklich entgangen. Nun bedroht die Schlange unser Leben!'

Wir suchten die Insel ab, um ein Versteck vor der Schlange zu finden, denn wir fürchteten, daß sie am Abend einen von uns beiden verschlingen werde. Als Nahrung dienten uns wieder Früchte und Beeren. Am Abend entdeckten wir einen hohen Baum. Auf diesem gedachten wir die Nacht zu verbringen, um vor der Schlange sicher zu sein. Da hörten wir sie schon zischend herankommen. Sie wand sich am Stamm empor und verschlang meinen Kameraden. Dann entfernte sie sich wieder.

Ich blieb die ganze Nacht auf dem Baum. Fast war ich schon entschlossen, mich hinabzustürzen. Lieber auf diese Weise den Tod finden, als eine Beute der Schlange werden, dachte ich. Am folgenden Morgen wollte ich mich ins Meer werfen. Aber schließlich ergab ich mich in den Willen Gottes. Ich hoffte noch immer auf einen Ausweg aus meiner Not.

Jedenfalls wollte ich alles zur Rettung meines Lebens tun. Also sammelte ich eine große Menge Dornengestrüpp. Hochaufgeschichtet legte ich es in zweifachem Kreis um den Baum. In dieser Festung von Gestrüpp und Dornen erwartete ich den Abend.

Zischend kam die Schlange heran. Sie versuchte vergebens, durch das Gestrüpp durchzukommen. Die ganze Nacht umkreiste sie den Baum. Aber es gelang ihr nicht, meiner habhaft zu werden. Mit Todesangst sah ich ihren vergeblichen Bemühungen zu. Als sie sich beim Morgengrauen davonmachte, dankte ich Gott. Erst bei Sonnenaufgang wagte ich mich aus meiner Festung.

Ich war wie zermürbt. Mit schlotternden Knien wankte ich auf der Insel umher. Da erbarmte sich Gott meiner: Ich gelangte auf einen Hügel. Von dort aus sah ich in großer Entfernung ein Schiff. Ich rief und schrie aus Leibeskräften. Vom nächsten Baum riß ich einen großen Ast ab; daran befestigte ich meinen Turban und winkte und winkte. Zu meiner größten Freude bemerkte die Schiffsmannschaft meine Zeichen. Ein Boot stieß vom Schiff ab und landete am Ufer. So ging ich an Bord

des Schiffes. Dort bestürmte man mich mit Fragen, wie ich auf diese verlassene Insel gekommen sei. Aber ich war ganz erschöpft; darum bat ich zunächst um eine Stärkung. Man bewirtete mich reichlich. Dann erzählte ich von meinen Abenteuern auf der Insel. Der Kapitän ließ mir einen seiner Anzüge geben; meine Kleider waren ja von Dornen zerrissen und von Schmutz bedeckt. Gekräftigt und rein fühlte ich mich wie neu geboren. Die verflossene Not und Gefahr schienen mir nur mehr wie ein Traum.

Das Schiff setzte seine Fahrt fort. Es berührte manchen Hafen und landete endlich auf der Insel Selahath. Dort wird das Sandelholz gewonnen. Daher ließen die Kaufleute ihre Waren ausladen. Sie machten gute Kauf- und Tauschgeschäfte.

Der Kapitän ließ mich zu sich rufen und sagte: ‚Ihr seid arm, aber anständig. Ihr habt viel mitgemacht und all Eure Habe verloren. Ich will Euch daher einen Verdienst zukommen lassen. Auf meinem Schiff war ein Kaufmann, der nicht mehr lebt. Seine Waren sind auf dem Segler geblieben. Ich möchte sie nun verhandeln und den Erlös den Erben schicken.‘

Er zeigte mir die Warenballen, die schon auf dem Verdeck aufgestapelt waren. Dann fragte er: ‚Wollt Ihr diese Waren nicht übernehmen und verkaufen? Als Entgelt für diese Mühe werdet Ihr den gebührenden Lohn erhalten.‘

Ich dankte ihm für sein Entgegenkommen und willigte ein.

Die Waren wurden verzeichnet. Dabei wurde auch der Name des früheren Eigentümers eingetragen. Alles, was auf dem Verdeck lag, war Eigentum Sindbads des Seefahrers. Ich war erstaunt und gerührt. Mein ganzer Besitz war also noch vorhanden. Als ich den Kapitän genauer ins Auge faßte, erkannte ich ihn. Mit seinem Schiff hatte ich die Heimat verlassen. Aber er hatte sich sehr verändert, seit ich auf der wüsten Insel zurückgeblieben war. Darum konnte ich ihn nicht gleich beim Namen nennen.

Daß er mich nicht erkannte, war nicht zu verwundern; auch ich hatte mich sehr verändert. Außerdem hielt er mich ja für tot.

Nun fragte ich ihn: ‚Hieß der Kaufmann, dem diese Waren gehörten, Sindbad?‘

‚Ja‘, antwortete der Kapitän, ‚so nannte er sich. Und er stammte aus Bagdad. Eines Tages landeten wir auf einer Insel, um Wasser einzuholen. Er aber kam nicht auf das Schiff zurück. Zu spät bemerkte ich, daß er fehlte; doch konnte ich das Segel wegen des Windes nicht mehr wenden. Seit jener Zeit ist er verschollen.‘

‚So glaubt Ihr, daß er tot ist?‘ entgegnete ich. ‚Öffnet Eure Augen und seht mich genauer an! Dann werdet Ihr erkennen, daß ich der totgeglaubte Sindbad bin. Ich war damals auf der Insel eingeschlafen. Als ich erwachte, war das Schiff weg.‘

Nun betrachtete mich der Kapitän genauer. Er erkannte mich.

‚Gott sei gelobt‘, rief er aus, ‚der Euch so gnädig beschützt hat! So sind alle diese Waren Euer Eigentum. Hier ist auch der Erlös für das, was ich schon verkauft habe.‘

Ich aber dankte dem Kapitän für seine Redlichkeit.

Von der Insel Selahath segelten wir nach Indien. Dort kaufte ich Gewürznelken, Zimt und andere Spezereien ein. Auf der Reise begegnete ich noch den merkwürdigsten Tieren. So sah ich eine riesengroße Schildkröte und kalbsähnliche Fische, die Milch gaben, und noch viel sonderbares Getier. Nach langer Seefahrt kam ich wieder in Balsora an. Von dort reiste ich gleich nach Bagdad weiter. Meine Reichtümer waren noch größer als nach der letzten Reise. Ich beschenkte wieder alle, die sich an mich wandten. Froh und heiter verbrachte ich meine Tage. Bald dachte ich nicht mehr an die ausgestandenen Leiden und Gefahren."

So endete Sindbad seinen Bericht über die dritte Seereise. Dem armen Lastträger aber gab er wieder hundert Goldstücke. Dazu sagte er: ‚Komm morgen wieder. Du sollst auch meine Erzählung von der vierten Reise hören. Sie wird abermals viel Merkwürdiges enthalten."

Dann entließ er seine Gäste. Am nächsten Tag versammelten sie sich wieder. Nach dem Mahl setzte Sindbad die Erzählung seiner Abenteuer fort:

Vierte Reise Sindbads des Seefahrers nach den Sundischen Inseln

„Einige Zeit lebte ich im Genusse meines Reichtums. Bald hatte ich die vielen Gefahren meiner letzten Reise wieder vergessen. Und deshalb litt es mich nicht lange in der Heimat. Ich hatte Sehnsucht nach fernen Ländern. Und es überkam mich große Lust nach einer vierten Seereise. Ich brachte meine Verhältnisse in Ordnung. Dann kaufte ich einen Vorrat von Waren. Schließlich verabschiedete ich mich von meinen Freunden und Verwandten.

Mein Weg führte mich zunächst nach Persien. Ich durchstreifte das Land kreuz und quer. Endlich kam ich ans Meer. Dort bestieg ich ein großes Schiff. An Bord befanden sich bereits zahlreiche Kaufleute mit ihren Waren.

Unsere Fahrt war von Glück begünstigt. Wir besuchten viele Häfen.

Die Geschäfte entwickelten sich günstig. Alle hofften, bald mit gutem Gewinn in die Heimat zu segeln.

Eines Tages erhob sich ein heftiger Sturm. Der Kapitän war gezwungen, die Segel einzuziehen und Anker zu werfen. Die Windstöße trafen das Schiff von allen Seiten. Die Segel zerrissen in Fetzen. Der Mastbaum brach, und das Ankertau riß. Unser Schiff wurde wild hin- und hergeworfen. Schließlich geriet es auf verborgene Klippen und sank. Die meisten Kaufleute und Matrosen ertranken. Und das Schiff ging mit seiner wertvollen Ladung unter.

Ich hatte das Glück, eine Schiffsplanke zu erwischen. Mit mehreren Kaufleuten und Matrosen hielt ich mich daran fest. Die Meereswogen setzten uns arg zu. Schließlich aber trieb uns die Strömung an eine Insel. Erschöpft und voll Hunger und Durst stiegen wir ans Land. Wir fanden einige Früchte und Quellwasser; damit erfrischten wir uns. Bei Nacht blieben wir sorgenvoll am Ufer des Meeres liegen. Am nächsten Morgen wanderten wir in das Innere der Insel. Nach einiger Zeit bemerkten wir Hütten und gingen darauf zu. Als wir näher herankamen, traten viele Schwarze heraus. Sie umringten uns und führten uns in ihre Behausungen. Mit mehreren Gefährten zusammen betrat ich die Hütte eines Schwarzen. Dieser setzte uns sogleich eine Speise vor, die wir nicht kannten. Freundlich nötigte er uns zum Essen. Meine Gefährten griffen heißhungrig zu. Ich aber ahnte eine Hinterlist und wollte nicht einmal davon kosten. Das war mein Glück. Bald merkte ich nämlich, daß die Speise ein Gift enthalten mußte. Alle, die davon gegessen hatten, verloren den Verstand.

Dann brachten die Schwarzen Kokosöl. Durch Zeichen forderten sie uns auf, davon zu genießen. Meine Gefährten aßen davon, und manche rieben sich sogar mit dem Öl ein. Ich kostete nur ein wenig. Mit den Speisen und dem Öl wollten die Schwarzen uns jede Erinnerung nehmen und uns mästen. Sie waren Menschenfresser. Bestimmt hatten sie die Absicht, uns aufzufressen. Wir sollten nur erst fett genug sein.

So geschah es auch allen meinen Gefährten. Sie ahnten ihr Schicksal nicht, weil sie wahnsinnig geworden waren. Ich aber enthielt mich jeder

Speise und jedes Getränkes. Daher magerte ich von Tag zu Tag ab. Zuletzt bestand ich nur noch aus Haut und Knochen. Die Hüttenbewohner hielten mich für krank. Sie kümmerten sich aber nicht weiter um mich. Jedenfalls ließen sie mich vorläufig leben.

Bei Tag verließen die Wilden ihre Hütten. Erst am Abend kamen sie heim. Ich war gänzlich unbewacht. So konnte ich tun und lassen, was mir beliebte. Darum faßte ich den Entschluß, mich durch Flucht zu

retten. Eines Tages entfernte ich mich von den leeren Behausungen. Nur ein alter Mann war zurückgeblieben. Der bemerkte meine Flucht und wollte mich zurückrufen. Ich aber beschleunigte meine Schritte. Vor allem mußte ich von den Hütten wegkommen. Ich marschierte ohne Unterlaß bis zum Einbruch der Nacht. Wenn die Schwarzen nach Hause kamen, mußte ich schon möglichst weit weg sein. Erst als es dunkel war, hielt ich inne. Kurze Zeit ruhte ich mich aus. Dabei verzehrte ich zur Stärkung einige Früchte. Doch bald setzte ich meinen Weg fort. Alle bewohnten Orte vermeidend, ging ich sieben Tage. Meine Nahrung bestand nur aus Kokosnüssen.

Am achten Tage sah ich in der Ferne das Meer. Zugleich bemerkte ich Menschen, die mit einer Arbeit beschäftigt waren. Männer, weiß wie ich, sammelten Pfefferkörner; dieses Gewürz wuchs hier in großen Mengen. Als die Männer mich sahen, traten sie auf mich zu. Erstaunt fragten sie, wer ich sei und woher ich komme. Sie redeten in meiner Sprache. Erfreut darüber, erzählte ich Ihnen, wie ich Schiffbruch erlitten hatte und in die Hände der Schwarzen geraten war. Sie wußten, daß diese Leute Menschenfresser waren. Die Verwunderung über meine gelungene Flucht war groß.

Ich blieb bei den Leuten und half ihnen bei ihrer Arbeit. Als wir fertig waren, bestieg ich mit ihnen das Schiff. Wir fuhren zu der Insel, auf der sic wohnten. Dort stellten sie mich ihrem König vor. Auch diesem mußte ich meine Erlebnisse erzählen. Er hörte aufmerksam zu; dann beglückwünschte er mich zu meiner Rettung. Schließlich beschenkte er mich mit neuen Kleidern und sorgte in jeder Weise für mich.

Der Aufenthalt in der Hauptstadt der Insel war sehr angenehm für mich. Es war eine große, schöne Stadt. Da alles im Überfluß vorhanden war, wurde viel Handel getrieben. Alle Leute wußten, daß ich beim König in hohen Gnaden stand. Sie benahmen sich daher sehr zuvorkommend und betrachteten mich bald als einen der Ihren. Niemand dachte mehr daran, daß ich ein Fremdling war.

Ich bemerkte in diesem Land etwas sehr Auffallendes: Kein Reiter benützte hier Sattel oder Steigbügel und Zaumzeug, auch der König nicht. Eines Tages nahm ich mir die Freiheit, den Herrscher danach zu fragen. Ich wollte wissen, warum er nur ungesattelte und ungezäumte Pferde ritt.

Der König antwortete: ‚Du sprichst von Dingen, die man hierzulande gar nicht kennt.'

So bat ich den König um die Erlaubnis, ihm diese vorführen zu dürfen. Zuerst ging ich zu einem Sattler. Von ihm ließ ich mir nach einer genauen Zeichnung das Gestell eines Sattels machen. Das überzog ich mit Leder und fütterte es mit Wolle aus. Der Schlosser aber mußte mir Zaumzeug und Steigbügel anfertigen. Alles wurde genau nach meiner Anweisung hergestellt. Als der Sattel fertig war, ging ich damit zum König. Ich bat ihn, ein Pferd vorführen zu lassen. Diesem Pferd legte ich Sattel und Zaumzeug auf und erklärte dem König den Gebrauch dieser Gegenstände. Sodann bestieg der Fürst selbst das Pferd. Er war sehr erfreut über diese neue Erfindung; kostbare Geschenke waren sein Dank. Ich mußte auch für andere hohe Würdenträger des Reiches Sättel machen. Alle zeigten sich erkenntlich, und binnen kurzer Zeit war ich ein wohlhabender Mann. Mein Ruf verbreitete sich auch unter den übrigen Einwohnern der Stadt. Auch die Handwerker der Stadt belohnten mich dafür, daß ich sie meine Kunst lehrte.

Eines Tages saß ich wieder an der Seite des Königs. Da sagte er zu mir: ‚Sindbad, ich bin dir gewogen. Ich weiß auch, daß alle meine Untertanen dich achten und schätzen. Nun habe ich eine Bitte an dich. Versprich mir, zu tun, was ich wünsche."

‚Herr', sagte ich, ‚gebietet, und ich werde gehorchen.'

‚Ich möchte dich verheiraten', erwiderte der König. ‚Dadurch will ich dich ganz an mein Land fesseln, damit du nicht mehr an eine Abreise denkst.'

Ich wagte nicht, dem Wunsch des Königs zu widersprechen, und entgegnete: ‚Es sei, wie Ihr wünscht.'

Da gab er mir eine sehr schöne, vornehme und reiche Dame des

Hofes zur Gemahlin. Auch überwies er mir eine Wohnung, Diener und ein hohes monatliches Einkommen. Nach der Hochzeit lebte ich in Behagen und Wohlstand mit meiner Frau. Aber der Gedanke an meine Heimatstadt Bagdad ließ mich nicht zur Ruhe kommen. Immer wieder fielen mir meine Freunde und Verwandten ein. Doch überließ ich alles dem Willen Gottes und dachte: Wenn es an der Zeit sein wird und Gott es will, werde ich mit oder ohne Frau in die Heimat zurückkehren.

In dieser Zeit erkrankte die Frau eines meiner Nachbarn und starb. Da ich diesem freundschaftlich verbunden war, begab ich mich zu ihm. Ich wollte ihm einige Trostworte sagen. Er war tief betrübt.

‚Gott erhalte Euch', redete ich ihn an, ‚und verleihe Euch langes Leben!'

‚Ach', gab er mir zur Antwort, ‚was nützen diese frommen Wünsche! Ich habe ja nur mehr kurze Zeit zu leben.'

‚Wie meint Ihr das?' fragte ich.

‚Heute noch wird man meine Frau zu Grabe tragen', sagte er. ‚Und ich werde mit ihr begraben werden. Das ist bei unserem Volk Sitte. Wenn ein Ehegatte stirbt, hat der andere lebend ins Grab zu folgen. Der lebende Mann wird mit der toten Frau, die lebende Frau mit dem toten Mann begraben. So sind sie auch nach dem Tode vereint. Niemand kann mir helfen. Alle Verheirateten sind diesem Gesetz unterworfen.'

Ich suchte den Mann zu trösten. Dieser Brauch war wirklich grausam. Inzwischen kamen Freunde und Bekannte, um dem Trauernden ihr

Beileid zu erweisen. Der Leichnam der Frau wurde in kostbare Gewänder gehüllt und alles für das Begräbnis hergerichtet.

Man legte die Tote auf eine Bahre. Dann bedeckte man sie mit einem Tuch. Der Mann stellte sich an die Spitze des Leichenzuges. Dieser bewegte sich an das Ende der Insel zu einem hohen Berg. Hier lag ein großer Stein über der Öffnung eines Brunnenschachtes. Der Stein wurde aufgehoben und die Bahre in den Brunnen hinabgelassen. Der Mann aber nahm bewegt Abschied von allen Freunden. Dann wurde er an ein Seil gebunden und folgte seiner Frau in die Tiefe. Hierauf senkte man noch einen Krug Wasser und sieben Brote in den Brunnen hinab. Der Strick wurde wieder emporgezogen und das Brunnenloch mit dem Stein verschlossen. Als alles vorüber war, ging jeder seiner Wege.

In trübe Gedanken versunken, schritt ich vom Begräbnis nach Hause. Ich stellte meine Betrachtungen über diese grausame Sitte an. Den Inselbewohnern erschien sie nicht als etwas Besonderes. Sie waren daran gewöhnt.

Als ich wieder zum König kam, brachte ich das Gespräch darauf. Ich sagte: ‚Mein Herr und Gebieter, ich kann mich nicht genug wundern über diesen seltsamen Brauch. In Eurem Lande ist es üblich, die Lebenden zugleich mit den Toten zu begraben. Ich bin weit gereist. Aber nirgends habe ich etwas Ähnliches gesehen.‘

Der König entgegnete: ‚Das ist nun einmal bei uns Sitte. Nicht einmal ich selbst könnte mich diesem Gesetz entziehen. Stürbe die Königin vor mir, so würde ich lebendig mit ihr begraben.‘

‚Es ist eine grausame Sitte‘, sagte ich und fragte: ‚Gilt dieses Gesetz auch für die Fremden?‘

Da lächelte der Herrscher und erwiderte: ‚Allerdings! Auch sie sind dem Gesetz unterworfen, wenn sie hier im Lande verheiratet sind.‘

Niedergeschlagen entfernte ich mich. Beim Tode meiner Frau würde ich also auch lebendig begraben werden. Dieser Gedanke quälte mich unaufhörlich. Der Aufenthalt in der Stadt wurde mir vergällt. Ich zitterte bei der geringsten Unpäßlichkeit meiner Gattin. Schließlich beruhigte ich mich doch. Ich dachte nämlich: Vielleicht sterbe ich vor meiner Frau.

Oder vielleicht kann ich vor ihrem Tode dieses Land verlassen. Aber da erkrankte meine Frau und starb nach wenigen Tagen.

Entsetzen befiel mich. Sollte es mir wirklich bestimmt sein, lebendig begraben zu werden? Dieses Schicksal war noch gräßlicher, als den Menschenfressern zur Speise zu dienen. Aber ich konnte nicht mehr fliehen. Alles wurde für das Begräbnis vorbereitet. Viele Leute kamen, Verwandte meiner Frau und meine Bekannten. Und alle suchten mich zu trösten. Der König selbst erwies mir die Ehre seines Besuches. Auch er bezeigte mir sein Beileid.

Der Leichnam meiner Frau wurde in die besten Gewänder gekleidet und mit köstlichem Geschmeide geschmückt. Darauf legte man ihn

auf eine Bahre. Ich mußte mit dem Trauergefolge hinter der Bahre zum Begräbnisort ziehen. Noch einmal versuchte ich, das Mitleid meiner Freunde und Bekannten aufzurufen. Ich beklagte mein unseliges Geschick.

Als man den Stein vom Brunnenschacht hob, rief ich: ‚Bedenkt doch, ich bin ein Fremdling in diesem Lande. Ich unterstehe nicht eurem grausamen Gesetz. Hätte ich dieses früher gekannt, nie würde ich eine Frau aus eurem Volke geheiratet haben!‘

Aber sie hörten mich nicht an. Ohne Mitleid banden sie mich. Dann ließen sie mich mit dem Krug voll Wasser und den sieben Broten auf der Bahre in den Brunnen hinab. Hierauf verschlossen sie die Öffnung des Brunnens mit dem Stein und kümmerten sich nicht weiter um mein lautes Jammergeschrei.

Als die Leute weggegangen waren, drang kein Laut mehr von oben zu mir herab. Ich löste mich von der Bahre, an der ich festgebunden war. In der geräumigen Höhle lagen ganze Berge von Leichen. Ich entfernte mich, soweit ich konnte.

Dann warf ich mich verzweifelt zu Boden und schrie: ‚Mein Gott, was soll nun werden! Aber es ist meine Schuld, daß ich hier lebend begraben bin. Warum mußte ich auf Reisen gehen! Wie gut war es mir doch in der Heimat gegangen. O diese verfluchte Habgier! Es war mir zu wenig, was ich besaß. Ich wollte neue Reichtümer erwerben. Dabei wußte ich, daß jede Reise mit unsäglichen Mühen und Gefahren verbunden ist. Wäre ich nur zu Hause geblieben! Dort hätte ich ruhig sterben können. Warum habe ich diese Frau geheiratet, die mir nun zum Verderben geworden ist!‘ So und ähnlich schalt ich mich und begann selbst den Tod herbeizuwünschen.

Aber diese Klagen waren unnütz. Niemand war da, mir zu helfen. Nach einiger Zeit regte sich mein Lebenswille wieder. Ich suchte nach dem Brot und dem Wasser, genoß aber nur wenige Bissen und trank einen Schluck. Durch einen Spalt fielen von oben einige Lichtstrahlen ein. Bei ihrem Scheine konnte ich manches unterscheiden. Ich sah, daß die Höhle sehr geräumig war. Es lagen viele Gebeine herum. Dazwischen konnte man Edelsteine und Schmuckstücke erkennen. Man hatte sie den Toten mit ins Grab gegeben.

Mehrere Tage hauste ich nun schon unter den Toten. Mein Mundvorrat neigte sich bereits dem Ende zu. Da hörte ich eines Tages von oben ein Geräusch. Als ich emporblickte, wurde gerade der Stein von der Öffnung des Schachtes gehoben. Bald darauf senkte man einen toten jungen Mann und eine lebende junge Frau in die Höhle herab. Auch Brot und Wasser gab man ihr mit. Die Frau weinte und klagte jammervoll. Ich überlegte, ob ich zu ihr gehen sollte. Da verstummte sie. Als sie lange Zeit keinen Laut mehr von sich gab, trat ich zu ihr. Bald erkannte ich, daß sie gleichfalls tot war. Der Schreck und das Entsetzen hatten sie getötet. Ich aber nahm die Brote und das Wasser von der Bahre. Nun hatte ich wieder Vorrat zum Leben.

Eines Tages weckte mich ein Geräusch aus dem Schlaf. Es klang wie das Kratzen eines Tieres. Sofort ging ich dem Geräusch nach. Es verstummte. Dann hörte ich etwas tappend sich rückwärts entfernen. Ich folgte. Als ich um die Ecke bog, sah ich einen Lichtschimmer. Ich ging auf diesen Schein zu, der bald verschwand, bald wiederkam, je nachdem sich ein Hindernis dazwischenschob. Der Schein wurde immer größer. Es schien mir gewiß, daß dort eine Öffnung im Felsen sein mußte. Wirklich kam ich zu einem Loch im Gestein. Wilde Tiere mußten es gegraben haben. Hier schlüpften sie offenbar in die Höhle und schützten sich vor den Unbilden des Wetters.

Ich zwängte mich durch die Öffnung hindurch. Nun befand ich mich in den Felsen am Ufer des Meeres. Da pries ich Gott. Ich dankte ihm mit allen Fasern meines Herzens für meine wunderbare Errettung. Dann blickte ich mich in der Gegend um. Ich sah, daß es keinen Zugang von der Stadt zu diesem Ort gab. Also war ich vor Entdeckung sicher. Darauf eilte ich in die Höhle zurück. Ich holte mir das gesparte Brot. Jetzt, unter Gottes freiem Himmel, genoß ich die wenigen Bissen mit einem Behagen wie nie zuvor.

Mehrmals noch ging ich in die Höhle zurück. Ich sammelte Gold, Edelsteine und Schmuckstücke der Toten. Das alles trug ich ans Meeres-

ufer. Dort hüllte ich die Kostbarkeiten in die Gewänder der Toten und verschnürte sie zu Ballen. Dann wartete ich auf ein Schiff, das mich aufnehmen könnte.

Nach einigen Tagen erblickte ich wirklich ein Schiff. Ich schrie aus Leibeskräften und winkte mit einem weißen Totengewande. Man sah mein Zeichen. Ein Boot kam ans Ufer und nahm mich mit allen meinen Schätzen auf.

Die Matrosen fragten mich, wie ich an diesen Ort gekommen sei. Hier hätten sie noch nie ein Lebewesen gesehen.

Ich entgegnete, ich sei ein Schiffbrüchiger. Nur mit einem Teil meiner Habe hätte ich mich auf einer Schiffsplanke an dieses Ufer retten können.

Als ich auf das Schiff kam, umringten mich alle Fahrgäste neugierig. Der Kapitän fragte ebenfalls, wer ich sei. Er wollte wissen, wie ich an diesen einsamen Ort verschlagen worden sei. Ich wiederholte die Angaben, die ich schon den Matrosen gemacht hatte. Damit war er zufrieden. Ich bot ihm einige Kleinodien aus meinem Schatz an. Aber er wollte nichts annehmen. Es sei seine Pflicht, einen Schiffbrüchigen zu retten, sagte er. Hiefür lasse er sich nichts schenken.

Das Schiff setzte den vorgesehenen Weg fort. Nach langer Seefahrt kam ich wohlbehalten und mit unermeßlichen Reichtümern in Bagdad an. Ich begab mich sofort in mein Haus. Dort begrüßte ich die Meinen. Alle waren voll Freude über meine Rückkehr. Ich gab Almosen und verteilte Geschenke. Dann lebte ich fröhlich und ruhig im Kreise meiner Familie und meiner Freunde.“

Damit endete Sindbad die Erzählung von seiner vierten Seereise. Er beschenkte Sindbad den Lastträger wie an den Vortagen mit hundert Goldstücken. Dann lud er ihn und die andern Gäste ein, am nächsten Tag zu früher Stunde wiederzukommen. Er wollte den Bericht über die fünfte Reise geben. Die sollte noch seltsamer und wunderbarer verlaufen sein.

Die Gäste verabschiedeten sich und gingen nach Hause. Auch der Lastträger ging dankbaren Herzens zu seiner Familie.

Am nächsten Morgen aber erschienen alle wieder. Sie aßen und tranken an festlich geschmückter Tafel. Sodann lauschten sie gespannt, was Sindbad von seiner fünften Reise erzählte:

Fünfte Reise Sindbads des Seefahrers nach den Inseln der Sunda-Straße

Als ich von der vierten Reise heimgekehrt war, lebte ich lange Zeit herrlich und in Freuden. Bald verblaßte abermals die Erinnerung an die ausgestandenen Ängste und Gefahren, und ich wollte wieder neue Länder sehen. Daher kaufte ich Waren, ließ sie verpacken und zum nächsten Hafen bringen. Dort wurde nach meinen Angaben und auf meine Kosten ein neues Schiff gebaut und ausgerüstet. Ich heuerte auch einen Kapitän und Mannschaft an. Außerdem nahm ich eine große Zahl von Kaufleuten mit ihren Waren an Bord.

Nach kurzer Zeit lichteten wir die Anker und begannen unsere Reise. Sie brachte uns schließlich zu einer scheinbar öden Insel. Hier wollte der Kapitän den Wasservorrat des Schiffes ergänzen. Wir stiegen also aus. Unweit der Küste fanden wir eine Riesenkugel. Sogleich erkannte ich sie als ein Ei des Vogels Roch. Es war schon ausgebrütet; der junge Vogel wollte soeben aus dem Ei kriechen. Trotz meines Abratens zerschlugen die Kaufleute das Ei mit Äxten und Hämmern. Den jungen Roch töteten sie. Dann zerteilten sie ihn in Stücke und ließen sich die seltsame Speise gut munden. Kaum aber hatten sie das Mahl beendet, als sich die Sonne verfinsterte. Zwei riesige Wolken erschienen am Himmel. Der Kapitän ahnte, daß es die Eltern des jungen Rochs waren. Er drang in uns, schnell das Schiff zu besteigen, um den Krallen der Riesenvögel zu entgehen. Wir folgten seinem Rat, und das Schiff segelte ab.

Die mächtigen Vögel kreisten eine Zeitlang mit ohrenbetäubendem Gekrächze über unserem Schiff. Es war, als wollten sie sich die Übeltäter genauer besehen. Hierauf wandten sie sich um. Sie rauschten mit sausendem Flügelschlag in die Richtung, aus der sie gekommen waren. Schließlich entschwanden sie unsern Blicken. Schon glaubten wir das Unheil abgewendet, da erschienen die beiden Vögel wieder. Jeder von ihnen hielt in den Klauen einen Felsbrocken von gewaltiger Größe. Gerade über dem Schiff hielten sie den Flug an. Dann ließ einer der Vögel den Block fallen. Doch der Steuermann machte eine geschickte Wendung mit dem Schiff, und das Felsstück sauste knapp an der Bordwand ins Meer. Dadurch hob uns eine mächtige Woge himmelhoch empor. Gleich darauf drückte sie uns fast bis auf den Grund des Meeres hinab. Allmählich beruhigten sich die Wellen wieder. Wir glaubten schon, außer Gefahr zu sein. Aber nun ließ der andere Vogel die Felsmasse fallen. Sie traf das Schiff in der Mitte, so daß es in tausend Stücke zerschmettert wurde. Alle Kaufleute und Matrosen wurden erschlagen oder ertranken im Meer.

Ich stürzte unverletzt ins Wasser. Als ich wieder aus den Fluten an die Oberfläche tauchte, erwischte ich eine große Schiffsplanke; daran hielt ich mich fest. Mehrere Tage trieb ich auf dem Wrackstück, bis mich schließlich die Strömung an das steile Ufer einer Insel warf. Mit größter Mühe kletterte ich den Uferrand hinan.

Zu Tode erschöpft warf ich mich ins Gras. Ich überdachte meine Lage und verwünschte mein Schicksal. Dann machte ich mich auf, um die Insel zu durchforschen. Sie glich einem Paradies. Auf blumigen Wiesen wuchsen stattliche Bäume. Rot und golden leuchteten die Früchte aus dem Laub. Vögel zwitscherten in den Zweigen. Glasklare Bächlein schlängelten sich durch die Wiesen. Ich kostete von den Früchten und schöpfte mir Wasser aus den Bächen. Ich aß und trank, bis ich mich satt fühlte. Aber ich erblickte kein menschliches Wesen.

Als es dunkel wurde, schlug ich unter einem Baum mein Lager auf. Aber oftmals des Nachts schrak ich empor. Die Einsamkeit bedrückte mich. Ich machte mir die heftigsten Vorwürfe, diese Reise unternommen zu haben. Endlich graute der Morgen. Da stand ich auf und schlenderte unter den Bäumen an einem Bach dahin. Auf einmal sah ich einen Greis am Ufer des Baches sitzen. Er trug nur einen Lendenschurz aus Palmblättern. Zuerst hielt ich ihn für einen Schiffbrüchigen, wie ich einer war. Daher trat ich zu ihm und begrüßte ihn freundlich. Doch er antwortete mir nicht. Durch Zeichen aber gab er mir zu verstehen, daß ich ihn über den Bach tragen solle. Er schien mir wirklich hilfsbedürftig zu sein; also nahm ich ihn auf den Rücken und trug ihn an den bezeichneten Ort. Dort wollte ich ihn absetzen. Aber er schlang seine überaus kräftigen Beine fest um meinen Hals. Er drückte sie so fest aneinander, als wollte er mich erwürgen. Ich erschrak heftig. Es flimmerte vor meinen Augen. Dann fiel ich in Ohnmacht.

Doch der lästige Greis stieß so lange mit den Beinen, bis ich wieder zu mir kam. Er gab mir sozusagen mit seinen Fersen die Sporen. Er hieb mich in den Magen und in die Rippen. Schließlich zwang er mich, ihn in eine bestimmte Richtung zu tragen, wo sich die Bäume unter ihrer üppigen Last bogen. Dort riß er Früchte von den Ästen und verzehrte

sie. Dann lenkte er mich zu andern Bäumen. Auf diese Weise benützte er mich den ganzen Tag als Reitpferd. Wenn ich seine Absicht nicht gleich verstand oder seinen Willen nicht schnell genug erfüllte, schlug er mich. Selbst bei Nacht hielt er die Beine um meinen Hals geschlungen. Wenn er am Morgen erwachte, trieb er mich mit heftigen Stößen und Fußtritten vom Lager auf, und das Spiel begann von neuem. Tag und Nacht lastete er auf mir. Ich wünschte mir schließlich den Tod als Erlösung von dieser Qual.

Eines Tages fand ich mehrere trockene Kürbisse. Ich nahm einen, höhlte ihn aus und reinigte ihn. Dann preßte ich Weintrauben aus und füllte den Kürbis mit dem Saft. Es gab nämlich viele Weinstöcke auf der Insel. Nachdem ich die Öffnung wieder verschlossen hatte, stellte ich den Kürbis in die heiße Sonne. Nun begann der Saft zu gären; nach einigen Tagen war er zu Wein geworden. Ich ging jeden Tag hin, um von dem Wein zu trinken. Dieser gab mir Kraft, und bald spürte ich keine Müdigkeit mehr. Die Wirkung des Weines war so stark, daß ich im Gehen tanzte und sang.

Der Greis merkte an mir die aufmunternde Wirkung des Trankes und verlangte nach dem Kürbis, damit auch er trinken könne. Ich reichte ihm das Gefäß, und er leerte es mit einem Zuge bis zum letzten Tropfen. Da er dieses Getränk nicht gewohnt war, stieg es ihm schnell zu Kopf. Er wurde fröhlich und ausgelassen. Schließlich begann er, mit den Händen herumzufuchteln und in rauhen Tönen zu gurgeln. Zuletzt schwankte er auf meinen Schultern hin und her. Der Druck seiner Beine lockerte sich, so daß ich sie von meinen Halse lösen konnte. Dann warf ich den lästigen Reiter mit einem Ruck zur Erde, daß er besinnungslos liegenblieb.

Nun war ich meiner Last ledig. Aufatmend und frei schritt ich über die Insel. So kam ich wieder an den Strand, wo ich die Insel bestiegen hatte. Aber ich mußte mich einige Tage an der Küste gedulden; dann erst kam ein Schiff herangesegelt. Es ging vor Anker, um frisches Wasser und Früchte zu laden. Als mich die Mannschaft erblickte, wurde ich sogleich nach meinen Abenteuern ausgefragt. Alle hörten staunend zu. Dann sagte der Kapitän: ‚Diesen Alten nennt man den Herrn des Meeres. Bisher ist noch niemand entkommen, der unter seine Beine geriet. Ihr seid der erste, den er nicht erwürgt hat.'

Sie beglückwünschten mich zu meiner Rettung und priesen Gott, der sich gnädig meiner Not erbarmt hatte.

Sodann wurde ich an Bord geführt. Man lud mich zum Mahle ein und gab mir frische Kleider. Das Schiff aber segelte in den Hafen einer großen, mauerumgürteten Stadt.

Natürlich war ich neugierig, die fremde Stadt kennenzulernen. Also verließ ich das Schiff und wanderte durch die Straßen der Stadt.

In dieser Gegend hausten zahlreiche Affen. Angeblich hatten sie schon oft die Stadt überfallen und den Einwohnern übel mitgespielt. Diese begaben sich daher aus Angst vor den Affen am Abend aus den Toren der Stadt. Sie bestiegen an der Küste ihre Boote und fuhren aufs Meer hinaus, um dort zu übernachten. Erst am Morgen kehrten sie wieder in ihre Häuser zurück.

Während ich in der Stadt weilte, fuhr unser Schiff ab. Es hatte nicht auf mich gewartet. Wieder machte ich mir bittere Vorwürfe, an Land gegangen zu sein.

Da trat ein Mann auf mich zu. Er fragte mich, ob ich in der Stadt fremd sei.

Als ich dies bejahte, sagte er: ‚Dann komm und steig in mein Boot. Wenn du in der Stadt bleibst, werden dich die Affen töten.'

Ich nahm seine Einladung an und übernachtete in seinem Boot draußen auf dem Meer. Am frühen Morgen kehrte ich mit ihm in die Stadt zurück.

Hier fragte er mich, was für ein Handwerk ich betreibe. Ich sagte, daß ich Kaufmann sei. Da gab er mir einen großen Sack, der mit Steinen gefüllt war. Er forderte mich auf, mit andern Leuten im nahen Wald Kokosnüsse zu sammeln.

Dann fügte er hinzu: ‚Mach alles genauso wie die andern, sonst kann es dich das Leben kosten.'

Wir kamen in ein dichtes Gehölz von Kokosbäumen. Aber die Stämme waren so hoch und glatt, daß niemand zu den Zweigen hinaufklettern konnte. Nun gab es in diesem Wald sehr viele kleine Affen. Als sie uns sahen, kletterten sie behend in die höchsten Wipfel der Bäume. Da nahmen die Leute Steine aus ihren Säcken und warfen sie nach den Affen. Ich folgte ihrem Beispiel. Die Affen aber rissen Kokosnüsse von den Zweigen und warfen sie zornig auf uns herunter. Wir lasen die Nüsse auf und hatten in kurzer Zeit unsere Säcke gefüllt. Dann kehrten wir mit unserer Last in die Stadt zurück. Ich bekam für die Kokosnüsse bares Geld.

Von nun an ging ich täglich in den Wald. Die gesammelten Kokos-

nüsse sortierte ich sorgfältig. Die minderen verkaufte ich in der Stadt, von den guten aber häufte ich einen großen Vorrat auf; die wollte ich bei meiner Abreise aus der Stadt mitnehmen. Durch diese Tätigkeit verdiente ich viel Geld. Ich konnte alle meine Ausgaben mit Leichtigkeit bestreiten.

Doch die Sehnsucht nach Heim und Familie wuchs. Einmal legte ein großes Schiff im Hafen an. Nun ließ ich den ganzen Vorrat von Kokosnüssen verladen. Dann nahm ich Abschied von meinen Geschäftsfreunden in der Stadt und bestieg das Schiff.

Wir segelten von Insel zu Insel. Überall machte ich Tauschgeschäfte. So erhielt ich für meine Kokosnüsse Pfeffer, Zimt und Gewürznelken. Dann nahm ich Perlentaucher in Sold, die mir viele kostbare Perlen aus dem Meer holten. Bald landete ich mit meinen Waren in Balsora. Von da reiste ich gleich nach Bagdad weiter zu meiner Familie, die mich mit Freuden begrüßte. Auch alle meine Freunde kamen und beglückwünschten mich zu meiner erfolgreichen Reise. Ich aber spendete den Witwen und Waisen, beschenkte meine Freunde und lebte selbst mit meiner Familie glücklich und in Überfluß. Durch Feste und Unterhaltungen aller Art suchte ich mich von den ausgestandenen Mühen zu erholen.“

Mit diesen Worten schloß Sindbad seine Erzählung. Dem Lastträger ließ er hundert Goldstücke geben und lud ihn und alle anderen Gäste wieder für den nächsten Morgen ein. Dann wollte er einen Bericht über die Abenteuer der sechsten Reise geben. Sie sollten noch merkwürdiger sein als die früheren.

Sechste Reise Sindbads des Seefahrers nach Zeila

„Es dünkt euch wohl sonderbar, daß ich nach fünf Seereisen nochmals den Entschluß faßte, mein ruhiges Leben abzubrechen. Doch dies kam so: Einmal besuchten mich Kaufleute, die soeben von einer Reise zurückgekehrt waren. Ihre Erzählungen weckten alte Erinnerungen in mir. Da packte mich die Lust, zu reisen und neuerdings fremde Länder zu sehen. Ich kaufte Waren und ließ sie auf ein großes Schiff verladen. Dann fuhren wir ab, Richtung Golf von Aden.

Die Reise verlief glücklich, bis eines Tages der Kapitän plötzlich in großes Wehgeschrei ausbrach. Er riß seinen Turban vom Kopf und raufte sich Haare und Bart. Entsetzt fragten wir ihn, was denn vorgefallen sei, daß er sich so verzweifelt gebärde.

Da rief er: ‚Wir sind alle verloren! Wir haben mit unserem Schiff den unrechten Kurs eingeschlagen. Nun befinden wir uns an der gefährlichsten Stelle des Meeres. Von dieser gibt es kein Entrinnen. Seht ihr die Insel dort, deren Felsen drohend aufragen; auf die treibt uns die Strömung zu! Wir können die Fahrt nicht hemmen und das Schiff nicht mehr aus dieser Strömung lenken. Wenn Gott nicht ein Wunder geschehen läßt, werden wir alle umkommen!‘

Das Tauwerk riß. Das Steuer brach. Und das Schiff drehte sich um sich selbst. Dann wurde es mit unwiderstehlicher Gewalt gegen einen hohen Felsen getrieben, daß es zerschellte. Einige Passagiere konnten sich und ihre Ware retten. Auch der Kapitän und ich waren unter den Geretteten.

Der Kapitän sprach: ‚Noch sind wir zwar am Leben. Aber dies ist ein unheilvoller Ort. Niemand ist bisher von hier weggekommen; also können auch wir mit unserem Leben abschließen.' Da sanken wir einander in die Arme und beklagten unser trübes Geschick.

Wie viele andere Schiffe vor uns war auch das unsere an einem Felsen der Insel gescheitert. Der Strand war weithin mit Schiffstrümmern bedeckt. Unmengen von Schiffsgut in Ballen und Kisten lagen umher. Dazwischen sah man gebleichte menschliche Gebeine. Aus einer Öffnung am Fuße des Felsens quoll ein breiter Bach mit süßem Wasser. Er ergoß sich aber nicht ins Meer, sondern ins Landinnere; schon nach kurzem Lauf verschwand er in einer dunklen Grotte. Als ich am Rand des Baches entlangging, wurde ich fast geblendet. Das ganze Bachbett war übersät mit Perlen, Diamanten, Rubinen und anderen Edelsteinen. Die Öffnung der Grotte flimmerte von Kristallen und kostbaren Steinen.

Wir hatten auch einige Lebensmittel gerettet; diese wurden nun zu gleichen Teilen an die Überlebenden verteilt. Wir mußten äußerst sparsam damit umgehen. Es gab keine Möglichkeit, über den Felsen in das Innere der Insel zu gelangen; also mußten wir an der Küste bleiben. Wir hofften immer noch, daß sich auf dem Meer ein Schiff zeigen werde, aber unser Spähen war vergebens. Trotz aller Sparsamkeit wurden die Vorräte immer weniger. Einer nach dem andern von unsern Gefährten starb den Hungertod. Schließlich war nur mehr ich allein übrig. Ich hatte mit meinen Lebensmitteln am besten hausgehalten; aber sie gingen trotzdem zur Neige. Verzweifelt konnte ich den Tag errechnen, an dem der letzte Bissen verzehrt sein würde. Da schaufelte ich mir selbst mein Grab. Ich war entschlossen, mich hineinzuwerfen und in der Grube meine letzte Stunde zu erwarten.

Dabei machte ich mir heftige Vorwürfe. Wie unbedacht war es gewesen, diese Reise anzutreten. Warum war ich nach all den schrecklichen Gefahren meiner vorherigen Reisen nicht zu Hause geblieben! Freilich hatte mich der Allmächtige bisher gnädigst beschützt. Mit seiner Hilfe war ich allen Gefahren entronnen. Vielleicht würde sich mir auch ein Weg zeigen, von dieser Insel zu entkommen.

Mein Blick fiel auf die dunkle Grotte, in der sich der Bach verlor. Da blitzte ein Gedanke in mir auf. Ich sagte mir: Dieser Bach muß doch auch ein Ende haben. Vielleicht kommt er in einem bewohnten Land wieder ans Tageslicht. Wenn ich ein Fahrzeug zimmere und mich der Strömung des Flusses anvertraue, kann das meine Rettung sein. Schlimmstenfalls komme ich im Innern des Berges um, anstatt hier am Ufer des Meeres zu verhungern.

Ich trug feste Stämme und dicke Bretter und Planken von zertrümmerten Schiffen zusammen; auch dicke Taue fand ich am Strand. Bald hatte ich ein Floß gezimmert. Es war nur wenig schmäler als der Bach. An dem Floß befestigte ich zwei Ruder. Dann suchte ich mir unter dem

gestrandeten Schiffsgut Ballen mit feinen Stoffen und sonstige Kostbarkeiten aus. Im Bach und am Eingang der Grotte sammelte ich Diamanten, Perlen und Smaragde. Dies alles verpackte ich in große Pakete und schaffte sie auf mein Floß. Dann bestieg ich das schwankende Fahrzeug und trat erwartungsvoll meine Reise in das Innere des Berges an.

Tiefe Dunkelheit umgab mich. Das Fahrzeug schoß in der reißenden Strömung dahin. Wenn das Bachbett schmäler wurde, streifte es manchmal an den Felswänden. Entsetzt glaubte ich dann, in der Finsternis steckenzubleiben. Aber immer schob es sich durch alle Engpässe und setzte seine Fahrt fort. Einige Male wurde die Wölbung über mir so niedrig, daß ich mich flach auf das Floß legen mußte. Mein geringer Vorrat an Lebensmitteln war zu Ende gegangen. Hunger und Müdigkeit überwältigten mich. Die Augen fielen mir zu. Ich weiß nicht, wie lange ich geschlafen hatte. Als ich erwachte, war es heller Tag, und ich befand mich in einem weiten Tal an einem breiten Fluß. Mein Floß war am Ufer befestigt. Viele schwarze Menschen standen um mich herum.

Ich erhob mich und begrüßte sie. Die Schwarzen antworteten in einer Sprache, die ich nicht verstand. Aber einer von ihnen trat auf mich zu und redete mich in meiner Sprache an. Er erklärte, daß sie Landleute seien und ihre Felder durch Kanäle aus dem Fluß bewässerten. Sie hätten das Fahrzeug auf dem Fluß bemerkt und es angehalten. Dann fragte er mich,

wer ich sei und woher ich käme. Doch ich bat ihn, er möge mir zuerst etwas zu essen bringen, denn ich könne vor Hunger kaum mehr sprechen, noch mich auf den Füßen halten. Dann würde ich gerne auf alle Fragen antworten. Sofort brachte der Schwarze Speise und Trank. Als mein Hunger gestillt war, berichtete ich getreulich, was ich erlebt hatte. Verwundert lauschten sie meinen Worten, die der Sprachkundige für sie übersetzte. Sie wollten mich auch zu ihrem König bringen und diesem den wunderbaren Vorfall erzählen. Gerne folgte ich ihnen an den Hof des Herrschers.

Da gingen sie mit mir in das Innere des Landes. Sie nahmen mein Floß

auf ihre Schultern, um es samt seiner Ladung vor den König zu bringen. Am Hofe angelangt, begrüßte ich den König ehrerbietig mit einem Fußfall. Er aber hieß mich freundlich aufstehen und an seiner Seite Platz nehmen. Dann erkundigte er sich teilnahmsvoll nach meinem Schicksal. Verwundert hörte er die Erzählung meiner Abenteuer. Sodann wurde das Floß mit allen meinen Schätzen vorgeführt. Ich brachte dem König Juwelen und sonstige Kleinodien als Geschenk dar. Er nahm meine Gabe mit Vergnügen an und erwies mir dafür alle erdenkliche Ehre. So bot er mir eine prunkvolle Wohnung in seinem Palaste und zahlreiche Dienerschaft an. Allen Würdenträgern des Landes befahl er, mir mit der größten Hochachtung zu begegnen.

Ich war oftmals Gast des Königs. Manchmal erzählte ich ihm von der weisen Regierung des Kalifen Harun al Raschid in Bagdad. Ich sprach von seiner Gerechtigkeit und der Liebe, die ihm das Volk entgegenbringe. Der König hörte meine Erzählungen gerne und bewies durch zahlreiche Fragen seine Anteilnahme.

So verbrachte ich meine Zeit, hochgeehrt und ohne Sorgen. Die mir verbleibenden Mußestunden benützte ich, um Land und Leute kennenzulernen.

Eines Tages hielt ich mich im Hafen auf. Da erfuhr ich, daß Kaufleute der Stadt auf einem Schiff nach Balsora reisen wollten. Dies schien mir eine günstige Gelegenheit, wieder in die Heimat zu kommen. Ich eilte zum König und bat ihn, mit diesem Schiff heimkehren zu dürfen.

Der König sagte zu mir: ‚Was du tust oder läßt, steht ganz in deinem Belieben. Willst du in meiner Stadt bleiben, so sollst du immer mein gern gesehener Gast sein. Willst du abreisen, so gewähre mir eine Bitte. Nimm einen Brief und ein Geschenk für deinen Kalifen Harun al Raschid in Bagdad mit und versichere ihn meiner Freundschaft.‘

Nach diesen Worten gab mir der König prächtige Ehrengeschenke für den Kalifen und einen Brief. Auch mir bot er ein kostbares Geschenk aus seinem Schatz an. Sodann verabschiedete ich mich von ihm und allen seinen Untertanen. Der Herrscher aber ließ dem Kapitän des Schiffes auftragen, mich in seine besondere Obhut zu nehmen. Es sollte aufs beste für mich gesorgt werden.

Das Schiff verließ den Hafen und landete ohne Zwischenfall in Balsora. Dort hielt ich mich einige Tage auf, um das Ausladen meiner Güter zu überwachen. Als alles geordnet war, begab ich mich nach Bagdad. Meine Familie hatte mich schon für tot gehalten. Nun war sie über meine Ankunft hocherfreut. Ich gab von meinem Reichtum wieder an die Armen und machte allen Verwandten und Bekannten reiche Geschenke. Dann entledigte ich mich meines Auftrages.

Mit dem Brief des Königs begab ich mich zum Kalifen. Hinter mir schritten die Diener mit den Ehrengeschenken. Das kostbarste von allem war ein goldenes Gefäß, das innen und außen mit großen Rubinen und Perlen besetzt war. Ferner hatte ich eine Decke aus getigerter Schlangenhaut mitgebracht. Diese Decke besaß eine besondere Eigenschaft: Wer sich nur einmal daraufsetzte, wurde nie krank. Dann waren da noch ein

Kästchen aus Aloeholz und eine schöne junge Sklavin, deren Gewänder mit Edelsteinen bedeckt waren.

Ich erhielt die Erlaubnis, vor dem Angesicht des Kalifen zu erscheinen. Also überreichte ich ihm den Brief und legte die Geschenke zu seinen Füßen nieder. Der Kalif las den Brief und nahm die Geschenke huldvoll entgegen. Er fragte mich, ob dieser König wirklich so reich und mächtig sei.

Da erwiderte ich mit einer Verneigung: ‚Beherrscher der Gläubigen, ich kann es aus eigener Anschauung bezeugen. Macht und Reichtum dieses Königs übertreffen alles, was ich auf meinen Reisen je gesehen und erlebt habe. Schon die Pracht seines Palastes sucht ihresgleichen. Der König zeigt sich dem Volk auf einem goldenen, edelsteingeschmückten Thron, der auf einem Elefanten errichtet ist. Zu beiden Seiten seines Weges stehen die Minister und Würdenträger seines Reiches. Und ein Hofstaat von tausend in Seide und Goldstoff gekleideten Rittern begleitet ihn. Ein Mann kniet vor dem König auf dem Elefanten; er hält eine goldene Lanze. Hinter dem König steht ein Mann mit einem goldenen Stab, an dessen Spitze ein großer Smaragd befestigt ist.

Von Zeit zu Zeit ruft der Kniende: ‚Dies ist der Herrscher des Reiches, dessen Macht unwiderstehlich und dessen Besitz unermeßlich ist. Er nennt Tausende von Rubinen, Smaragden und Diamanten sein eigen.‘

Wenn dieser schweigt, ruft der Mann, der hinter dem König steht: ‚Dieser mächtige, reiche Herrscher wird sterben, sterben, sterben.‘

Der König ist so gerecht und alles Volk ist ihm so ergeben und kennt seine Pflichten so gut, daß keine Richter vonnöten sind.

Staunend hatte der Kalif meinen Bericht vernommen. Er sagte: ‚Bei Gott, der Brief und deine Worte haben mich überzeugt, daß dieser Herrscher in Wahrheit mächtig und gerecht ist.‘

Er befahl, mir ein reiches Geschenk auszufolgen. Dann entließ er mich.“

Hiemit endete Sindbad seine Erzählung und sagte noch: „Kommt alle morgen wieder! Dann werde ich euch die Geschichte meiner siebenten Reise erzählen.“

Die Zuhörer gingen nach Hause, nachdem Sindbad der Lastträger seine hundert Goldstücke erhalten hatte.

Am folgenden Tage kamen alle wieder. Und Sindbad der Seefahrer begann seine letzte Erzählung.

Siebente und letzte Reise Sindbads des Seefahrers

„Nach meiner sechsten Reise lebte ich fröhlich im Kreise meiner Familie. Ich hatte mir fest vorgenommen, nie mehr in die Fremde zu ziehen. Nun kam ich ja schon in ein Alter, das die Beschwerden langer Seefahrten doppelt spüren läßt. Aber die Wege und der Wille Allahs sind unerforschlich.

Während ich einmal mit einigen Freunden zu Tisch saß, kam ein Bote des Kalifen. Er hatte den Auftrag an mich, sogleich vor dem Angesicht des Herrschers zu erscheinen. Ich folgte dem Boten und begrüßte den Kalifen ehrfurchtsvoll.

Er hieß mich freundlich aufstehen und sagte: ‚Sindbad, du mußt mir eine Bitte erfüllen. Ich habe aus meinem Schatz Geschenke ausgewählt, die ich dem König von Zeila senden will. Es gebührt sich, seine Höflichkeit zu erwidern. Also will ich ihm für seine Geschenke Gegengaben überreichen lassen.‘

Ich erschrak über diesen Auftrag des Kalifen und erwiderte: ‚Großmächtigster Herr, verzeiht, daß ich auf Euren Befehl eine Einwendung wage. Ich bin schon sehr oft zur See gefahren. Dabei habe ich so viele Leiden und Mühen erduldet, daß mein Herz nach keiner Reise mehr verlangt. Nun bin ich ein alter Mann. Ich fühle mich daher nicht imstande, neue Entbehrungen und Gefahren auf mich zu nehmen. Und deshalb habe ich auch gelobt, Bagdad nicht mehr zu verlassen.‘

Da entgegnete der Kalif: ‚Ich verstehe deine Bedenken. Aber um meinetwillen unternimm noch diese kurze Reise nach Zeila und gib dort meine Geschenke ab. Dann magst du sogleich wieder heimkehren, wenn der Höflichkeit Genüge getan ist.‘

Ich konnte diesem Wunsch, oder besser Befehl des Herrschers nicht mehr widersprechen. Also erklärte ich mich bereit, zu gehorchen. Erfreut gab mir der Kalif Brief und Geschenke für den König von Zeila. Als Reisegeld ließ er mir tausend Goldstücke ausfolgen.

Mit dem nächsten Schiff fuhr ich von Balsora ab. Bei gutem Wind gelangte ich nach glücklicher Reise in die Hauptstadt des Königs. Sogleich begab ich mich mit dem Brief und den Geschenken in den Palast des Fürsten. Ehrerbietig begrüßte ich ihn durch einen Fußfall.

Der König erkannte mich sogleich, hob mich auf und rief: ‚Sei willkommen, Sindbad! Ich bin erfreut, dich wiederzusehen. Denn ich habe oft an dich gedacht.‘

Dann fragte er mich, woher ich käme und was der Zweck meiner Reise sei. Ich dankte ihm für den freundlichen Empfang. Anschließend überreichte ich ihm den Brief und die Geschenke des Kalifen von Bagdad. Er las das Schreiben und nahm die Geschenke mit sichtlichem Vergnügen entgegen.

Unter den Gaben des Kalifen befanden sich ein wertvolles Pferd, das einen goldenen Sattel trug; ein Buch mit kostbarem Einband; Goldstoff, Kleider und feinste ägyptische Leinwand aus Kairo, Alexandria und Suez; ein Becher aus Kristall und eine große Tafel, die der Sage nach von König Salomon stammen soll.

Der König war sehr erfreut über diesen Freundschaftsbeweis des

Kalifen. Mir aber erwies er hohe Ehren. Einige Tage hielt ich mich in seiner Hauptstadt auf. Dann bat ich um die Erlaubnis zur Heimreise. Der König bewilligte meine Bitte und beschenkte mich zum Abschied reichlich. Ich wollte auf schnellstem Wege nach Bagdad zurückkehren. Daher benützte ich das erste Schiff, das seinen Weg dorthin nahm. Aber diesmal war mir keine glückliche Reise beschieden.

Mitten auf hoher See umringte eine große Zahl von Booten unser Schiff. Bewaffnete Männer drangen von allen Seiten auf das Fahrzeug ein. Nach kurzem Kampf nahmen sie das Schiff in Besitz. Die wenigen Überlebenden wurden auf einer nahegelegenen Insel als Sklaven verkauft.

Mich kaufte ein reicher Kaufmann. Er reihte mich unter seine Sklaven und gab mir gut zu essen. Nach einigen Tagen fragte er mich, was für ein Handwerk ich verstünde. Ich sagte ihm, daß ich Kaufmann sei, aber die Seeräuber hätten mir meine ganze Habe weggenommen. Da fragte er weiter, ob ich mit Pfeilen schießen könne. Dies bejahte ich; denn ich hatte mich in meiner Jugendzeit gern mit Waffen versucht. Mein Herr ließ mir einen Bogen und Pfeile bringen. Schließlich befahl er mir, hinter ihm einen Elefanten zu besteigen. Dann ritt er mit mir in einen nahen Wald.

Dort hielt er an; er wies auf einen hohen Baum und sagte: ‚Steig auf diesen Baum! Und wenn ein Elefant vorüberzieht, dann schieß mit den Pfeilen auf ihn! Vielleicht gelingt es dir, einen zu treffen. Sobald du einen erlegt hast, laß es mich wissen!‘

Nach diesen Worten ritt er in die Stadt zurück. Ich blieb die Nacht hindurch voll Angst auf dem Baum sitzen. Aber ich bemerkte keinen einzigen Elefanten.

Erst als die Sonne aufgegangen war, kam eine ganze Herde dahergetrabt. Ich schoß mehrere Pfeile auf sie ab. Endlich stürzte einer der Elefanten zu Boden. Als die übrigen sich hinweggetrollt hatten, stieg ich vom Baum. Ich eilte in die Stadt und meldete meinem Herrn das Ergebnis meiner Jagd. Erfreut ließ er mir eine gute Mahlzeit geben. Nun begaben wir uns in den Wald und begruben den Elefanten. Dies geschah, um das Tier verfaulen zu lassen; dann erst wurden die Stoßzähne aus der Erde genommen und verhandelt. Ich setzte die Elefantenjagd fort. Fast jeden Tag erlegte ich einen solchen Dickhäuter.

Einmal saß ich wieder auf dem Baum und wartete auf Elefanten. Da hörte ich in der Ferne ein entsetzliches Getöse und Trompeten. Es erschien eine Elefantenherde, die stärker war als alle, die ich bisher gesehen hatte. Diesmal zogen die Tiere aber nicht an meinem Baum vorüber, sondern umringten ihn. Sie stießen mit den Rüsseln an den Stamm und suchten ihn zu schütteln. Erschrocken vergaß ich ganz, meine Waffen zu benützen. Krampfhaft klammerte ich mich an die Äste des Baumes. Plötzlich näherte sich ein riesiger Elefant. Er umschlang den Baum mit seinem Rüssel und hob ihn samt den Wurzeln aus der Erde. Dann warf er ihn zu Boden, so daß ich aus den Zweigen kollerte. Ich verlor die Besinnung. Als ich wieder zu mir kam, fand

ich mich auf dem Rücken dieses Elefanten. Er hatte mich emporgehoben und trabte nun mit mir durch den tiefen Wald. Die andern Elefanten folgten ihm. Schließlich lud er mich an einer Stelle im Walde ab. Dann lief er fort, die andern hinter ihm drein.

Langsam nur erholte ich mich von meinem Schrecken. Als ich um mich schaute, gewahrte ich ringsumher eine gewaltige Menge von Elefantenknochen und Stoßzähnen. Es war der Elefantenfriedhof. Die Tiere hatten mich offenbar hergebracht, damit ich aufhöre, sie zu jagen. Hier konnte ich meinen Bedarf an Elfenbein leichter decken. Sogleich machte ich mich auf den Rückweg zu meinem Herrn in die Stadt. Ich ging einen ganzen Tag und eine ganze Nacht. Aber unterwegs begegnete ich keinem einzigen Elefanten. Sie waren anscheinend tiefer in den Wald gezogen, um mir den Weg frei zu lassen.

Mein Herr war hocherfreut, mich wiederzusehen. Er rief mir entgegen: ‚Da bist du ja wieder, Sindbad! Ich habe dich schon verloren gegeben. Als ich gestern im Wald den entwurzelten Baum fand, glaubte ich, die Elefanten hätten dich getötet und fortgeschleppt. Erzähl nun, wie es dir ergangen ist.‘

Ich schilderte ihm mein Abenteuer. Er fragte, ob ich die Stelle mit den vielen Knochen wiederfinden könne. Ich bejahte, und wir ritten mit dem Elefanten dorthin. Hochbefriedigt ließ mein Herr den Elefanten mit Elfenbein beladen, soviel das Tier nur tragen konnte. Dann kehrten wir in die Stadt zurück.

Zu mir aber sagte er: ‚Weil du mir den Weg zu dieser Fundstelle gewiesen hast, sollst du nicht mehr Sklave sein. Ich will dich freilassen. Du warst der einzige, den die Elefanten nicht getötet haben. Alle anderen Sklaven wurden von ihnen umgebracht. Dich aber hat Gott beschützt. Er hat damit ein Zeichen gegeben, daß er dich für besondere Aufgaben aufbewahren will. Die Freiheit soll nicht mein einziges Geschenk an dich sein. Ich werde noch andere Gaben hinzufügen.‘

Auf diese freundschaftlichen Worte entgegnete ich: ‚Herr, Allah verleihe Euch ein langes Leben! Ich danke Euch für Eure Worte. Ganz besonders aber danke ich Euch für das Geschenk der Freiheit. Wollt Ihr das Maß Eurer Gnade voll machen, so erfüllt mir eine Bitte: Erlaubt mir, in meine Heimat zurückzukehren.‘

Ich erzählte ihm, wo ich zu Hause sei und wie ich in die Sklaverei gekommen wäre. Er versprach, mir die Heimreise zu ermöglichen. Das nächste Schiff, das Elfenbein kaufen und ausführen würde, sollte mich mitnehmen.

Nach einigen Tagen legten mehrere Schiffe an, um Tauschgeschäfte zu machen und Elfenbein an Bord zu nehmen. Mein Herr ließ in meinem Namen ein Schiff zur Hälfte mit Elfenbein und sonstigen Waren beladen. Auch fügte er noch Mundvorrat und viele wertvolle Geschenke hinzu. Dann verabschiedete er sich von mir. Ich dankte ihm für seine Güte, bestieg das Schiff und segelte ab.

Das Schiff nahm seinen Kurs nach Indien. Dort stieg ich in einem Hafen an Land. Da ich die Gefahren einer weiten Seereise von hier nach Balsora vermeiden wollte, verkaufte ich in der Stadt meine Waren gegen bares Geld. Aber kostbare Geschenke für die Meinen handelte ich trotzdem ein. Sodann kaufte ich ein Kamel und schloß mich einer Karawane an. Aber auch der Landweg durch die Wüste nach Bagdad war nicht ungefährlich.

Ich langte glücklich in der Heimat an. Nachdem ich mich erfrischt hatte, begab ich mich sofort zum Kalifen. Froh berichtete ich ihm, daß ich seinen Auftrag erfüllt hätte. Dann erzählte ich meine Abenteuer mit den Seeräubern und den Elefanten. Er freute sich über meine Rettung. Seinem Schreiber aber gab er den Auftrag, diese Geschichte und die früheren mit goldenen Buchstaben aufzuzeichnen. Er beschenkte mich großzügig und entließ mich in Gnaden. Ich aber kehrte nach Hause zurück. Und von da an blieb ich immer bei meiner Familie und meinen Freunden."

Hiemit beendete Sindbad der Seefahrer die Erzählung von seinen sieben Reisen über die Meere.

Dann sagte er zu Sindbad dem Lastträger: „Nun, mein Freund, glaubst du noch immer, daß mir meine Reichtümer mühelos in den Schoß gefallen sind? Hältst du es noch immer für eine Ungerechtigkeit, wenn ich mich nach so vielen Leiden eines sorglosen Lebens erfreue?"

Da entgegnete Sindbad der Lastträger: „Herr, verzeiht mir das Unrecht, das ich begangen. Ich hatte keine Ahnung, auf wie bittere Weise Ihr zu Eurem Vermögen gekommen seid. Damit verglichen sind meine Beschwerden gering. Ich wünsche Euch ein langes Leben und einen frohen Genuß der wohlerworbenen Güter."

Nach diesen Worten küßte er dem greisen Gastgeber die Hand. Dieser aber ließ ihm wieder hundert Goldstücke geben. Auch lud er ihn ein, sein mühseliges Gewerbe aufzugeben und täglich als Gast bei ihm zu erscheinen. Und sie lebten von da an als treue Freunde und Gefährten, bis der Tod alle Freundesbande trennte.

PRINZ SEYN ALASNAM UND DER KÖNIG DER GEISTER

In der Stadt Balsora herrschte einst ein mächtiger Sultan. Er war so reich, daß er all seine Wünsche befriedigen konnte. Nur ein Wunsch blieb offen und war durch keinen Reichtum zu erkaufen: er hatte keine Kinder. Da begann er, viele Almosen zu verteilen, um Allah gnädig zu stimmen. Auch bat er alle frommen Männer seines Reiches, durch Gebete den Segen des Himmels zu erflehen. Endlich erfüllte der Allmächtige seinen Wunsch. Ein Sohn wurde ihm geboren. Er gab ihm den Namen Seyn Alasnam, das heißt: Zierde der Standbilder. Dann ließ er alle Sterndeuter des Reiches zusammenrufen; sie sollten aus den Sternen lesen, welchen Verlauf das Leben seines Sohnes nehmen werde. Sie stellten ihre Beobachtungen an und erklärten dem Sultan, sein Sohn habe als kühner Held einen langen Lebensweg vor sich. Er werde aber diesen Mut auch brauchen, da immer wieder Gefahren seinen Weg kreuzen würden. Der Sultan war über diese Vorhersage nicht erschrokken. Er meinte, Schicksalsschläge seien dazu da, den Menschen zu läutern. Als Held werde sein Sohn alle Gefahren leicht überstehen.

Er ließ dem Knaben eine ausgezeichnete Erziehung angedeihen. Dazu bestellte er ihm die besten Lehrer seines Landes. So wurde der Jüngling in allen Künsten und Wissenschaften sorgfältig unterrichtet. Bald übertraf er seine Lehrer an Kenntnissen. Da erkrankte sein Vater schwer. Stündlich war mit dessen Ableben zu rechnen.

Als der Sultan auf dem Totenbett lag, berief er seinen Sohn und alle Großen des Reiches zu sich. Er gab dem Jüngling Lehren und Ermahnungen.

„Mein Sohn“, sagte er unter anderem, „leih nie den Schmeichlern dein Ohr. Nimm dich eines jeden an, der dich um sein Recht bittet; denn der Schmeichler denkt nur an seinen Vorteil, das Recht aber ist die Grundlage des Staates. Verteile Lohn und Strafe gerecht, damit nicht der Gute zu Schaden komme, der Böse aber dich verlache!" Wenige Stunden danach starb er.

Sechs Tage trug der Prinz Trauer, am siebenten aber bestieg er den Thron. Alle Macht war nun in seiner Hand. Da er leichtlebig war und Geld in reichem Maße zur Verfügung hatte, begann er bald ein verschwenderisches und müßiges Leben zu führen. Die Staatsgeschäfte aber und die Rechte seines Volkes vernachlässigte er. Vergebens suchte ihn die Königin, seine Mutter, auf den rechten Weg zu leiten. Er kümmerte sich nicht um ihre warnenden Worte. Bald neigten sich seine Schätze dem Ende zu.

Nun bereute der junge König sein Tun und fand keine ruhige Stunde mehr. Schwermut befiel ihn, und kein Trost linderte seine Trauer.

Als er sich eines Nachts in unruhigem Schlummer wälzte, erschien ihm im Traum ein Geist, der lächelnd zu ihm sprach: „O Seyn, es gibt kein Leid, auf das nicht Freude folgt; es ist kein Unglück, das sich nicht doch zum Guten wendet. Steh auf und begib dich nach Kairo! Dort erwartet dich ein großes Glück."

Diesen Traum erzählte er am Morgen seiner Mutter; aber diese sprach lachend: „Mein Sohn, du wirst doch nicht auf einen Traum hin nach Ägypten reisen?"

Da entgegnete er: „Warum nicht? Träume sind nicht immer leere Hirngespinste. Das haben mir meine Lehrer oft versichert. Die Erscheinung des Greises war so lebendig, und die Worte des alten Mannes klangen so überzeugend, daß ich fest entschlossen bin, nach Kairo zu gehen."

Umsonst bemühte sich die Königin, ihn von seinem Plan abzubringen. Er übertrug ihr die Regierung. Heimlich verließ er nachts die Stadt und machte sich auf den Weg nach Kairo. Nach einer abenteuerlichen und beschwerlichen Reise langte er endlich in dieser großen und berühmten Stadt an. Erschöpft legte er sich am Eingang einer Moschee nieder und schlief sofort ein.

Da erschien ihm im Traum wieder der Greis und sprach: „Seyn, du hast die Probe bestanden. Ich habe dich nur deshalb aufgefordert nach Kairo zu ziehen, weil ich sehen wollte, ob du ein Held bist. Du hast dich weder durch die Länge des Weges noch durch andere Gefahren von der Reise abhalten lassen. Jetzt weiß ich, daß du Mut und Ausdauer hast. Kehr um und zieh nach Balsora zurück! Dort wirst du im Palaste deines Vaters große Reichtümer finden, die dich zum mächtigsten Herrscher auf Erden machen werden."

Da erwachte der König und sprach mißmutig zu sich selbst: „Fast glaube ich, der Alte ist doch nur eine leere Einbildung meiner Sinne. Wozu hat man mich hierher genarrt, wenn ich jetzt unverrichteter Dinge wieder zurückkehren soll? Es war gut, daß ich nur meiner Mutter von dem Traum und der Reise erzählte, sonst würde man mich jetzt verspotten. Nun zurück nach Balsora!"

Er machte sich auf den Heimweg. In Balsora angelangt, begab er sich gleich zu seiner Mutter. Als er ihr alles erzählt hatte, suchte sie ihn zu trösten, indem sie sagte: „Fasse dich, mein Sohn; was Allah dir bestimmt hat, wird geschehen. Sei weise und tugendhaft und meide den Weg des Lasters, damit dein Volk in Liebe zu dir aufsieht!"

Da schwor er, ihren Ratschlägen zu gehorchen. Vor allem werde er den Müßiggang meiden und sich der Regierung seines Landes widmen.

In der folgenden Nacht erschien ihm der Alte wieder und sprach: „Mutiger Seyn! Nun sollst du belohnt werden. Wenn du erwachst, nimm Hacke und Schaufel. Durchsuche damit das Gemach deines Vaters. Du wirst dort große Reichtümer finden!"

Sobald der König erwacht war, eilte er zu seiner Mutter. Freudig erzählte er ihr den neuen Traum. Aber sie erwiderte lachend: „Zweimal hat dich der Alte zum besten gehalten. Geh nur hin und mach dich zum drittenmal lächerlich!"

Doch er antwortete: „Nein, liebe Mutter, ich glaube nicht, daß er lügt. Ich will hingehen und das Gemach durchsuchen."

„Tu das", lächelte die Königin. „Jedenfalls ist das keine so beschwerliche Sache wie die Reise nach Kairo."

Da nahm er das Werkzeug und ging allein in das Zimmer seines Vaters. Hier begann er zu graben. Er hob alle Marmorplatten auf, die den Boden bedeckten. Aber er fand nichts. Seine Hoffnung begann zu sinken. Schon glaubte er, das Traumbild habe ihn neuerlich genarrt. Trotzdem wühlte er weiter. Da stieß er inmitten des Zimmers auf einen eisernen Ring, der an einem Stein befestigt war. Diesen hob er empor und sah eine Marmortreppe, die in die Tiefe führte. Mit einer Leuchte versehen, stieg er hinunter. Nun gelangte er in einen weiten Raum, dessen Wände und Decke mit Marmor ausgelegt und mit schimmernden Kristallen geschmückt waren. Im Innern des Raumes sah er acht Erhöhungen; auf jeder stand ein großes Gefäß aus Achat. Er glaubte, diese Gefäße enthielten Wein. Aber als er den Deckel von einem Gefäß hob, blieb er überrascht stehen; es war bis an den Rand mit Goldstücken gefüllt. So war es auch bei den andern Gefäßen.

Er nahm eine Handvoll Goldstücke und eilte damit zu seiner Mutter. Triumphierend rief er ihr zu: „Hier, Mutter, hast du den Schatz!"

Erstaunt hörte die Mutter seinen Bericht. „Hüte dich", sprach sie, „dieses Geld so zu verschwenden wie deine früheren Schätze!"

„Fürchte nichts, liebe Mutter", entgegnete der Sohn. „In Hinkunft sollst du keinen Anlaß haben, mit mir unzufrieden zu sein."

Die Königin wollte das wunderbare Gemach und das Gold mit eigenen Augen sehen. Daher begaben sich beide über die Marmortreppe in den unterirdischen Raum. Während sie dort alles genau musterten, gewahrten sie plötzlich in einer Ecke noch eine kleine Urne aus Achat. Darinnen lag ein goldener Schlüssel.

Da sagte die Königin zu Seyn: „Mein Sohn, dieser Schlüssel öffnet sicher noch ein verborgenes Gemach. Wir wollen suchen, zu welchem Schloß er gehört."

Sie spähten nach allen Ecken und Enden. Auf einmal entdeckten sie in der glatten Wand ein kaum sichtbares Schlüsselloch. Der König steckte den Schlüssel hinein. Da öffnete sich vor ihnen eine Tür, die in einen großen Saal führte. Inmitten des Saales standen neun Gestelle aus Gold. Acht dieser Gestelle trugen Standbilder; jedes war aus einem

einzigen Diamanten gemeißelt. Der Glanz, den diese Statuen ausstrahlten, war so groß, daß der Saal hell erleuchtet schien.

Aufs höchste überrascht, rief Seyn: „Wo mag mein Vater diese Schätze erworben haben?“

Da erblickte er auf dem neunten Fußgestell einen seidenen Teppich; auf diesem stand geschrieben: „Lieber Sohn! Es hat mich viel Mühe gekostet, diese acht Bildsäulen zu erwerben. Aber es gibt noch ein Standbild auf der Welt, das hundertmal schöner und wertvoller ist als alle, die du hier siehst. Wenn du diese Statue erwerben willst, so geh nach Kairo in Ägypten! Dort wohnt Mobarek, einer meiner alten Sklaven. Jedermann in Kairo kennt ihn und wird dir sein Haus zeigen. Sage ihm, was du hier gefunden hast. Er wird dir helfen, das letzte, wunderbare Bildnis zu gewinnen!“

Als Seyn diese Worte gelesen hatte, sprach er zur Königin: „Mutter, ich will sogleich nach Kairo reisen, um dieses wertvolle Bild in meinen Besitz zu bringen.“

„Reise ruhig“, versetzte die Königin. „Ich werde inzwischen mit dem Wesir dein Reich verwalten.“

Sogleich rüstete Seyn alles für die Reise und brach nach Kairo auf. Ohne Unfall langte er dort an und fragte nach dem Haus des alten Mobarek. Man sagte, dieser wäre einer der reichsten Einwohner der Stadt, und wies ihm den Weg.

Bei dem Haus angelangt, klopfte Seyn an die Tür. Ein Sklave öffnete und fragte nach seinem Begehren.

„Ich bin fremd hier in Kairo“, entgegnete Seyn Alasnam. „Aber ich habe von der Gastlichkeit dieses Hauses und seines Herrn gehört.“

Der Sklave bat Seyn, sich zu gedulden, und meldete seinem Herrn den Besuch. Bald kehrte er zurück und lud den Fremden ein, ins Haus zu treten. Dieser folgte seinem Führer durch einen weiten Vorhof in eine prächtig geschmückte Halle. Dort erwartete ihn Mobarek. Er begrüßte ihn mit herzlichen Worten. Dann erkundigte sich der Hausherr nach Namen und Reiseziel des Gastes.

„Ich bin Seyn Alasnam“, sagte der Jüngling, „der Sohn des Sultans

von Balsora, der gestorben ist und dessen Sklave du warst."

„Wie", rief Mobarek, „du willst der Sohn meines ehemaligen Herrn sein? Er hatte keinen Sohn. Wie alt bist du denn?"

„Zwanzig Jahre", erwiderte Seyn. „Aber wie lange ist es her, daß du meinen Vater verlassen hast?"

„Es mögen wohl zweiundzwanzig Jahre sein", erwiderte Mobarek. „Aber kannst du mir beweisen, daß du der Sohn meines Königs bist?"

„Mein Vater hat in einem prunkvollen unterirdischen Raum unterhalb seines Zimmers acht achatne Gefäße mit Gold aufbewahrt", entgegnete Seyn. „In einem anstoßenden Saal stehen acht Standbilder. Jedes ist aus einem einzigen Edelstein gemeißelt. Das neunte Bild aber sollst du mir erwerben helfen. Diese Botschaft hat mir mein Vater hinterlassen."

Der König hatte seine Worte kaum beendet, als Mobarek ihm zu Füßen fiel. Der alte Mann küßte seine Hände und rief freudig: „Ja, Ihr seid der Sohn meines Königs, des Herrschers von Balsora. Niemand sonst könnte das Geheimnis wissen. Ich danke Gott, daß er Euch hierher gesendet hat. Ich habe heute ein großes Festmahl bereitet und viele vornehme Leute zu Tisch geladen. Ich bitte Euch, gleichfalls mein Gast zu sein. Dann will ich Euch gern den Weg zeigen, das neunte Standbild zu erwerben."

Seyn Alasnam sagte zu. Also führte ihn Mobarek in einen großen Saal. Dort war eine vornehme Gesellschaft versammelt. Während des Mahles bediente der alte Mann kniend seinen jungen Gast, der auf dem Ehrenplatz saß. Alle Gäste wunderten sich, wer der Jüngling sein möge, den der greise Gastgeber so ehrfurchtsvoll bediente.

Nachdem sie gegessen und getrunken hatten, ergriff Mobarek das Wort: „Meine Gäste! Wundert euch nicht, daß ich diesen Jüngling so ehrerbietig bedient habe. Er ist der Sohn meines früheren Herrn, des Sultans von Balsora, dessen Sklave ich war. Er starb, ohne mich freigelassen zu haben. Daher bin ich der Sklave geblieben. All mein Hab und Gut gehört nun dem Sohne meines Herrn."

Da erhoben sich alle Gäste, um Seyn ihre Ehrfurcht zu erweisen. Dieser aber sagte: „Mobarek, von dieser Stunde an sollst du frei sein. Dein ganzes Vermögen sei dein Eigentum. Jede Gnade, die du von mir verlangst, sei dir gewährt. Hiefür mögen deine Gäste Zeugen sein!" Mobarek kniete nieder und küßte die Hand des Fürsten.

Mehrere Tage blieb Seyn in Mobareks Haus, um auszuruhen. Viele Vornehme aus Kairo kamen, um ihn zu begrüßen und ihre Ergebenheit zu bekunden. Dann sprach der König zu Mobarek: „Nun ist es an der Zeit, daß wir das wunderbare Standbild suchen."

„Herr", erwiderte jener, „ich bin bereit, Euch meine Dienste anzubieten. Aber bedenkt, es sind viele Gefahren mit dieser Sache verbunden. Sie erfordert großen Mut!"

„Ich bin fest entschlossen, mein Vorhaben auszuführen", sagte der Fürst. „Was auch geschehen mag, alles ist vom Allmächtigen bestimmt. Darum zeige mir den Weg!"

Als Mobarek sah, daß Seyn sich durch nichts zurückhalten ließ, befahl er, alles vorzubereiten. Dann verrichteten sie ihre Gebete und zogen mit Gepäck und Dienerschaft fort. Sie ritten mehrere Tage bis zu einem Ort in der Nähe ihres Zieles. Hier stiegen sie von den Pferden und gaben diese in die Verwahrung des Trosses. Allein machten sie sich dann auf den Weg zu einem großen See.

Mobarek setzte sich am Ufer nieder und sprach zum König: „Herr, jetzt ist großer Mut erforderlich. Wir müssen über diesen See hinüber. Das kann nur in einem kleinen Schiff geschehen, das Ihr sogleich sehen werdet. Es ist das Zauberboot des Geisterkönigs; denn dort drüben ist das Land der Geister. Wenn unser Vorhaben gelingt, werden wir dort das neunte Standbild erwerben. Aber ich warne Euch! Sprecht nicht

mit dem Fährmann, so fürchterlich er auch scheinen mag und was sich auch begeben sollte. Tut Ihr es trotzdem, und sprecht Ihr auch nur ein einziges Wort, so versinkt Ihr in den Fluten."

„Ich werde schweigen", antwortete Seyn. „Sagt nur immer, was ich tun soll, und ich werde es genau erfüllen."

Da kam auch schon das Boot. Es war aus rotem Sandelholz, hatte einen Mast aus Ebenholz und eine blauseidene Flagge. Nur der Fährmann saß in dem Boot. Er hatte einen Elefantenkopf, und sein Leib glich dem eines Tigers. Als das Boot gelandet war, nahm der Schiffer Mobarek und den Prinzen mit seinem Rüssel und hob sie in das Fahrzeug. Dann ruderte er über den See an das andere Ufer und setzte sie an Land.

Nun durften sie wieder sprechen. Sie bewunderten die blumenreichen Wiesen und die fruchtbeladenen Bäume. Vielstimmiger Gesang von buntgefiederten Vögeln umgab sie, und ein wundersamer Duft strömte ihnen entgegen. Das ganze Land schien ein Paradies zu sein.

Als sie weitergingen, kamen sie zu einem großen Palast, der ganz aus

Rubinen und Smaragden erbaut war und goldene Tore hatte. Das Schloß war von einem breiten Graben umgeben, über den eine Brücke aus Fischschuppen führte. Am Ende dieser Brücke stand eine Schar Geister. Sie waren gewaltig groß und schrecklich anzusehen. In den Händen hielten sie dicke Kolben aus Stahl, die in der Sonne glänzten.

„Rührt Euch nicht, Herr“, sagte Mobarek, „bis wir den Befehl erhalten!“

Dann zog er aus der Tasche seines Gewandes vier gelbe Seidenstreifen hervor. Einen davon wand er sich um den Gürtel, den andern legte er auf seinen Rücken. Der König tat ebenso. Hierauf breitete Mobarek zwei Tücher auf den Boden und legte Edelsteine und verschiedene Spezereien darauf. Nun setzte sich jeder der beiden auf ein Tuch, und Mobarek sprach:

„Herr, nun will ich den Geisterkönig beschwören, der in diesem Palast wohnt. Möge er uns freundlich gesinnt sein! Wenn er uns zürnt, wird er uns in schreckenerregender Gestalt erscheinen. Ist er uns aber wohlgesinnt, so kommt er in Gestalt eines freundlichen Mannes. Wenn Ihr ihn seht, steht auf. Vermeidet aber, von dem Tuch zu treten, sonst seid Ihr des Todes! Dann sagt zu ihm: ‚Meister und Gebieter der Geister! Mein Vater, den du immer beschützt hast, ist gestorben; nun bin ich gekommen, um dich um deinen Schutz zu bitten.‘ Und wenn er Euch um einen Wunsch fragt, so erbittet das neunte Standbild von ihm!“

Nach diesen Worten fing Mobarek an, den Geisterkönig zu beschwören. Sogleich brach ein furchtbares Unwetter los. Blitze zuckten. Es grollte der Donner. Der Sturmwind brauste über sie hin. Finsternis bedeckte die Erde, und ein Getöse erhob sich, daß die Erde erbebte. Seyn Alasnam glaubte, sein Ende sei gekommen.

Mobarek aber lächelte und sagte: „Herr, es steht gut. Seid mutig und standhaft!“

Wirklich beruhigte sich die Wut der Elemente. Die Gegend sah lieblich aus wie zuvor. Da erschien auch schon der Geisterkönig in Gestalt eines jungen Mannes und blickte freundlich auf sie nieder.

Als der Fürst ihn gewahrte, sprach er ihn ehrfurchtsvoll an, wie

Mobarek ihn gelehrt. Der König der Geister aber lächelte und sagte: „Ja, ich kannte deinen Vater und war sein Freund. So oft er zu mir kam, um mir seine Ehrfurcht zu erweisen, schenkte ich ihm eines der Standbilder. Ich will dir ebenso gewogen sein wie deinem Vater. Vor seinem Tode befahl ich ihm, die Inschrift zu verfassen, die du in jenem unterirdischen Saale gelesen hast. Ich versprach ihm auch, dich zu beschützen und dir das neunte, das wundervolle Standbild zu schenken. Ich bin es auch, der dir im Traume erschienen ist. Du sollst erhalten, was du wünschst. Aber schwöre mir einen heiligen Eid, daß du wieder in mein Land kommen wirst, wenn du eine fünfzehnjährige Jungfrau von vollendeter Schönheit gefunden hast. Sie darf noch nie einen bösen Gedanken gehabt haben. Und du sollst sie treu hüten, ohne sie für dich zu verlangen."

Seyn leistete den Eid. „Herr", sprach er, „woran soll ich aber erkennen, daß die Jungfrau jene Eigenschaften hat, die du verlangst?"

„Ich werde dir einen Zauberspiegel geben", erwiderte der Geisterkönig. „Wenn du die Jungfrau gefunden hast und sie dir gefällt, so blicke in den Spiegel. Bleibt er blank, dann ist sie herzensrein und ohne Fehl. Beschlägt er sich aber und wird trüb, so bedeutet das, daß sie nicht fehlerlos ist. Doch halte deinen Eid und bringe die Jungfrau, sonst müßte ich dir das Leben nehmen!"

Da schwur Seyn nochmals, daß er sein Wort halten werde. Nun gab ihm der König den Spiegel mit den Worten: „Hier ist der Spiegel; geh und kehre mit der Jungfrau wieder, wann es dir beliebt!"

Der Jüngling empfahl sich dem Geisterkönig und wanderte mit Mobarek an den See zurück. Dort setzte sie wieder einer der elefantenköpfigen Diener des Königs über. Sie stießen auf ihr Gefolge und ritten nach Kairo zurück. Dann wollte sich Seyn von Mobarek verabschieden, um schleunigst nach Bagdad zu ziehen und das Mädchen zu suchen, das er dem Geisterkönig versprochen hatte.

Aber Mobarek sagte: „Herr, Kairo ist groß. Sollten wir nicht hier das Mädchen finden können, das der König wünscht? Ich kenne ein listiges, altes Weib, das sicher imstande sein wird, dieses Geschäft zu besorgen."

Er berief die Alte zu sich und gab ihr den Auftrag, gegen hohe Belohnung seinem Gast die gewünschte Jungfrau vorzustellen. Das alte Weib versprach, in kurzer Zeit anmutige Mädchen aus den edelsten Familien der Stadt herbeizurufen. Wirklich brachte es eine große Zahl der schönsten Mädchen und führte sie vor König Seyn. Aber so oft dieser den Spiegel befragte, trübte er sich. Keines der Mädchen war im Herzen ohne Fehl.

Als sie nun sahen, daß keines der Mädchen aus Kairo so war, wie es der Geisterkönig verlangte, zogen sie nach Bagdad. Dort mieteten sie ein Schloß, stellten eine große Dienerschaft an und hielten ein offenes Haus. Viele Gäste kamen. Es gab Feste und Gastmähler. Was an Getränken und Speisen übrig blieb, bekamen die Armen.

Nun wohnte in der Nähe des Schlosses ein Imam. Dieser war ein falscher und neidiger Mann. Er haßte alle jene, die mehr hatten als er, auch wenn sie Gutes taten. Stets sann er darauf, ihnen zu schaden. Als dieser Imam vom Reichtum Seyns hörte, predigte er eines Abends in der Moschee: „Brüder, in unserem Stadtviertel wohnt ein fremder Mann, der gibt rauschende Feste und lebt im Überfluß. Wahrscheinlich ist er ein Dieb, der hier bei uns seinen gestohlenen Reichtum verschwendet. Hütet euch vor ihm und seht seinem Treiben nicht länger untätig zu! Wenn der Kalif davon erfährt, bevor wir ihn benachrichtigen, wird sein Zorn auch uns nicht verschonen!"

Aufgestachelt durch solche Worte, riefen die Leute, der Imam möge eine Beschwerdeschrift verfassen und dem Kalifen überreichen.

Zufällig war Mobarek in der Moschee gewesen und hatte die Predigt des Imam gehört. Sofort eilte er in den Palast zurück. Dort wickelte er hundert Goldstücke in ein Päckchen von Seidenstoffen und ging damit zum Imam. Dieser fragte barsch, was er wolle.

Mobarek drückte ihm das Päckchen in die Hand und sagte: „Sei gegrüßt, weiser Imam! Ich bin der Diener des Fürsten Seyn Alasnam. Er sendet mich mit dieser kleinen Gabe zu dir. Daß dein Stand und deine Weisheit auf Größeres Anspruch hätten, weiß er. Aber er bittet dich, sie nicht abzulehnen. Auch läßt er dir sagen, daß es ihm eine Ehre sein wird, dich demnächst zu besuchen."

Als der Imam das Päckchen sah, sprach er entzückt: „Ich bitte Euch, sagt Eurem Fürsten meine ehrerbietige Entschuldigung! Gleich morgen will ich gehen und ihn aufsuchen."

Am nächsten Morgen aber predigte er in der Moschee vor dem Volke: „Meine Brüder! Der fremde Mann, von dem ich gestern zu euch sprach, ist kein Dieb und Hehler. Er ist ein Fürst aus fernen Landen. Neider haben mir falsche Nachrichten zugetragen. Hütet euch, weiterhin Böses über ihn zu sprechen! Wenn der Kalif von eurem Gerede erfährt, wird er euch strafen!"

Nachdem der Imam seine böse Rede vom Vortag widerrufen hatte, ging er nach Hause. Er zog seine besten Kleider an, um den fremden

Fürsten zu besuchen. Dieser empfing ihn freundlich und hieß ihn an seiner Seite Platz nehmen. Dann bewirtete er ihn reichlich. Im Laufe des Gespräches fragte der Imam Seyn Alasnam, wie lange er in Bagdad zu bleiben gedenke. Dieser entgegnete: „Ich werde hier bleiben, bis ich eine fünfzehnjährige Jungfrau von vollendeter Schönheit gefunden habe, die noch nie einen bösen Gedanken gehabt hat."

„Ein solches Mädchen ist schwer zu finden", sagte der Imam. „Aber ich kenne eine Jungfrau dieser Art. Ihr Vater war Wesir, er hat sich jedoch von den Staatsgeschäften zurückgezogen. Jetzt lebt er auf einem einsamen Schloß ganz der Erziehung seiner Tochter. Sie wird Euch gefallen. Und auch der Vater wird erfreut sein, einen Mann wie Euch kennenzulernen."

„Schön mag sie wohl sein", entgegnete der Fürst. „Aber weißt du, ob sie auch tugendhaft ist? Ich muß sie sehen, um dies zu erforschen."

„So mögt Ihr aus den Gesichtszügen ihr Inneres erkennen", versetzte der Imam. „Kommt also mit zu ihrem Vater und begehrt sie zur Frau. Ich werde ihn bitten, Euch das Mädchen unverschleiert zu zeigen."

Dann begleitete der Imam den jungen König zum Schloß des Wesirs. Dieser hieß sie herzlich willkommen. Als er den Wunsch des Fürsten vernommen hatte, ließ er das Mädchen rufen. Ohne Schleier trat es vor Seyn Alasnam hin.

Ein anmutigeres Wesen hatte Seyn noch nie gesehen. Geblendet von so viel Schönheit staunte er das Mädchen an. Er dachte bei sich: Ihresgleichen habe ich nie zuvor gesehen. Dann zog er unbemerkt seinen Zauberspiegel hervor, um die Probe zu machen. Und das Glas blieb ungetrübt und klar. Das Mädchen war ebenso herzensrein wie schön.

Nun hatte Seyn die Jungfrau gefunden, die er so lange gesucht. Er hielt beim Vater um ihre Hand an. Alsbald wurde die Ehe geschlossen und der Ehevertrag ausgefertigt. Dann führte er den Wesir in sein Schloß und bewirtete ihn reichlich. Dem Mädchen aber übersandte er durch Mobarek die kostbarsten Geschenke. Die Hochzeit wurde gefeiert. Das Fest dauerte tagelang.

Als die Feier vorüber war und die Hochzeitsgäste das Schloß ver-

lassen hatten, sprach Mobarek zu seinem Herrn: „Herr, es ist Zeit, nach Kairo zu ziehen. Ihr müßt Eure Gattin dem Geisterkönig vorstellen, so wie Ihr geschworen habt."

„Also wollen wir uns auf die Reise machen", erwiderte ihm Seyn Alasnam. „Ich gedenke meinen Schwur zu halten, wenn es mir auch schwerfällt; denn das Mädchen ist bezaubernd. Am liebsten möchte ich sie nicht dem Geisterkönig bringen, sondern sie als Königin auf den Thron von Balsora setzen."

Als Mobarek sah, daß der Prinz in heißer Liebe zu dem Mädchen entbrannt war, sagte er: „Mein Gebieter! Laßt Euch nicht von der Leidenschaft überwältigen. Brecht das Wort nicht, das Ihr dem Geisterkönig gegeben habt. Es könnte Euch Ehre und Leben kosten!"

Da erwiderte Seyn: „Dann nimm die Jungfrau in deine Obhut. Verbirg sie vor mir, damit meine Augen sie nicht sehen!"

Sie zogen nach Kairo und von da weiter zur Insel des Geisterkönigs.

Die junge Frau wurde in einer Sänfte mitgetragen. Die ganze Zeit sah sie ihren Gemahl nicht. Beunruhigt fragte sie schließlich Mobarek: „Wo sind wir denn? Und wo ist der König, mein Gemahl? Warum verbirgt er sich vor mir?"

Mobarek antwortete: „Herrin, ich will Euch die Wahrheit sagen. Der König hat Euch nicht zur Frau genommen, um Euch zur Königin von Balsora zu machen. Er hat dem Geisterkönig versprochen, ihm eine schöne und herzensreine Jungfrau zu bringen. Nun seid Ihr auf dem Weg dorthin."

Als das Mädchen das hörte, brach es in Tränen aus und rief: „Das ist Betrug. Verantwortet Euch dafür vor mir und vor Gott!"

Traurig hörten der Jüngling und Mobarek diese Klagen. Aber sie konnten nicht helfen. Getreu seinem Eide brachte Seyn seine junge Frau auf die Insel und übergab sie dem Geisterkönig.

Dieser betrachtete sie aufmerksam und sagte: „Fürst, ich bin zufrieden mit dir. Die Jungfrau, die du mir gebracht hast, ist schön und hat ein reines Herz. Kehre nun in deine Heimat zurück! Dort wirst du in dem unterirdischen Saal das neue Standbild finden, das du von mir gewünscht hast. Einer meiner Geister wird es dorthin schaffen."

Seyn dankte dem König und kehrte mit Mobarek nach Kairo zurück. Sein Herz war voll Trauer. Immerfort waren seine Gedanken bei seiner jungen Gemahlin, die er auf der Geisterinsel zurückgelassen hatte. Er machte sich bittere Vorwürfe, daß er sie durch Betrug aus dem Hause des Vaters gelockt hatte. Unter solchen trüben Betrachtungen reiste er nach Balsora zurück. Seine Untertanen empfingen ihn freudig und feierten seine Ankunft.

Nachdem Seyn seiner Mutter alles erzählt hatte, stiegen sie beide in die Schatzkammer zu den Standbildern hinunter. Aber wie erstaunt waren sie, als sie anstatt der neunten diamantenen Bildsäule eine Jungfrau vorfanden.

Sie war schön wie ein strahlender Edelstein. Der König erkannte in ihr sogleich seine Gattin, die er auf die Geisterinsel geführt hatte.

Die junge Frau aber sprach zu ihm: „Mein König! Ihr seid enttäuscht,

nicht das kostbare Standbild hier zu sehen, sondern mich. Doch nehmt mich nur; ich glaube, Ihr werdet es nicht bereuen."

Da entgegnete der König: „Nein, ich bin nicht enttäuscht, sondern unsagbar glücklich. Denn du warst mein Wunsch, seit ich dich gesehen. Ich bereute bitter, daß ich dich dem Geisterkönig überlassen hatte. Ich liebe dich mehr als alle Diamanten und Reichtümer der Welt."

Kaum hatte er das gesprochen, grollte der Donner und die Erde bebte. Der König und seine Mutter erschraken. Da hörten sie plötzlich eine Stimme. Vor ihren Augen zeigte sich der Geisterkönig. Er sprach zur Königin: „Fürchte dich nicht! Ich bin der Beschützer deines Sohnes, der ihm im Traum erschienen ist. Ich wollte erproben, ob er seine Leidenschaften bezähmen kann. Die Schönheit des Mädchens hat ihn bezaubert. Sein Verlangen, die Jungfrau zu besitzen, war groß. Nur der Zwang hat ihn gehindert, sein Wort zu brechen. Aber ich zürne ihm nicht; denn ich kenne die Schwäche der Menschen. König Seyn ist ein guter Mensch. Das neunte Standbild, das ich ihm schenke, soll diese Jungfrau sein. Sie ist schöner als alle Standbilder der Welt." Dann wandte er sich an Seyn: „König Seyn, lebe glücklich mit deiner jungen Gemahlin!"

Nach diesen Worten verschwand der Geisterkönig. Noch am selben Tag ließ Seyn ein prächtiges Hochzeitsfest feiern. Sie lebten lange Jahre in Liebe und Treue.

ALADDIN UND DIE WUNDERLAMPE

In einer großen Stadt Chinas lebte ein armer Schneider namens Mustafa. Durch sein Gewerbe verdiente er kaum so viel, daß er mit seiner Frau und seinem Sohne leben konnte. Dieser Sohn, Aladdin mit Namen, war ein Tunichtgut. Der Vater hatte nicht viel Zeit und Geld auf seine Erziehung verwenden können, und der Sohn hatte auch nichts gelernt. Er war vielmehr immer halsstarrig, boshaft und ungehorsam geblieben. Seit seiner Kindheit hatte er am liebsten mit andern Gassenjungen auf den Straßen und Plätzen der Stadt herumgetollt.

Nun wollte ihn der Vater in der eigenen Werkstatt das Schneiderhandwerk lehren. Aber der Sohn war nicht mehr zu bessern. Kaum kehrte der alte Meister seinem Sohn den Rücken, flugs war dieser aus der Stube hinaus. Und er kam den ganzen Tag nicht wieder. Scheltworte und Drohungen nützten nichts. Auch Schläge vermochten den flatterhaften Sinn des Jungen nicht zu ändern. Schließlich mußte ihn der Vater zu seinem großen Bedauern dem liederlichen Leben überlassen. Da grämte sich der alte Schneider so sehr, daß er krank wurde und nach einigen Monaten starb.

Aladdins Mutter sah, daß sie von ihrem Sohn keine Hilfe zu erwarten habe. Also schloß sie den Laden und machte das wenige Handwerkszeug des Gatten zu Geld. Davon und vom Ertrag des Baumwollspinnens hoffte sie, mit dem Sohn leben zu können.

Dieser ging jetzt ungehemmt seinen Neigungen nach. Er kümmerte sich nicht im geringsten um die Ermahnungen seiner Mutter. Ja, er stieß sogar Drohungen gegen sie aus. Ohne Unterlaß spielte er mit Jungen seines Alters. Nach Hause ging er nur mehr zur Essenszeit. Sonst ließ er sich den lieben langen Tag nicht blicken. So trieb er es, bis er fünfzehn Jahre alt geworden war. Und er dachte keinen Augenblick daran, was aus ihm werden sollte.

Während Aladdin eines Tages wie gewohnt mit den Gassenbuben spielte, ging ein Fremder vorüber. Er blieb stehen und sah dem Spiel zu; besonders Aladdin betrachtete er aufmerksam. Der Fremde war ein afrikanischer Zauberer. Er konnte Berge aufeinandertürmen und verstand sich auch auf die Sternkunde. Erst vor zwei Tagen hatte er seine Heimat Afrika verlassen. Nun sah er Aladdin eine Weile genau zu. Dabei erkundigte er sich unauffällig bei einem andern Knaben nach dessen Namen und Familienverhältnissen.

Dann trat er auf Aladdin zu und sagte: „Mein Sohn, ist dein Vater nicht der Schneider Mustafa?"

„Ja, Herr", erwiderte Aladdin, „aber er ist schon lange tot."

Bei diesen Worten fiel der Fremde dem Jungen um den Hals. Er umarmte und küßte ihn wiederholt. Tränen flossen über seine Wangen.

„Warum weint Ihr, Herr?" fragte Aladdin. „Und woher kennt Ihr meinen Vater?"

Traurig erwiderte der Afrikaner: „Wie sollte ich nicht weinen! Dein Vater war ja mein Bruder. Ich bin daher dein Oheim. Einige Jahre schon bin ich auf der Reise. Jetzt, da ich hoffte, ihn wiederzusehen, muß ich erfahren, daß er tot ist. Dies schmerzt mich unendlich. Der einzige Trost ist mir, in deinem Gesicht seine Züge zu erkennen."

Dann fragte er Aladdin nach der Wohnung seiner Mutter und drückte dem Jungen einen Beutel voll Kleingeld in die Hand.

Dazu sagte er: „Nun geh gleich zu deiner Mutter. Grüße sie von mir. Und sag ihr, ich werde sie morgen besuchen, wenn es meine Zeit erlaubt. Ich möchte das Haus sehen, in dem mein lieber Bruder gelebt hat und wo er gestorben ist."

Aladdin, den der Fremde eben zu seinem Neffen gemacht hatte, lief mit dem Geld stracks nach Hause. Er rief seiner Mutter zu: „Liebe Mutter, sag mir doch, ob ich einen Oheim habe!"

„Nein", erwiderte die Mutter, „du hast keinen Oheim, weder väterlicherseits noch von meiner Seite."

„Und doch", meinte Aladdin, „hat eben jetzt ein Mann zu mir gesagt, daß er mein Oheim sei. Er weinte über den Tod meines Vaters,

der sein Bruder gewesen wäre. Dabei fiel er mir um den Hals und küßte mich. Er hat mir auch dieses Geld gegeben." Nun wies Aladdin die Handvoll Geld vor. „Auch hat er versprochen, daß er morgen zu dir kommen werde. Er möchte Vaters Haus und Wohnung sehen. Inzwischen soll ich viele Grüße an dich ausrichten."

„Mein Sohn", entgegnete die Mutter, „es ist wahr, dein Vater hatte einen Bruder. Aber der ist schon lange tot. Und von einem andern Bruder habe ich nie gehört."

Damit endete das Gespräch zwischen Mutter und Sohn.

Am andern Tag kam der Zauberer wieder zu den spielenden Knaben. Er trat zu Aladdin und umarmte und küßte ihn wie am Vortag. Dazu gab er ihm zwei Goldstücke mit den Worten: „Mein Sohn, bring dieses Geld deiner Mutter. Sag ihr, ich werde am Abend zu ihr kommen; sie soll um das Geld etwas für das Nachtmahl einkaufen. Denn ich möchte bei euch speisen. Zeig mir jetzt das Haus, in dem ihr wohnt. Ich will sicher sein, am Abend hinzufinden!"

Der Junge zeigte ihm das Haus, und der Zauberer verließ ihn.

Aladdin lief nach Hause. Er gab seiner Mutter die zwei Goldstücke und richtete die Botschaft des Oheims aus. Die Mutter ging sofort auf den Markt und kaufte allerlei Vorräte. Da es am Nötigsten mangelte, entlieh sie von der Nachbarin das Tischgeschirr. Dann bereitete sie das Abendessen.

Am Abend, als alles fertig war, sagte sie zu dem Jungen: „Nun geh und suche den Oheim! Führ ihn her, vielleicht weiß er den Weg nicht!"

Aladdin wollte soeben gehen, als es an die Tür klopfte. Er öffnete und erkannte den Fremden. Ein Diener folgte ihm mit Früchten und Weinflaschen; nachdem er diese niedergestellt hatte, entfernte er sich.

Der Zauberer begrüßte Aladdins Mutter und sprach: „Nun zeig mir die Stelle, wo mein Bruder bei seiner Arbeit saß!" Sie zeigte ihm den Platz. Der Zauberer aber warf sich zu Boden. Er küßte die Stelle unter Tränen und rief aus: „Mein armer Bruder, wie unglücklich bin ich, dich nicht mehr am Leben zu treffen! Wie gerne möchte ich dich umarmen und dir in die Augen blicken!"

Aladdins Mutter mußte nun glauben, daß er wirklich der Bruder ihres Gatten sei. Sie lud ihn ein, sich auf ihres Mannes Platz zu setzen. Aber er lehnte es ab. Er bat, sich gegenüber setzen zu dürfen; so könne er sich wenigstens einbilden, der Bruder sitze noch dort. Da drang sie nicht weiter in ihn und ließ ihn Platz nehmen, wo er wollte.

Nun begann er zu plaudern und sagte: „Liebe Schwägerin, wundere dich nicht, daß du mich nie gesehen und nie von mir gehört hast. Es sind jetzt genau vierzig Jahre, seit ich das Land verließ. Ich bin weit in der Welt herumgekommen. Ich habe Indien, Persien und Afrika gesehen. Ich bin in den schönsten Städten dieser Länder gewesen. Lange Jahre habe ich mich auch im Westen aufgehalten. Dann aber erwachte die Sehnsucht nach der Heimat in mir, und sie hat mich nie mehr verlassen. Wo der Mensch geboren ist, dorthin zieht es ihn immer wieder. Ich dachte an meinen Bruder. Da ergriff mich heißes Verlangen, ihn wiederzusehen. Ich sagte mir auch, daß ich reich sei; aber mein Bruder müsse vielleicht in Armut sein Leben fristen, und ich könnte ihm helfen!

Daher machte ich mich auf die weite Reise. Frage nicht, was für Mühen und Beschwerden ich unterwegs ertrug! Nur die Hoffnung auf ein Wiedersehen mit dem Bruder hielt mich aufrecht. Darum war mein Schmerz unsäglich, als ich von seinem Tod erfuhr. Als ich nun auf der Straße deinen Sohn sah, fiel mir sofort die Ähnlichkeit mit meinem Bruder auf. Mein Herz zog mich zu ihm. Darum sprach ich ihn an. Und ich freute mich, doch wenigstens einen Sohn meines Bruders gefunden zu haben."

Als der Zauberer sah, wie sehr seine Worte Aladdins Mutter ergriffen, lenkte er ab.

Er wandte sich schnell an Aladdin: „Mein Sohn, wie heißt du?"

„Aladdin", sagte dieser.

„Nun, Aladdin", fuhr der Zauberer fort, „hast du ein Handwerk oder eine andere Fertigkeit gelernt?"

Bei dieser Frage wurde Aladdin verlegen. Beschämt senkte er den Kopf.

Seine Mutter aber rief: „Nichts hat er gelernt. Er ist ein Taugenichts. Den ganzen Tag strolcht er auf den Gassen herum und verbringt mit seinesgleichen unnütz die Zeit. Sein Vater hat sich alle Mühe gegeben, ihn ein Handwerk lernen zu lassen. Er wollte einen anständigen Menschen aus ihm machen. Aber alle Mühe war vergebens. Er folgte ihm nicht, war eigensinnig und boshaft. Der Kummer um ihn hat meinen Mann unter die Erde gebracht. Ich bringe mich mit Baumwollspinnen mühselig durchs Leben. Er aber streicht trotz meiner Reden und Mahnungen auf den Straßen herum. Er schämt sich nicht, mit fünfzehn Jahren noch mit den Kindern zu spielen. Und was aus ihm werden soll, ist ihm gleichgültig. Ich kann ihn nicht mehr erhalten. Ich bin eine alte Frau, die selbst mit ihrem knappen Verdienst nicht auskommt. Demnächst werde ich ihm die Tür verschließen und ihn nicht mehr hereinlassen. Er soll sehen, wo er unterkommt und wie er sich fortbringt."

Der Zauberer hatte den Jungen während dieser Klagen seiner Mutter unverwandt angeblickt. Als sie geendet hatte, sagte er zu ihm: „Was du treibst, ist nicht gut, mein lieber Neffe. Du solltest schon verständig genug sein, an einen Erwerb zu denken. Deine Mutter kann dich nicht ewig erhalten. Denk nach, ob dir nicht doch ein Gewerbe zusagt. Wenn dir das Handwerk deines Vaters nicht gefällt, dann such dir ein anderes! In dieser Stadt sind sicher viele Handwerker, die dich gerne in die Lehre nähmen. Aber wenn du gar keine Lust zum Handwerk hast, dann will ich dir einen Kaufladen einrichten. Ich will ihn mit den feinsten Stoffen ausstatten, damit du Handel treiben kannst. Auf diese Art wirst du ein genügendes Einkommen finden und ein geachteter Mann werden."

Dieses Anerbieten lockte Aladdin sehr. Er wußte, daß die Kaufläden immer stark besucht waren. Die Aussicht, ein reicher Handelsherr zu werden, schmeichelte seinem Stolz. Daher erklärte er seinem Oheim, daß ihn dieser Beruf freuen würde. Und er dankte ihm für die Wohltat, die er ihm erweisen wolle.

„Da dir dieses Gewerbe gefällt", sagte der Zauberer, „werde ich dich morgen in die Stadt mitnehmen. Ich werde dir feine Kleider kaufen, wie es sich für einen Kaufmann schickt. Und übermorgen wollen wir einen Laden suchen, wie ich dir versprochen habe."

Bisher hatte Aladdins Mutter nicht recht geglaubt, daß der Mann ihr Schwager sei. Nun zweifelte sie nicht mehr daran. Ein fremder Mann würde ihrem Sohn nicht so glänzende Versprechungen machen. Sie ermahnte ihn daher, sich nun alle Torheiten aus dem Kopfe zu schlagen. Er solle sich der Güte des Oheims würdig erweisen. Dann trug sie das Abendessen auf. Während des Mahles unterhielten sie sich weiter über den Kaufmannsberuf. Schließlich bemerkte der Zauberer, daß die Nacht schon weit fortgeschritten sei. Er verabschiedete sich von Mutter und Sohn und suchte seine Herberge auf.

Am nächsten Morgen holte der Zauberer den Jungen zum verabredeten Gang in die Stadt ab. Er führte ihn zu einem großen Handelshaus. Dort gab es Kleider aus den besten Stoffen für Personen jeden Alters und Standes.

Der Zauberer verlangte mehrere der schönsten Gewänder zur Aus-

wahl. Dann sagte er zu Aladdin: „Lieber Neffe, wähl dir aus, was dir am besten gefällt!“

Aladdin war über die Freigebigkeit des Oheims hocherfreut. Er suchte sich das schönste Gewand aus. Und der Oheim bezahlte den Kaufmann bar, ohne zu handeln.

Nachdem Aladdin von Kopf bis Fuß prächtig gekleidet war, dankte er seinem Oheim, küßte ihm die Hand und bat ihn, sich auch ferner seiner anzunehmen. Der Zauberer versprach, ihm bei seinem Erwerb behilflich zu sein. Er führte ihn zunächst in die Straße, wo sich die reichsten Kaufläden mit den feinsten Stoffen befanden.

Hier sagte er: „Auch du wirst bald ein Kaufmann sein. Darum ist es vorteilhaft, daß du diese Kaufleute besuchst. Sie sollen dich kennenlernen.“

Der Zauberer zeigte Aladdin auch die schönsten und prächtigsten Moscheen. Schließlich geleitete er ihn durch den Palast des Sultans, soweit man dort freien Zutritt hatte. Nach diesem langen Spaziergang nahm er ihn mit in sein Absteigquartier. Dort machte er ihn mit einigen Kaufleuten bekannt und stellte ihn als seinen Neffen vor. Sie nahmen ein reichliches Mahl ein, und Aladdin sprach den guten Gerichten ausgiebig zu.

Gegen Abend geleitete der Zauberer seinen Neffen zum Hause seiner Mutter zurück. Diese war außer sich vor Staunen, als sie den Sohn so fein gekleidet sah. Sie wünschte den Segen des Himmels über den großzügigen Schwager herab.

„Lieber Schwager“, sagte sie, „ich weiß nicht, wie ich dir für deine Großmut danken soll. Mein Sohn wäre ganz nichtswürdig, wenn er sich jetzt nicht deiner Fürsorge würdig erweisen wollte. Ich danke dir von ganzem Herzen. Der Herr möge dich durch ein langes und glückliches Leben belohnen. Ich hoffe, daß auch mein Sohn dankbar deinen Rat und deine Wohltaten anerkennen wird.“

Hierauf erwiderte der Zauberer: „Aladdin ist ein guter Junge. Er stammt von trefflichen Eltern. Wir werden schon einen tüchtigen Menschen aus ihm machen. Übrigens tut es mir leid, daß ich ihm nicht schon morgen einen Laden kaufen kann. Aber morgen ist Freitag, da werden die Läden geschlossen sein. Die Kaufleute werden die Stadt verlassen und sich in den Gärten aufhalten. Wir müssen daher bis Samstag warten. Doch komme ich morgen trotzdem zu euch. Ich will Aladdin mit mir nehmen und ihm die Gärten und Plätze vor der Stadt zeigen. Dort werden wir auch viele Kaufleute mit ihren Familien antreffen; so kann ich ihn gleich bekanntmachen. Er muß ja jetzt auch den Verkehr mit Erwachsenen lernen.“

Nach diesen Worten entfernte sich der Zauberer.

Am folgenden Tag stand Aladdin sehr zeitig auf. Vor Freude hatte er nicht mehr schlafen können und sich den Morgen herbeigewünscht. Er zog nun seinen neuen Anzug an. Dann erwartete er ungeduldig den Oheim. Wiederholt öffnete er die Tür und blickte nach ihm aus. Als er ihn von ferne kommen sah, verabschiedete sich Aladdin von seiner Mutter und eilte ihm freudestrahlend entgegen.

Der Zauberer begrüßte ihn freundlich. „Da bist du ja, Junge“, sagte er. „Heute will ich dir Dinge zeigen, die du in deinem ganzen Leben noch nicht gesehen hast.“

Sie gingen mitsammen vor die Stadt und besahen die prunkvollen Häuser und Gärten. Bei jedem besonders schönen Schloß oder Garten blieb der Zauberer stehen. Und jedesmal fragte er den Jungen, ob sie ihm gefielen.

Aladdin hatte noch nie so schöne Bauten und Plätze gesehen. Vergnügt gab er zur Antwort: „Oheim, alles ist wunderbar. Ich kann mich gar nicht sattsehen.“

So schritten sie immer weiter, bis sie müde wurden. Um ein wenig auszuruhen, betraten sie einen großen, herrlichen Garten und setzten sich nieder. Der Zauberer zog einen Beutel aus der Tasche. Diesem entnahm er Früchte und Eßwaren. Sie aßen und plauderten und waren lustig und guter Dinge. Dann setzten sie ihren Weg fort und gingen weiter an den Gärten vorbei ins Freie.

Aladdin hatte noch nie einen so langen Marsch gemacht. Als er sich allmählich müde fühlte, fragte er: „Lieber Oheim, wohin gehen wir denn? Wir haben die Gärten schon weit hinter uns. Wenn wir noch länger so fortgehen, weiß ich nicht, ob ich für den Rückweg stark genug sein werde. Ich bin nämlich schon sehr müde."

„Nur Mut", entgegnete der Oheim. „Wir haben nicht mehr weit, mein Junge. Ich will dir nur noch einen Garten zeigen, der alle bisherigen an Pracht übertrifft." So sprach er freundlich auf Aladdin ein. Auch erzählte er ihm Geschichten, um den Weg zu verkürzen.

Endlich kamen sie in ein schmales Tal zwischen zwei nicht allzuhohen Bergen. Das war die Stätte, deretwegen der Zauberer aus Afrika bis hierher gereist war.

„Nun sind wir an Ort und Stelle", sagte er zu Aladdin. „Ich werde dir hier wunderbare Dinge zeigen, die noch kein Mensch gesehen hat. Du wirst mir zu höchstem Dank verpflichtet sein. Nun wirst du etwas erblicken, was allen Menschen unbekannt ist. Wenn du dich ausgeruht hast, sammle dürres Holz! Wir brauchen auch Reisig, damit wir Feuer machen können."

Als Aladdin das hörte, konnte er seine Neugierde kaum mehr bezähmen. Er sprang im Walde hin und her und sammelte einen großen Haufen von Holz und trockenen Reisern.

Schließlich sagte der Oheim: „Nun ist es genug, mein Sohn." Er entzündete den Haufen, und dieser brannte hellauf. Dann warf er Räucherwerk hinein. Dicker Rauch stieg empor. Durch Zauberworte zog der Zauberer den Rauch bald auf diese, bald auf jene Seite.

Plötzlich wurde es finster. Es donnerte und blitzte, und die Erde bebte. Vor Aladdin und dem Zauberer tat sich ein Spalt in der Erde auf, und eine Steinplatte kam zum Vorschein. Diese maß viermal einen Fuß und war etwa halb so dick; daran war ein Messingring befestigt. Aladdin erschrak und machte Miene davonzulaufen. Da wurde der Zauberer zornig. Er packte ihn heftig beim Arm und gab ihm eine Ohrfeige. Der Junge fiel der Länge nach hin und begann heftig zu weinen.

„Oheim", schluchzte er, „was habe ich getan, daß du mich schlägst?"

Da suchte ihn der Zauberer zu beruhigen. Er sagte: „Ich vertrete jetzt Vaterstelle an dir und meine es nur gut. Du brauchst dich auch nicht zu fürchten. Aber du mußt mir in allem gehorchen, wenn du Nutzen von meinem Tun haben willst."

Aladdin faßte sich und hörte zu weinen auf.

Der Zauberer aber fuhr fort: „Du hast gesehen, was ich durch das Räucherwerk und meine Zauberworte bewirkte. Unter dem Stein, den du vor dir siehst, liegt ein verborgener Schatz. Er ist für dich bestimmt und wird dich reicher als den mächtigsten König machen. Aber nur du darfst den Ring an der Platte berühren. Nur du darfst den Stein aufheben. Selbst mir ist es verboten, an den Stein zu rühren. Auch darf ich keinen Fuß in das Schatzgewölbe setzen, wenn es geöffnet ist. Deshalb mußt du ausführen, was ich dir sagen werde, du darfst nicht das Geringste versäumen. Achte genau auf meine Weisungen! Es ist für dich und für mich von größter Wichtigkeit!"

Mit Staunen lauschte Aladdin den Worten seines Oheims. Er freute sich nun unbändig, daß er reicher werden sollte als ein König. Schrecken und Schmerz waren vergessen. Und er sagte zum Zauberer: „Lieber Oheim, sag mir, was ich tun soll. Ich will alles genau ausführen."

„Gut, mein Sohn", erwiderte der Zauberer und umarmte ihn. „Ich freue mich, daß du vernünftig bist. Jetzt faß diesen Ring und hebe den Stein in die Höhe!"

„Aber Oheim", entgegnete Aladdin, „dieser Stein wird mir zu schwer sein. Ich kann ihn nicht heben. Hilf mir dabei!"

„Nein", versetzte der Zauberer, „das darf ich nicht. Wollte ich dir dabei helfen, wäre alle unsere Mühe vergebens; wir brächten den Stein nicht empor. Faß den Ring nur an! Sprich dazu den Namen deines Vaters und Großvaters und zieh daran! Der Stein wird sich heben, ohne daß du sein Gewicht spürst."

Da tat Aladdin, wie ihn der Zauberer geheißen. Er hob den Stein mühelos in die Höhe und legte ihn beiseite.

Kaum war die Platte gehoben, sah Aladdin Stufen vor sich, die in die Tiefe führten.

„Lieber Neffe", sagte der Zauberer, „nun höre, was ich dir sagen werde! Steig diese Stufen hinunter, bis du auf dem Grunde der Höhle bist! Dort wirst du eine offene Tür finden; sie führt in eine gewölbte Halle. Diese ist in drei aneinanderstoßende Säle geteilt. In jedem Saal wirst du links und rechts vier große, bronzene Vasen finden, die mit Gold und Silber angefüllt sind. Hüte dich, etwas davon zu berühren oder an dich zu nehmen! Hebe dein Kleid in die Höhe und schließ es eng um den Leib, damit du nirgends anstreifst; du müßtest sonst auf der Stelle sterben. Geh ohne stehenzubleiben durch alle drei Räume! Im letzten Saal wirst du eine Tür finden; sie führt in einen schönen, großen Garten mit vielen fruchtbeladenen Bäumen. Wenn du in diesem Garten geradeaus gehst, wirst du auf eine Treppe von fünfzig Stufen stoßen. Auf dieser steig zu einer Terrasse empor, und dort sieh dich um! Du wirst eine Nische finden, in der eine brennende Lampe steht. Diese Lampe nimm, lösch sie aus und schütte das Öl weg! Dann stecke sie in dein Gewand und bring sie zu mir. Das Öl wird auf deinem Kleid keine Flecken hinterlassen. Wenn es dich verlangt, von den Früchten im Garten zu kosten, so iß, soviel dein Herz begehrt. Solange du die Lampe bei dir hast, gehört dies alles dir."

Nach diesen Worten steckte der Zauberer seinen Siegelring an Aladdins Finger. Dabei sagte er: „Mein Sohn, dieser Ring wird dich vor jeder Not und Gefahr schützen. Steig nun hinab! Aber befolge alles genau, was ich dir gesagt habe! Wenn du zurückkommst, werden wir unser Leben lang reiche Leute sein."

Aladdin sprang leichtfüßig die Stufen hinunter. Vorsichtig durchschritt er die drei Säle. Er schürzte sein Gewand und preßte es eng an den Körper; er wollte ja nirgends anstreifen und so in Lebensgefahr kommen. Er fand den Ausgang in den Garten und eilte schließlich die Treppe hinauf auf die Terrasse. Dort sah er die Lampe stehen. Er löschte sie aus und schüttete das Öl weg. Sodann steckte er sie zu sich und machte sich auf den Rückweg. Im Garten bewunderte er die Früchte an den Bäumen; sie leuchteten in den verschiedensten Farben.

Aber alle Früchte waren kostbare Edelsteine. Die weißen waren Perlen. Andere leuchteten hell und durchsichtig wie Kristall; das waren Diamanten. Die dunkelroten Früchte waren Rubine, die grünen Smaragde, die blauen Türkise; und so ging es fort. Alle waren rein und vollkommen. Kein König konnte solche Kostbarkeiten sein eigen nennen. Aber Aladdin kannte den Wert der Steine nicht; er hielt sie für buntes Glas. Ihm wären wirkliche Trauben und Äpfel lieber gewesen. Doch gefielen ihm die Buntheit und der Glanz der Steine. So pflückte er einige ab und steckte sie in die Taschen seines Gewandes. Auch füllte er zwei Beutel, die er bei sich trug, und legte einige Steine in die Falten seines dicken Seidengürtels. Schließlich steckte er noch mehrere zwischen Kleid und Hemd.

Ohne es zu wissen, hatte sich Aladdin mit Reichtümern beladen. Rasch eilte er nun durch die drei Säle zurück; er wollte den Oheim nicht zu lange warten lassen. Eilig stieg er die Stufen zum Ausgang empor.

Dort erwartete ihn der Zauberer schon mit Ungeduld.

Die letzte Stufe war etwas höher als die übrigen. Darum rief ihm Aladdin zu: „Oheim, da bin ich! Hilf mir die letzte Stufe hinauf!"

„Mein Sohn", sagte der Zauberer, „gib mir die Lampe! Sie könnte dir hinderlich sein."

„Nein", rief der Junge, „sie hindert mich nicht! Hilf mir zuerst heraus, dann geb' ich dir die Lampe."

So stritten sie hin und her. Der Zauberer wurde immer ungeduldiger. Aber Aladdin konnte die Lampe nicht erreichen. Sie steckte ja unter den Edelsteinen, die er zwischen Kleid und Hemd verborgen hatte. Nun geriet der Zauberer in fürchterliche Wut. Er meinte nämlich, der Junge wolle die Lampe für sich allein behalten. Murmelnd warf er etwas von dem Räucherwerk ins Feuer. Kaum hatte er zwei Zauberworte gesprochen, schloß sich die Platte über dem Eingang, Erde häufte sich darüber, und alles sah aus wie zuvor.

Der afrikanische Zauberer stammte tatsächlich aus dem fernsten Afrika. Vierzig Jahre lang hatte er alle Geheimwissenschaften studiert und sich dabei alle Arten von Zauberei und Beschwörungsformeln angeeignet. Dabei hatte er entdeckt, daß es irgendwo in der Welt eine Wunderlampe gab, die ihren Besitzer zum reichsten und mächtigsten Mann der Erde machen konnte. Er hatte auch herausgebracht, wo sich diese Lampe befand, nämlich an einem unterirdischen Ort in der Nähe von Aladdins Heimatstadt. Darum also war der Zauberer vom äußersten Ende Afrikas bis in diese Stadt gekommen. Aber nicht er selbst durfte diese Lampe holen. Ein anderer mußte in das Gewölbe hinabsteigen und ihm die Lampe bringen. Deshalb hatte er sich an Aladdin gewandt. Sobald die Lampe in seinem Besitz war, wollte er den armen Jungen in die unterirdische Höhle einschließen. Die Lampe sollte ihm ganz allein gehören.

Aber nun war sein schlauer Plan vereitelt. Aladdin hatte ihm die Lampe nicht ausgefolgt. So fürchtete der Zauberer, ein Fremder könne hinter das Geheimnis kommen. Daher hatte er den Jungen mit der Lampe unter der Erde eingeschlossen.

Er selbst aber kehrte sogleich nach Afrika zurück. Er machte einen

Umweg um die Stadt, damit es den Leuten nicht auffalle, daß er ohne Aladdin von seinem Ausflug zurückkam.

Der Zauberer war also fort. Wie erging es nun unserem Aladdin? Zu Tode erschrocken stand er in der Finsternis. Er rief laut nach seinem Oheim und versicherte immer wieder, daß er die Lampe sogleich hergeben wolle. Tränen liefen über seine Wangen. Aber all sein Rufen und Klagen war vergeblich. Nichts rührte sich. Kein Laut drang an sein Ohr. Er tappte umher, ohne eine Tür zu finden. Der Zauberer hatte nämlich durch sein Machtwort auch alle Türen ins Innere der Halle verschlossen. Verzweifelt setzte sich der Junge auf die kalten Stufen nieder. Er hatte keine Hoffnung, je wieder das Tageslicht zu sehen. Gewiß würde er hier umkommen.

Zwei Tage und zwei Nächte saß Aladdin in dieser unheimlichen Finsternis. Er hatte weder Speise noch Trank. Am dritten Tag ergab er sich in den Willen Gottes.

Mit gefalteten Händen betete er zu Allah: „Es gibt keine Macht und Kraft als in Dir allein, allmächtiger Gott.“ So flehte er in seiner Not. Ohne zu denken, rieb er dabei an dem Ring des Zauberers, der noch immer an seinem Finger steckte. Da stand auf einmal ein Geist von gewaltiger Größe vor ihm. Er ragte mit dem Kopf bis zur Decke des Gewölbes und war furchtbar anzusehen.

Dieser Geist sprach: „Ich bin dein Diener. Was verlangst du von mir? Ich bin bereit zu gehorchen. Ich bin der Diener aller, die diesen

Ring meines Herrn am Finger tragen. Ich und alle übrigen Diener des Ringes werden dir gehorchen."

Aladdin war sehr erschrocken, aber er faßte sich schnell. Mutig und ohne zu stocken antwortete er: „Wer du auch sein magst, bring mich sofort an die Oberfläche der Erde!"

Kaum hatte er den Wunsch ausgesprochen, stand er schon draußen im Freien. Er befand sich gerade dort, wohin ihn der Zauberer geführt hatte. Das helle Tageslicht schien ihm ins Gesicht; er war wie geblendet. Verwundert betrachtete er die Erde. Er konnte sich nicht erklären, wie er herausgekommen war. Schon glaubte er, an einer andern Stelle im Wald zu sein. Aber ganz in der Nähe entdeckte er die Spuren des verbrannten Reisighaufens; und hinter den Gärten, durch die sie gekommen waren, lag die Stadt. Er erkannte auch den Weg, auf dem er mit dem falschen Oheim hierher gegangen war. Nun dankte er Gott für seine wunderbare Rettung. Dann wanderte er in die Stadt zurück. Am Abend langte er todmüde im Hause seiner Mutter an. Schwäche überfiel ihn, und er sank ohnmächtig zu Boden; er hatte ja drei Tage nichts zu sich genommen. Seine Mutter hatte schon die Hoffnung aufgegeben, ihn wiederzusehen. Nun war sie glücklich, daß er am Leben war. Zwar erschrak sie sehr, als er ohnmächtig wurde, aber scharfe Essenzen brachten ihn bald wieder zu sich und belebten ihn.

Seine ersten Worte waren: „Liebe Mutter, gib mir zu essen! Ich habe drei Tage keinen einzigen Bissen genossen."

Rasch brachte die Mutter herbei, was sie vorrätig hatte. Sie sagte: „Da, mein lieber Sohn, iß und trink. Aber sei nicht zu hastig und heißhungrig und sprich jetzt nicht. Später wirst du Zeit genug haben, mir deine Erlebnisse zu schildern."

Aladdin folgte dem Rat der Mutter. Er aß langsam und trank nur in kleinen Schlucken. Als er satt war, lehnte er sich im Diwan zurück. Stockend begann er zu erzählen.

„Weißt du, liebe Mutter", sagte er, „dieser fremde Mann war gar nicht mein Oheim. Er machte uns zwar große Versprechungen und beschenkte mich reich. Aber er war ein Zauberer, ein Bösewicht und Betrüger. Schließlich wollte er mich sogar ums Leben bringen. Ich wäre jetzt tot, einsam im Finstern verhungert, wenn nicht Allah mich durch ein Wunder gerettet hätte. Höre nur, Mutter, wie er es angefangen hat!"

Und nun erzählte Aladdin alles, was er erlebt hatte. Er sprach von dem einsamen Tal und den Zauberworten über dem Feuer. Er schilderte, wie sich die Erde geöffnet hatte. Und er vergaß auch die Ohrfeige und den Zauberring nicht. Er beschrieb die unterirdischen Säle und die herrlichen Gärten, und wie er die Lampe gefunden und zu sich gesteckt hatte. Dabei holte er die Lampe aus seinem Gewand und zeigte sie der Mutter. Auch die glitzernden Steine zog er hervor. Die Mutter ahnte so wie ihr Sohn nichts von ihrem Wert. Sie legte die Edelsteine beiseite, und Aladdin steckte die zwei vollen Beutel hinter den Polster des Diwans. Dann setzte er die Erzählung fort. Er berichtete, wie er in der Höhle begraben gewesen sei. Die Tränen kamen ihm in die Augen, als er von seiner Verzweiflung sprach. Aber die Güte des Allmächtigten hatte ihn nach dem Drehen des Ringes wieder ans Tageslicht gebracht.

Aladdin schlief bis weit in den nächsten Tag hinein. Schließlich hatte er die ganze Zeit in der Höhle ja kein Auge zugemacht.

Als er erwachte, waren seine ersten Worte: „Mutter, ich habe Hunger. Bring mir zu essen!"

„Mein lieber Sohn", sagte die Mutter, „ich habe nicht einmal ein Stückchen Brot im Haus. Was ich hatte, hast du gestern gegessen. Du mußt dich gedulden. Ich habe noch Baumwollgarn; das werde ich in der Stadt verkaufen. Dafür kann ich dann Brot und etwas zum Mittagessen besorgen."

„Liebe Mutter", entgegnete der Sohn, „behalte die Baumwolle. Gib mir lieber die Lampe, die ich aus der Höhle mitgebracht habe. Ich werde in die Stadt gehen und sie verkaufen. Ich glaube, wir werden für die Lampe mehr bekommen als für das Garn. Vielleicht können wir dafür außer Frühstück und Mittagmahl auch noch das Abendessen kaufen."

Aladdins Mutter brachte die Lampe herbei und sagte: „Da hast du sie! Aber sie ist sehr schmutzig. Ich werde sie vorher blank putzen, damit sie wie neu aussieht."

Sie nahm Wasser und Sand und begann die Lampe zu reiben. Kaum hatte sie begonnen, erschien ein riesiger Geist vor ihr.

Er sprach mit Donnerstimme: „Was willst du von mit? Ich bin dein Diener und der Diener aller, die diese Lampe in der Hand haben. Ich und alle übrigen Diener der Lampe werden dir gehorchen."

Darüber erschrak Aladdins Mutter sehr. Sie war nicht imstande, zu reden, so furchtbar war der Geist anzusehen; eine Ohnmacht umfing ihre Sinne. Aladdin aber hatte schon in der Höhle eine ähnliche Erscheinung gehabt. Ohne sich lang zu besinnen, griff er nach der Lampe.

Er rief laut: „Diener der Lampe, ich habe Hunger. Bring mir etwas zu essen!"

Der Geist verschwand, erschien aber sofort wieder. Auf einer großen silbernen Tasse brachte er zwölf verdeckte Schüsseln aus Silber; sie waren mit den köstlichsten Speisen gefüllt. Ferner stellte er zwei Flaschen Wein und zwei silberne Becher auf den Tisch. Das Brot war weiß wie Schnee. Nachdem er alles vor Aladdin hingelegt hatte, verschwand er wieder.

Noch immer lag Aladdins Mutter in Ohnmacht. Eben wollte sich der Sohn um die Mutter bemühen, da erwachte sie von selbst durch den Duft der Speisen.

„Mutter", rief Aladdin, „steh auf! Schau diese köstlichen Speisen an! Wir wollen sie sogleich essen, damit sie nicht kalt werden. Das wird dir wieder Kraft geben und meinen Hunger stillen."

Als die Mutter die gedeckte Tafel sah, rief sie erstaunt: „Welcher Wohltäter hat uns denn das gebracht? Sollte vielleicht gar der Sultan von unserer Armut gehört haben?"

„Liebe Mutter", erwiderte der Sohn, „frag nicht lange, sondern iß und stärke dich. Du hast es nötig. Zum Reden haben wir später noch Zeit."

Sie setzten sich an den Tisch und speisten mit bestem Appetit. Beide waren noch nie an einer so wohlgedeckten Tafel gesessen.

Während des ganzen Mahles hörte Aladdins Mutter nicht auf, das prunkvolle Tafelzeug zu bewundern. Sie hatte ebensowenig eine Ahnung von dem wahren Wert dieser Dinge wie ihr Sohn. Ob sie aus Silber oder aus einem andern Metall seien, wußte sie nicht. So kostbare Sachen hatte sie in ihrem ganzen Leben noch nicht gesehen.

Zur Mittagszeit saßen sie noch immer beim Essen. So groß war ihr Appetit und so vorzüglich schmeckten die Speisen, daß sie gleich Frühstück und Mittagessen in einem nahmen. Es blieb noch so viel, daß es für ein Abendessen und für den nächsten Tag ausreichte.

Als sie satt waren, hob die Mutter die übriggebliebenen Speisen auf. Dann setzte sie sich zu ihrem Sohn auf den Diwan. Aladdin erzählte ihr, was sich während ihrer Ohnmacht zugetragen hatte.

Die Mutter wunderte sich sehr über die Erscheinung und sagte: „Du sprichst von Geistern. Aber keiner meiner Bekannten hat jemals einen Geist gesehen. Auch mir ist bisher keiner erschienen. Warum hat sich dieser furchtbare Geist gerade an mich gewendet? Warum fragte er nicht dich? Dir ist er doch in der Schatzhöhle schon einmal erschienen!"

„Liebe Mutter", erwiderte der Sohn, „dieser Geist ist ein anderer als jener, der mir in der Höhle erschienen ist. Sie haben zwar einige Ähnlichkeit miteinander; aber der eine sagte, er sei ein Sklave des Ringes, und der andere nannte sich einen Sklaven der Lampe, die du in der Hand hieltest."

„Wie", rief die Mutter, „diese Lampe ist die Ursache, daß der häßliche Geist sich an mich wandte? Dann nimm sie und schaffe sie mir aus den Augen! Versteck oder verkauf sie oder wirf sie weg! Ich mag sie nicht mehr anrühren. Wenn mir dieser Geist nochmals erschiene, stürbe ich vor Schrecken. Ich bitte dich, gib auch den Zauberring weg! Unterlaß überhaupt jeden Verkehr mit den Geistern. Sie sind der Teufel aus der Hölle, wie der Prophet uns gelehrt hat."

„Nein, Mutter", erwiderte Aladdin, „jetzt werde ich die Lampe nicht mehr verkaufen. Siehst du denn nicht, welche Wohltat sie uns erwiesen hat? Sie hat uns zu essen gegeben, als wir hungrig waren. Und sie wird uns in Zukunft immer den Lebensunterhalt verschaffen. Denk nur an den afrikanischen Zauberer! Er hat die weite, beschwerliche Reise hierher unternommen, nur um die Wunderlampe zu gewinnen. Er wollte nichts von dem Gold in den unterirdischen Sälen. Er wußte, daß diese Lampe mehr wert ist als alles Gold und Silber der Welt. Wir kennen nun die geheime Kraft der Wunderlampe. Wir wollen sie sorgsam hüten und aufbewahren. Vor allem werden wir sie so benützen, daß die Nachbarn nichts merken. Sie sollen nicht neidisch und eifersüchtig werden. Ich will dir die Lampe gerne aus den Augen schaffen; du sollst keine Angst vor dem Geist haben. Ich bewahre sie dort auf, wo ich sie gleich zur Hand habe, wenn ich sie brauche. Den Ring aber, Mutter, kann ich auch nicht wegwerfen oder verkaufen. Bedenke, daß er mir in der Schatzhöhle das Leben gerettet hat! Wer weiß, wie oft ich noch in Gefahren kommen werde! Dann kann mich immer dieser Ring befreien."

Das mußte auch Aladdins Mutter zugeben. Sie sagte: „Mein Sohn, tu was du willst. Ich aber möchte die Lampe nicht mehr sehen und mit Geistern nie mehr zu tun haben."

Am folgenden Tag verzehrten sie die restlichen Speisen. Aladdin aber wollte nicht warten, bis ihn wieder der Hunger bedrängte. Darum nahm er eine silberne Schüssel, um sie auf dem Markt zu verkaufen. Unterwegs begegnete ihm ein Händler. Dem zeigte er die Schüssel. Er fragte ihn, ob er sie kaufen wolle.

Der Händler nahm die Schüssel und untersuchte sie von allen Seiten. Er überzeugte sich davon, daß sie aus reinem Silber war. Nun fragte er den Jungen, was sie kosten solle. Aladdin aber kannte den wahren Wert der Schüssel nicht. Er hatte noch nie mit derlei Waren gehandelt. Darum sagte er, daß er sich ganz auf die Ehrlichkeit verlasse. Dadurch geriet der schlaue Händler einigermaßen in Verlegenheit. Er zögerte mit seinem Angebot; schließlich wußte er ja nicht, ob Aladdin den wirklichen Wert kenne. Endlich holte er aus seiner Tasche ein Goldstück hervor. Das war nicht viel mehr als der fünfzigste Teil des Wertes der Schüssel. Aladdin nahm das Goldstück und ging eilig weg. Verblüfft sah ihm der Händler nach. Nun ärgerte er sich, daß er nicht noch weniger geboten hatte. Der Junge hatte offensichtlich keine Ahnung vom Wert der Schüssel gehabt. Schon wollte er ihm nacheilen und einen Teil des Geldes zurückverlangen. Aber Aladdin lief so schnell, daß er ihn kaum eingeholt hätte.

Aladdin ging geradewegs in einen Bäckerladen. Dort ließ er das Goldstück wechseln und kaufte einen Vorrat an Brot. Brot und Wechselgeld gab er seiner Mutter. Und sie ging auf den Markt und kaufte Lebensmittel für einige Tage.

So lebten sie eine Zeitlang. So oft der Erlös für eine Schüssel aufgebraucht war, trug Aladdin eine andere zum Händler. Dieser kaufte alle zwölf Schüsseln. Für die erste Schüssel hatte er ein Goldstück gegeben. Nun wagte er nicht, für die folgenden weniger zu bieten. Der Handel war zu vorteilhaft für ihn.

Als das letzte Geld ausgegeben war, griff Aladdin zu der Tasse. Diese war zehnmal so schwer als eine Schüssel. Er wollte sie einem Kaufmann anbieten, aber das Stück war zu schwer; er konnte es nicht wegtragen. Darum holte er den Händler in das Haus seiner Mutter. Dieser prüfte das Gewicht der Tasse und zahlte ihm auf der Stelle zehn Goldstücke. Damit war Aladdin zufrieden.

Solange diese zehn Goldstücke ausreichten, bestritten sie davon die täglichen Ausgaben. Aladdin war den Müßiggang gewohnt. Aber seit dem Abenteuer mit dem Zauberer spielte er nicht mehr mit den Jungen in den Straßen. Er vertrieb sich die Zeit mit Spaziergängen oder unterhielt sich mit Erwachsenen, denen er begegnete. Häufig blieb er auch bei den größeren Kaufläden stehen. Dabei lauschte er den Gesprächen angesehener und erfahrener Männer. Auf diese Weise eignete er sich allmählich eine gewisse Weltkenntnis an.

Als von den zehn Goldstücken nichts mehr übrig war, nahm Aladdin seine Zuflucht zur Lampe. Er rieb sie an der Stelle, wo seine Mutter sie gerieben hatte. Sofort stieg derselbe Geist vor ihm empor.

Da Aladdin die Lampe weniger fest als seine Mutter gerieben hatte, sprach der Geist in milderem Ton: „Was willst du von mir? Ich bin dein Diener und der Diener aller, die diese Lampe in der Hand haben. Ich und alle übrigen Diener der Wunderlampe werden dir gehorchen."

Aladdin sagte: „Ich habe Hunger. Bring mir etwas zu essen!"

Der Geist verschwand. Nach einigen Augenblicken erschien er wieder mit ähnlichem Tafelzeug wie das erstemal. Die Schüsseln waren voll

der köstlichsten Speisen. Der Geist stellte seine Last vor Aladdin hin und verschwand.

Aladdins Mutter hatte dem Geiste nicht begegnen wollen. Darum war sie hinausgegangen, als ihr Sohn nach der Lampe gegriffen hatte. Jetzt kam sie zur Tür herein und war starr vor Staunen. Wieder war der Tisch mit silbernen Schüsseln voll duftender Speisen gedeckt. Sie setzten sich zu Tisch und schmausten. Nach der Mahlzeit war noch genug für die nächsten Tage vorhanden.

Als sie ihre Vorräte aufgezehrt hatten, wollte Aladdin wieder zum Händler gehen. Er nahm eine der silbernen Schüsseln, um sie zu verkaufen. Unterwegs kam er an dem Laden eines ehrlichen Goldschmiedes vorbei. Dieser bemerkte den Jungen und rief ihn in seinen Laden.

„Mein Sohn", sagte er zu Aladdin, „was hast du da? Ich habe dich schon oft mit einer Ware vorübergehen und mit einem Händler verhandeln sehen. Zurück gingst du immer mit leeren Händen. Ich glaube, du hast ihm die Gegenstände verkauft. Wahrscheinlich willst du jetzt wieder etwas loswerden. Nun weißt du vielleicht nicht, daß dieser Händler ein ärgerer Betrüger ist als alle andern Händler. Niemand, der ihn kennt, will etwas mit ihm zu tun haben. Hast du etwas zu verkaufen, so zeig es mir. Wenn du es hergeben willst, zahle ich dir den Preis, den die Ware wert ist. Ich will dich nicht beschwindeln, so wahr mir Allah gnädig sein soll!"

Nun zeigte Aladdin dem Goldschmied die Schüssel. Er gestand ihm auch, daß er dem Händler schon zwölf solcher Schüsseln verkauft habe. „Für jede habe ich ein Goldstück erhalten."

Da rief der Goldschmied: „Der Spitzbub hat dich betrogen! Diese Schüssel hier ist aus reinem Silber." Dann nahm er die Waage, um die Schüssel abzuwiegen. Er sagte, daß sie fünfzig Goldstücke wert sei. Diesen Preis bot er auch und zahlte ihn bar auf die Hand. Aladdin nahm das Geld und dankte dem Goldschmied für seinen guten Rat.

Sooft Aladdin nun eine Schüssel verkaufen wollte, wandte er sich an den Goldschmied. Er brachte ihm auch die Tasse und erhielt jedesmal den vollen Wert.

Aladdin und seine Mutter waren jetzt wohlhabende Leute, denn sie hatten ja an der Lampe eine nie versiegende Geldquelle. Dennoch trieben sie keinen Aufwand und blieben mäßig und bescheiden. Die Mutter beschäftigte sich immer noch mit Baumwollspinnen; von dem Ertrag kaufte sie ihre Kleider. Bei dieser einfachen Lebensweise reichte das Geld jedesmal für lange Zeit.

Während dieser Zeit verkehrte Aladdin im Kreise angesehener Kaufleute. Sie handelten mit Kleidern, feinen Stoffen und Juwelen. Und er unterhielt sich mit ihnen über Waren und Preise. Auf diese Weise erweiterten sich seine kaufmännischen Kenntnisse. Allmählich wurde er gewandt im Umgang mit besseren Leuten. Bei den Goldschmieden lernte er alle Edelsteine kennen und ihren Wert schätzen. So kam er zu der Einsicht, daß seine bunten Früchte aus dem unterirdischen Garten kostbare Juwelen waren. Aber nirgends bemerkte er Steine, die den seinen an Größe und Reinheit gleichkamen. Bald begriff er, daß die beiden Beutel hinter dem Diwanpolster einen unvergleichlichen Schatz bargen. Aladdin war klug genug, niemandem etwas davon zu sagen. Auch seine Mutter weihte er nicht ein. Diesem Stillschweigen verdankte er sein Glück.

Eines Tages befand er sich auf dem Weg zum Basar der Goldschmiede. Da hörte er einen Befehl des Sultans ausrufen. Es hieß, jedermann solle seinen Laden und sein Haus verschließen. Niemand dürfe sich bei Todesstrafe im Freien blicken lassen. Prinzessin Badrulbudur, die Tochter des Sultans, wolle sich ins Bad begeben.

Als Aladdin diesen Befehl hörte, überkam ihn das Verlangen, die Prinzessin unverschleiert zu sehen. Aladdin hatte gehört, daß sie von unvergleichlicher Schönheit sei. Er versteckte sich also hinter der Tür des Bades. Dort mußte er sie sehen können, ohne selbst gesehen zu werden.

Er brauchte nicht lange zu warten. Bald erschien die Prinzessin in Begleitung vieler Frauen und Dienerinnen. Er betrachtete sie durch eine Ritze in der Tür. Beim Eingang des Bades nahm sie den Schleier ab. Aladdin konnte ihr gerade ins Gesicht blicken. Ihr Antlitz war jugendlich frisch und von strahlender Schönheit.

Aladdin hatte bisher keine Frau außer seiner Mutter unverschleiert gesehen; und sie war nicht mehr jung und von Sorgen verhärmt. Wohl hatte er gehört, daß es Frauen von hervorragender Schönheit gäbe. Aber es ist ein Unterschied, von Schönheit zu hören oder sie selber zu schauen.

Nachdem Aladdin die Prinzessin gesehen hatte, verwirrten sich seine Gedanken und Gefühle. Verzaubert starrte er ihr nach. Sein Herz war erfüllt von Liebe und Verlangen nach dem reizenden Mädchen.

Endlich kam er wieder zur Besinnung und beschloß, nach Hause zu gehen. Daheim angelangt, konnte er seine Unruhe und Verwirrung nicht verbergen. Schließlich fragte ihn seine Mutter erstaunt, ob ihm etwas Unangenehmes zugestoßen oder ob er krank sei. Aber Aladdin gab keine Antwort. Er warf sich auf den Diwan, und seine Gedanken kreisten unablässig um die Prinzessin.

Die Mutter bereitete unterdessen das Abendessen. Schweigend setzte sich Aladdin zu Tisch, genoß aber nur wenig. Da setzte sich die Mutter neben ihn und versuchte, ihn auszufragen. Aber sie konnte ihm kein einziges Wort entlocken.

Aladdin verbrachte eine unruhige Nacht. Am nächsten Morgen brach er endlich das Stillschweigen und sagte:

„Du hast wohl gemeint, ich sei krank, Mutter, und das hat dir Kummer gemacht. Ich war aber nicht krank und bin es auch jetzt nicht. Ich kann dir nicht sagen, was ich empfinde; vielleicht ist mein Zustand noch schlimmer als eine Krankheit. Aber ich werde dir erzählen, was gestern geschah; dann kannst du mir vielleicht einen Rat geben. Du wirst nicht davon gehört haben, daß sich die Prinzessin Badrulbudur gestern ins Bad begeben hat. Ich hörte es von den Ausrufern, als ich in der Stadt spazierenging. Man verkündete nämlich, alle Leute sollten die Läden schließen; und bei Todesstrafe dürfe keiner auf der Straße verweilen, damit die Prinzessin freien Durchgang zum Bad habe. Da packte mich die Neugier. Ich wollte die Prinzessin mit unverschleiertem Gesicht sehen. Darum versteckte ich mich hinter der Tür zum Bade. Und wirklich: an der Tür nahm sie den Schleier ab. Ich hatte das Glück, ihr Antlitz zu sehen. Das ist der Grund meiner Unruhe und meines Schweigens. Als ich ihr Gesicht und ihre herrliche Gestalt sah, ergriff mich heiße Liebe zu ihr. Meine Sehnsucht nach ihr wird immer größer. Ich finde keine Ruhe mehr, wenn ich die Prinzessin nicht für mich gewinne. Darum bin ich fest entschlossen, sie vom Sultan zur Frau zu erbitten."

Aladdins Mutter hatte aufmerksam zugehört. Aber als ihr Sohn von seinen Heiratsabsichten sprach, mußte sie laut auflachen. Er wollte fortfahren, aber sie ließ ihn gar nicht zu Wort kommen und sagte: „Mein

Lieber, was fällt dir ein? Bist du wahnsinnig geworden, daß du solche Reden führst?“

„Nein, Mutter“, entgegnete Aladdin, „mein Verstand war nie so hell wie jetzt. Ich habe deine Einwürfe vorausgesehen. Aber alle deine Worte werden meinen Entschluß nicht ändern. Ich sage dir nochmals, daß ich um die Hand der schönen Prinzessin anhalten werde.“

„Ach, mein Sohn“, sagte die Mutter, „ich bitte dich, rede nicht solchen Unsinn! Selbst wenn du deinen Entschluß ausführen wolltest, wer sollte denn deine Bitte dem Sultan vortragen? Wer sollte denn für dich um die Prinzessin anhalten?“

„Kein anderer als du“, entgegnete Aladdin. „Ich wünsche, liebe Mutter, daß du meine Werbung vorbringst.“

„Ich?“ rief die Mutter. „Ich werde mich hüten, so etwas zu unternehmen. Wie kannst du überhaupt an die Tochter des Sultans denken? Vergiß doch nicht, daß du nur der Sohn eines armen Schneiders bist! Ihr Vater gibt sie nicht einmal Prinzen oder Sultanssöhnen zur Ehe. Wie kannst dann du es wagen, die Tochter des Sultans als Frau zu begehren!“

„Liebe Mutter“, antwortete Aladdin, „ich sagte dir schon, daß ich alle diese Vorstellungen vorausgeahnt habe. Ich weiß auch, was du noch einwenden wirst. Das alles habe ich bedacht. Trotzdem werden deine Reden meinen Entschluß nicht zum Wanken bringen. Ich flehe dich an, tu mir den Gefallen! Wenn du mich lieb hast, geh zum Sultan und wirb für mich. Du wirst mir dadurch zum zweitenmal das Leben schenken. Wird die Prinzessin nicht meine Frau, so will ich nicht länger leben.“

Aladdins Mutter geriet durch diese Hartnäckigkeit ihres Sohnes in größte Verlegenheit. Sie wollte ihm ja gern seinen Wunsch erfüllen; aber diesen Plan hielt sie für närrisch und undurchführbar.

Daher sprach sie zu ihm: „Mein Sohn, ich bin deine Mutter und liebe dich von Herzen. Soweit ich es vermag, will ich dir jeden vernünftigen Wunsch erfüllen. Wenn du es wünschst, werde ich dir eine Frau aus unserem Stande suchen. Ich würde auch um die Tochter eines unserer Nachbarn anhalten. Freilich müßtest du auch da etwas Vermögen und Einkommen besitzen oder ein Gewerbe erlernt haben. Jedermann fragt zuerst, wie der Freier seine Frau und später seine Familie erhalten werde. Du aber hast nichts und bist nichts. Wie kannst du es dann wagen, deine Augen zur Tochter des Sultans zu erheben! Überlege dir das! Wie kommst du auf den Gedanken, ich solle beim Sultan für dich freien? Selbst wenn ich so unverschämt wäre, wie bekäme ich Zutritt? An wen sollte ich mich wenden, daß er mich vorstellt? Und wollte ich den Zweck meiner Vorsprache angeben, würde man mich für eine Närrin halten und verjagen! Und gelänge es mir wirklich, bis zum Sultan zu kommen, was sollte ich dann sagen? Hast du dich um dein Land verdient gemacht? Bist du der Gnade des Sultans überhaupt würdig? Wie also kann ich mit einem solchen Ansinnen vor ihm erscheinen? Der Anblick seiner Macht und der königliche Prunk allein würden mir schon die Rede verschlagen. Ich zitterte bereits, wenn ich von deinem Vater etwas erbitten mußte. Wie könnte ich nun gar vor diesem hohen Herrn etwas vorbringen? Dann fällt mir noch etwas ein: Wer den Sultan um eine Gnade bitten will, der muß ein Geschenk mitbringen. Aber was für ein Geschenk hast du ihm anzubieten? Wenn du nun gar seine Tochter zur Frau verlangst, welches Geschenk könnte diese Bitte unterstützen?"

Aladdin hörte alle Einwände seiner Mutter ruhig an. Er überlegte Punkt für Punkt. Dann sagte er: „Liebe Mutter, du hast recht. Ich hätte alles das bedenken sollen. Mein Verlangen war verwegen und unbesonnen. Ich hätte vorher daran denken müssen, dir Zutritt und günstige Aufnahme beim Sultan zu verschaffen. Verzeih mir! Die Liebe zur Prinzessin hat meine Gedanken verwirrt. Aber ich liebe sie so sehr, daß ich sie unbedingt heiraten werde. Ich danke dir, daß du mich an das Geschenk erinnert hast. Du hast daran gezweifelt, daß ich ein würdiges Geschenk für diesen Anlaß besitze. Allein ich habe eines, das wert ist, dem Sultan überreicht zu werden; es ist ein Geschenk, um das ihn Fürsten und Könige beneiden werden. Du weißt, Mutter, ich habe aus dem unterirdischen Garten buntfarbige Steine mitgebracht. Wir meinten, diese Steine seien aus Glas. Es sind aber kostbare Edelsteine von höchster Schönheit; ihresgleichen gibt es in keinem Lande der Welt. In den Läden der Goldschmiede habe ich viele herrliche Edelsteine gesehen; aber sie alle halten den Vergleich mit meinen Steinen nicht aus. Und doch werden sie zu unbeschreiblich hohen Preisen verkauft. Wie hoch muß dann erst der Wert meiner Steine sein! Du hast eine hohe Porzellanvase, Mutter. Gib sie mir, wir wollen sie mit Edelsteinen füllen. Dann magst du die strahlende Pracht bewundern. Ich glaube, auch der Sultan hat so etwas noch nie gesehen."

Die Mutter brachte die Vase herbei. Aladdin nahm die Steine aus den Beuteln und legte sie schön geordnet hinein. Da strahlte und blitzte es aus der Vase, daß Mutter und Sohn geblendet die Augen schließen mußten. Solchen Glanz und solches Feuer hatten sie noch nie an den Steinen bemerkt; freilich hatten sie diese bisher nur bei Lampenlicht gesehen. Nun aber lockte der helle Sonnenschein sprühende Funken hervor.

Nachdem sie die Schönheit des Geschenkes eine Weile bewundert hatten, sagte Aladdin: „Glaubst du nun, Mutter, daß dies ein passendes Geschenk für den Sultan ist? Jetzt kannst du den Gang zu Hofe wagen. Mit diesem Geschenk wirst du sicher gnädig empfangen werden."

Aladdins Mutter war von dem Wert des Geschenkes nicht so überzeugt wie ihr Sohn. Trotzdem hoffte sie, es werde wohl Gnade finden. Aber als sie der Bitte ihres Sohnes gedachte, wurde sie abermals unsicher. Er und die Prinzessin!

„Lieber Sohn", sagte sie, „dieses Geschenk ist prächtig und wertvoll. Es wird seine Wirkung tun und mir gnädige Aufnahme beim Sultan verschaffen. Aber ich werde nicht den Mut haben, deine Werbung um des Sultans Tochter vorzubringen; da wird mein Mund stumm bleiben. So wird nicht nur mein Gang vergeblich sein, sondern auch das Geschenk; und ich werde dir bestürzt verkünden müssen, daß deine Hoffnung vergeblich war. Sollte ich aber doch imstande sein, deinen Wunsch auszusprechen, wird uns der Sultan für Narren halten und mich mit Schimpf und Schande davonjagen oder uns beide bestrafen."

Aladdins Mutter führte noch mehr Gründe an, die gegen einen Empfang beim Sultan sprachen. Aber das Bild der Prinzessin war zu tief in seinem Herzen verankert. Er wollte seinen Plan, sie zu seiner Frau

zu machen, nicht aufgeben. Darum drängte und bat er seine Mutter, bis sie aus Furcht vor seiner Unbesonnenheit nachgab.

An diesem Tag aber war es für die Anmeldung beim Sultan zu spät. So wurde die Sache auf den nächsten Tag verschoben. Bis dahin sprachen Mutter und Sohn nur vom morgigen Gang zu Hofe. Aladdin schärfte ihr neuerlich ein, was sie tun und sagen solle.

Die Mutter aber fragte ihn noch: „Mein Sohn, wenn mich der Sultan wirklich anhört, was soll ich sagen, wenn er nach deinem Besitz und Vermögen fragt?"

„Liebe Mutter", erwiderte Aladdin, „wenn es zum Äußersten kommt, muß uns die Lampe helfen. Sie sorgt seit einigen Jahren für unsern Unterhalt. Ich hoffe, daß sie mich auch in dieser Not nicht im Stich lassen wird."

Hierauf wußte Aladdins Mutter nichts zu entgegnen. Sie dachte, die Lampe habe wirklich bisher Wunder vollbracht; nun könne man auch noch Größeres von ihr erhoffen.

Aladdin erriet die Gedanken seiner Mutter. Er sagte zu ihr: „Liebe Mutter, sprecht zu keinem Menschen von der Lampe! Sie ist unser größter Schatz. Der glückliche Ausgang unseres Beginnens wird ganz von ihr abhängen.“

Erst tief in der Nacht suchten sie ihr Lager auf. Aber schon vor Tagesanbruch weckte Aladdin die Mutter wieder. Er bestürmte sie, sich rasch anzukleiden und zum Tor des Palastes zu eilen. Dann könne sie zugleich mit dem Großwesir und den übrigen Großen des Reiches den Palast betreten und ihnen in die Ratsversammlung folgen. Dieser pflegte der Sultan stets beizuwohnen.

Aladdins Mutter tat alles, was ihr Sohn wünschte. Sie hüllte die Porzellanvase in feines, weißes Linnen. Darüber band sie ein gröberes Tuch, um das leichter forttragen zu können. Endlich machte sie sich zur großen Freude Aladdins auf den Weg zum Palast des Sultans.

Soeben betrat der Großwesir mit allen Würdenträgern des Hofes den Palast. Eine große Menge von Bittstellern schloß sich ihnen an. Die Mutter folgte dem Zuge und gelangte so in den großen Prunksaal; dort hielt der Sultan die Versammlung ab. Sie stellte sich gerade dem Thron des Sultans gegenüber auf. Die Großen des Reiches waren rechts und links von ihm versammelt. Dann wurden dem Sultan die Rechtsfälle vorgetragen. Man rief die Parteien in der Reihenfolge, in der sie ihre Gesuche eingebracht hatten. Viele Angelegenheiten wurden verlesen, beraten und entschieden, bis die Versammlung wieder geschlossen wurde. Schließlich erhob sich der Sultan und ging in seine Gemächer zurück. Der Großwesir und alle übrigen Mitglieder des Staatsrates entfernten sich. Auch die Parteien, die Gesuche vorgelegt hatten, gingen nach Hause. Manche waren vergnügt über den Ausgang ihres Rechtsfalles, andere wieder unzufrieden über das gefällte Urteil. Einige hofften, ein andermal mit ihrer Sache vorzukommen.

Als Aladdins Mutter sah, daß sich der Sultan zurückzog, ging sie gleichfalls nach Hause. Als ihr Sohn sie mit dem Geschenk zurückkommen sah, erschrak er; er konnte sich nicht erklären, was das bedeuten solle. Er fürchtete, seine Sendung sei mißlungen, und er getraute sich gar nicht, die Mutter zu fragen.

Die Mutter, die noch niemals bei einer Ratsversammlung gewesen war, begann treuherzig zu erzählen: „Gott sei Dank, daß ich heute im Sultanspalast war. Wenn ich auch heute noch nicht mit dem Sultan gesprochen habe, so hoffe ich doch, morgen mit ihm zu reden. Heute habe ich den Sultan gesehen. Ich stand ihm gerade gegenüber. Ich bin überzeugt, daß er auch mich bemerkt hat. Aber er war sehr beschäftigt mit den Leuten, die rechts und links von ihm saßen. Er tat mir leid, als ich sah, mit wieviel Mühe und Geduld er sie anhörte. Das dauerte sehr lange. Zuletzt mag es ihm schon langweilig geworden sein, weil er auf einmal aufstand und wegging. Es waren zwar noch viele Leute da, die mit ihm sprechen wollten. Aber ich war sehr froh darüber, denn auch mir wurde die Sache schon langweilig. Außerdem war ich sehr müde vom langen Stehen. Es ist also nichts verloren. Ich werde dir zuliebe morgen wieder hingehen. Vielleicht hat der Sultan dann mehr Zeit."

Aladdin hat die Entscheidung ungeduldig erwartet. Aber gegen die Entschuldigung seiner Mutter konnte er nichts vorbringen; er mußte sich bis zum nächsten Tag gedulden. Das eine hatte er wenigstens schon erreicht, daß die Mutter den gefürchteten Gang angetreten und den Anblick des Sultans ertragen hatte, ohne vor Angst von Sinnen zu kommen. Er hoffte, daß sie morgen in einem günstigen Augenblick ihr Anliegen vorbringen werde.

Am nächsten Morgen eilte sie mit ihrem Geschenk wieder zeitlich zum Palast des Sultans. Das Tor aber war verschlossen. Von andern Leuten erfuhr sie, daß nur jeden zweiten Tag Ratssitzung sei. Also ging sie wieder heim und brachte ihrem Sohn diese Nachricht. Aladdin mußte sich wieder mit Geduld wappnen.

Sechsmal ging die Mutter in die Ratsversammlung. Jedesmal stellte sie sich dem Sultan gegenüber auf. Aber nie fand sie den Mut, vorzutreten oder ein Wort zu sagen. Sie wäre wahrscheinlich noch hundertmal vergebens hingegangen, wenn nicht der Sultan selbst auf sie aufmerksam geworden wäre.

Als er nach der Sitzung in seine Gemächer zurückgekehrt war, sagte er zu seinem Großwesir: „Wesir, seit einiger Zeit fällt mir bei jeder Sitzung eine Frau auf. Immer steht sie mir gerade gegenüber. Sie trägt etwas in der Hand, das in Leinwand gehüllt ist. Vom Anfang bis zum Ende der Sitzung bleibt sie dort stehen. Aber sie sagt nie ein Wort. Weißt du, was für ein Anliegen sie hat?"

Der Großwesir wußte sowenig davon wie der Sultan. Er wollte aber seinem Herrn nicht die Antwort schuldig bleiben; darum sagte er: „Herr, die Frauen beschweren sich doch oft über die geringfügigsten Dinge. Vielleicht will diese über ihren Mann oder einen ihrer Verwandten Klage führen. Vielleicht aber hat man ihr schlechtes Mehl verkauft oder sonst ein kleines Unrecht zugefügt."

Der Sultan gab sich mit dieser Antwort des Großwesirs nicht zufrieden. Er befahl ihm, die Frau bei der nächsten Sitzung rufen zu lassen. Er wolle sie anhören. Der Großwesir küßte die Hand des Sultans und legte sie auf seinen Kopf. Das bedeutete, daß er bereit sei, sich den Kopf abschlagen zu lassen, wenn er diesen Befehl nicht ausführe.

Am nächsten Sitzungstag ging Aladdins Mutter wieder in die Ratsversammlung. Sie war es ja schon gewohnt. Zwar war bisher jeder Gang vergeblich gewesen; doch aus Liebe zu ihrem Sohn wollte sie alles tun, um endlich zu einem Erfolg zu gelangen. Sie stellte sich wieder dem Sultan gegenüber auf.

Als dieser sie erblickte, war er gerührt über ihre Geduld und Ausdauer. Er sagte zum Großwesir: „Wesir, da steht ja die Frau, von der ich neulich gesprochen habe. Laß sie hierher kommen. Wir wollen sie anhören, damit wir ihr Anliegen erfahren und ihre Sache entscheiden."

Sofort ging der Großwesir und gab der Frau ein Zeichen, näherzutreten. Sie folgte ihm bis an die Stufen des Thrones. Dort tat sie, wie sie es bei andern gesehen hatte: Sie berührte mit ihrer Stirn die Stufen des Thrones.

In dieser Stellung verharrte sie, bis der Sultan zu ihr sprach: „Gute Frau, ich sehe dich schon lange in den Ratssaal kommen. Du bleibst vom Anfang bis zum Ende der Sitzung am Eingang stehen, ohne daß du ein

Wort sagst. Nun verrate mir, welche Angelegenheit dich hierher führt!"

Wieder warf sich Aladdins Mutter zu Boden. Sie küßte die Stufen des Thrones und flehte den Segen des Himmels über den Sultan herab. Dann stand sie auf und sagte: „Erhabener Herrscher, ich habe ein Anliegen. Aber bevor ich es Euch unterbreite, bitte ich, mir die unglaubliche Kühnheit zu verzeihen. Mein Ansuchen ist so ungewöhnlich, daß ich zittere und bebe. Ich habe große Scheu, Herr, es Euch vorzutragen."

Um ihr Sicherheit und Freiheit im Reden zu geben, befahl der Sultan, ihn mit der Frau und dem Großwesir allein zu lassen. Dann sagte er, sie könne ohne Furcht sprechen.

Aladdins Mutter aber war noch nicht ganz zufrieden. Sie wollte sich auch vor seinem Zorne sicherstellen, den sie bei ihrem seltsamen Antrag befürchten mußte.

„Herr", fuhr sie fort, „ich bitte Euch untertänigst, gewährt mir im

voraus gütigst Eure Gnade und Verzeihung. Vielleicht werdet Ihr mein Anliegen töricht oder beleidigend finden."

„Was es auch sein mag", erwiderte der Sultan, „ich werde dir verzeihen. Nicht die geringste Strafe soll dich treffen. Sprich ohne Scheu!"

Nun erzählte sie ihm treuherzig, wie ihr Sohn die Prinzessin Badrulbudur gesehen und sich in sie verliebt habe. Sie sprach von den Plänen und Wünschen Aladdins. Sie erwähnte aber auch die Bedenken, die sie dagegen erhoben hatte.

„Aber", fuhr sie fort, „statt auf mich zu hören, bestand er nur um so nachdrücklicher auf seinem Wunsch. Er drohte sogar, sich ein Leid anzutun, wenn ich mich weigerte, für ihn zu werben. Trotzdem hat es mich die größte Überwindung gekostet, Euch mit dieser Sache zu belästigen. Ich bitte Euch vielmals, verzeiht mir mein verwegenes Unternehmen. Verzeiht auch meinem Sohne die Dreistigkeit, an eine so erhabene Verbindung zu denken."

Der Sultan hatte die Rede der Mutter voll Güte angehört. Er äußerte nicht den mindesten Zorn oder Unwillen. Auch schien er die ganze Angelegenheit gar nicht lächerlich zu finden. Bevor er aber eine Antwort erteilte, fragte er sie lächelnd nach ihrem leinenen Bündel. Aladdins Mutter sah nun, daß der Sultan nicht unwillig war, ja sogar lächelte. Da warf sie sich nieder, enthüllte die Vase und überreichte sie dem Sultan.

Geblendet blickte der Sultan auf die Edelsteine. Zuerst war er vor Überraschung keines Wortes mächtig. Er hatte noch nie so viele kostbare Steine beisammen gesehen. Auch waren sie von einer Größe, wie sie ihm bisher noch nie vor Augen gekommen.

Begeistert nahm er die Vase aus den Händen der Frau in Empfang und rief aus: „Wie schön und einzigartig, wie kostbar sind diese Edelsteine!" Er nahm einen Stein nach dem andern in die Hand und pries ihr Feuer und ihre Reinheit.

Dann wandte er sich an den Großwesir, zeigte ihm die Vase und sagte: „Sieh dir diese Steine an! Du wirst gestehen müssen, daß man auf der ganzen Welt nichts Herrlicheres und Vollkommeneres finden kann!" Der Großwesir stimmte in begeisterten Worten zu.

Der Sultan aber fuhr fort: „Ja, wer mir solche kostbare Juwelen schenken kann, ist wert, der Gatte meiner Tochter zu werden.“

Diese Worte des Sultans versetzten den Großwesir in eine peinliche Unruhe. Erst kürzlich hatte ihm sein Herr angedeutet, daß er die Prinzessin mit seinem Sohn vermählen wolle. Dieses prachtvolle Geschenk kam ihm ungelegen. Nun fürchtete er nicht ohne Grund, der Sultan werde sich anders besinnen. Er flüsterte ihm daher ins Ohr, er möge mit seiner Entscheidung gnädigst noch drei Monate zuwarten. Schließlich habe der Sultan seinem Sohn die Prinzessin früher versprochen. Und bis dahin werde er ein noch weit kostbareres Geschenk darbringen. Der Sultan war zwar überzeugt, daß das unmöglich sei. Aber er geruhte, den Aufschub von drei Monaten zu gewähren.

Er wandte sich also an Aladdins Mutter und sagte zu ihr: „Geh nach Hause, gute Frau! Sag deinem Sohne, daß ich seinen Antrag genehmige!

Doch muß er sich noch drei Monate gedulden. Es müssen große Vorbereitungen für die Hochzeit getroffen werden. Nach drei Monaten aber magst du wiederkommen."

Strahlend bedankte sich Aladdins Mutter beim Sultan und eilte nach Hause. Ihre Freude war groß. Hatte sie doch gefürchtet, der Sultan werde sie gar nicht anhören. Nun brachte sie ihrem Sohn die günstige Botschaft. Er sah die Mutter früher als sonst und ohne Bündel heimkehren. Als sie lächelnd das Zimmer betrat, wurde ihm froh und leicht zumute. Er schloß daraus auf einen guten Bescheid.

„Liebe Mutter", fragte er, „bringst du mir gute Kunde? Hat sich der Sultan gnädig erwiesen und das Geschenk angenommen? Was hat er zu deiner Werbung gesagt?"

Die Mutter legte den Schleier ab und setzte sich zu ihrem Sohn auf den Diwan. Dann begann sie: „Ich möchte dich nicht lange im Ungewissen lassen. Darum will ich dir gleich sagen, daß du Ursache hast, dich zu freuen. Der Sultan hat mir versprochen, daß seine Tochter deine Frau werden soll."

Dann schilderte sie ihm, wie alles gekommen war. Sie berichtete, mit welchen Worten sie die Werbung eingeleitet hätte. Schließlich wiederholte sie genau, was der Sultan zu dem Geschenk gesagt hatte. Es war ihr aber nicht entgangen, daß der Großwesir mit dem Bescheid des Sultans nicht ganz einverstanden war. Er hatte den Herrscher anscheinend bereden wollen, sie abzuweisen.

Freudig und voll froher Hoffnung verbrachte Aladdin die nächsten Tage. Er dünkte sich reicher und glücklicher als alle Menschen. Seiner Mutter aber war er unendlich dankbar. Die drei Monate Wartezeit erschienen ihm wie eine Ewigkeit. Aber es blieb ihm nichts anderes übrig, als mit Geduld zu warten. Das Wort des Sultans schien ihm eine sichere Gewähr, das Ziel seiner Sehnsucht zu erreichen. Trotzdem zählte er die Stunden, Tage und Wochen.

Zwei Monate der angesetzten Frist waren schon verstrichen, als seine Mutter eines Abends kein Öl für die Lampe hatte. Sie ging also, um Öl einzukaufen. Zu ihrer Verwunderung war die Stadt festlich beleuchtet.

Die Bewohner hatten ihre Häuser mit Blumen und Kränzen geschmückt; einer suchte den andern an Glanz und Pracht zu übertreffen. In den Straßen bewegte sich eine festlich gekleidete Menge. Aus allen Gesichtern strahlten hellste Freude und Fröhlichkeit. Hofbeamte ritten auf reich geschmückten Pferden in feierlichem Aufzug durch die Stadt. Überall gab es brennende Fackeln und Lichter. Schließlich kam sie zum Ölhändler. Ihn fragte sie, was dieses festliche Treiben bedeute.

„Woher kommst du denn, liebe Frau?“ erwiderte der Ölhändler. „Weißt du denn wirklich nicht, daß heute die Prinzessin Badrulbudur mit dem Sohn des Großwesirs vermählt wird? Gleich wird sie aus dem Bade kommen. Alle diese Herren hier haben sich versammelt, um ihr das Ehrengeleit zum Palaste zu geben. Dort wird die Feierlichkeit vor sich gehen.“

Aladdins Mutter wollte gar nichts mehr hören. Bestürzt lief sie nach Hause. Sie traf ihren Sohn in ruhiger Stimmung an. Auf eine so schlimme Nachricht war er ja nicht gefaßt.

„Mein Sohn“, rief sie noch unter der Tür, „es ist alles verloren! Der Sultan wird sein Wort nicht halten.“

„Warum sollte er es nicht halten?“ entgegnete Aladdin. „Wer hat dir denn das gesagt?“

„Noch heute“, versetzte die Mutter, „wird die Prinzessin den Sohn des Großwesirs heiraten. Die ganze Stadt ist festlich geschmückt. Alle Leute sprechen davon.“ Sie berichtete ihm alles, was sie gesehen und gehört hatte. Nun konnte er an der Wahrheit nicht mehr zweifeln.

Aladdin war von dieser Nachricht wie vom Blitz getroffen. Aber er faßte sich rasch. Sein erster Gedanke war die Lampe. Sie mußte jetzt helfen.

Ohne mit einem Wort den Sultan oder den Großwesir zu schmähen, sagte er nur: „Liebe Mutter, ich glaube, der Sohn des Großwesirs wird nicht so glücklich sein, wie er hofft. Doch reden wir nicht weiter darüber. Bring uns lieber das Abendessen! Dann will ich ein wenig in die Kammer gehen. Es wird schon alles gut werden.“

Aladdins Mutter ahnte, was ihr Sohn vorhatte. Er würde wohl die

Wunderlampe gebrauchen, um die Heirat der Prinzessin zu hintertreiben. Und sie täuschte sich nicht. Nach dem Abendessen ging Aladdin in sein Zimmer und verschloß die Tür hinter sich. Dann holte er die Lampe hervor und rieb sie.

Augenblicklich zeigte sich der Geist und sprach zu ihm: „Was verlangst du? Ich bin dein Diener und der Diener aller, die diese Lampe in der Hand haben. Ich und alle übrigen Diener der Lampe werden dir gehorchen."

Da sagte Aladdin: „Höre, du hast mir bisher auf meinen Wunsch immer zu essen gebracht. Diesmal habe ich einen andern Auftrag für dich. Der Sultan hat mir die Hand seiner Tochter versprochen. Nun hält er sein Wort nicht. Noch vor Ablauf der Frist von drei Monaten vermählt er sie mit dem Sohn des Großwesirs. Nun befehle ich dir als treuem Diener der Lampe, die Neuvermählten zu entführen und hierher zu bringen."

„Mein Gebieter", erwiderte der Geist, „ich werde diesen Befehl ausführen. Hast du noch einen Wunsch?"

„Für den Augenblick keinen", sagte Aladdin. Da verschwand der Geist.

Aladdin aber begab sich zu seiner Mutter zurück. Ruhig verbrachte er den Abend. Er unterhielt sich mit ihr über die Vermählung der Prinzessin. Aber er sprach so, als ob gar nichts vorgefallen wäre. Nach einiger Zeit ging er in seine Kammer, ohne sich jedoch zu Bett zu begeben. Er erwartete die Rückkehr des Geistes und den Vollzug seines Befehles.

Es dauerte gar nicht lange, da brachte auch schon der Geist die beiden Neuvermählten. Zu ihrem großen Erstaunen setzte er sie mitten im Zimmer Aladdins nieder. Aladdin hatte diesen Augenblick voll Ungeduld erwartet. Nun sagte er hocherfreut zu dem Geist:

„Nimm diesen jungen Ehemann und trag ihn hinaus in ein anderes Gemach! Morgen früh bei Tagesanbruch komm wieder zu mir!"

Augenblicklich trug der Geist den Sohn des Großwesirs fort. In einer kleinen Kammer legte er ihn nieder. Dort hauchte er ihn an; da-

durch wurde er betäubt und konnte sich die ganze Nacht nicht rühren.

Aladdin war glücklich, die Prinzessin so nahe zu sehen. Aber er wahrte ehrerbietigste Zurückhaltung und sagte nur in zärtlichem Ton: „Fürchtet Euch nicht, erlauchte Prinzessin! Ihr seid in Sicherheit! Nichts soll Euch zuleide geschehen. Wie groß auch meine Liebe zu Euch ist, nie werde ich die Schranken der Ehrfurcht überschreiten, die ich Euch schulde."

Die Prinzessin war wie betäubt von dem unerwarteten, rätselhaften Ereignis. Sie hörte kaum auf die Reden Aladdins. Auch war sie so verstört, daß sie kein Wort hervorbrachte. Aladdin aber war zufrieden mit dem Gang der Ereignisse. Er suchte sein Lager auf und war bald in ruhigen Schlummer versunken. Nicht so die Prinzessin. Es war das erstemal in ihrem Leben, daß sie sich in einer so engen, düsteren Kammer befand. In ihrem ganzen Leben hatte sie keine schlimmere Nacht verbracht. Noch ärger erging es dem Sohn des Großwesirs, der sich in seinem finsteren Loch nicht einmal rühren konnte.

Am nächsten Morgen brauchte Aladdin nicht erst die Lampe zu reiben, um den Geist zu rufen. Zeitlich am Morgen stand dieser an seinem Lager und sagte: „Mein Herr und Gebieter, hier bin ich! Befiehl, und ich werde mit Freuden gehorchen."

„Geh", sagte Aladdin, „und hole den Sohn des Großwesirs von dem Ort, wohin du ihn gebracht hast. Dann trag ihn und die Prinzessin wieder in den Palast des Sultans zurück!"

Sogleich nahm der Geist die beiden auf. Er trug sie in dasselbe Gemach des Schlosses zurück, aus dem er sie entführt hatte.

Der Geist war aber weder der Prinzessin noch ihrem Gatten sichtbar. Sie wären wahrscheinlich zu Tode erschrocken, hätten sie seine schreckliche Gestalt gesehen. Auch von dem Gespräche zwischen Aladdin und dem Geist hatten sie nichts gehört. Sie merkten nur, daß sie von einem Ort zum andern getragen wurden; das allein genügte, um ihnen den größten Schrecken einzujagen.

Kaum hatte der Geist die beiden in ihr Zimmer gebracht, öffnete sich schon die Tür. Der Sultan trat herein, um guten Morgen zu wünschen und nach ihrem Befinden zu fragen. Nun hatte der Sohn des Großwesirs die ganze Nacht in der Kälte gelegen; kaum hatte er sich jetzt in seinem Bett erwärmt, mußte er wieder heraus. So unbehaglich ihm auch zumute war, er mußte sich in seine Kleider werfen. Der Sultan trat zum Bett seiner Tochter, küßte sie auf die Stirn und fragte, wie es ihr gehe. Sie aber gab keine Antwort. Als er sie aufmerksamer betrachtete, sah er in ihrer Miene tiefe Schwermut; traurig blickte sie ihn an. Aber sie antwortete nicht auf seine Fragen.

Der Sultan war überzeugt, daß dieses Schweigen eine tiefe Ursache haben müsse. Deshalb begab er sich in das Zimmer seiner Gemahlin und teilte ihr mit, wie ihn die Prinzessin empfangen habe.

„Herr", sagte die Sultanin, „das braucht Euch nicht zu wundern. Nach der Hochzeit sind alle jungen Frauen zurückhaltend. Wartet nur, in ein paar Tagen wird sich dies ändern, und dann wird sie ihren Vater empfangen, wie es sich gebührt. Doch will ich gleich zu ihr gehen; ich müßte mich sehr täuschen, wenn sie mich ebenso empfinge wie Euch."

Die Sultanin begab sich also in das Zimmer der Prinzessin. Sie war sehr erstaunt, als auch ihr Morgengruß nicht erwidert wurde. Ihre Tochter sah sehr niedergeschlagen aus. Etwas Besonderes mußte sich ereignet haben, sonst könnte sie nicht so verstört sein. Aber was?

„Liebe Tochter", begann sie, „warum sprichst du kein Wort? Warum erwiderst du meine Zärtlichkeit nicht? Sag mir, was sich ereignet hat. Laß mich nicht so lang in dieser peinlichen Ungewißheit!"

Da hob die Prinzessin ihr Haupt und seufzte tief: „Ach, liebe Mutter, seid nicht böse, wenn ich Euch nicht geziemend empfangen habe. Aber in dieser Nacht sind so seltsame Dinge geschehen. Mein Geist kann sie noch immer nicht fassen. Ich habe Mühe, wieder zu mir selber zu kommen."

Die Prinzessin schilderte nun, was sich in der Nacht ereignet hatte. Sie berichtete, wie sie mit ihrem Gatten in eine armselige Kammer entführt und dann von ihm getrennt worden sei. In der Kammer sei ein fremder junger Mann gewesen. Dieser habe zu ihr gesprochen; aber in ihrer Aufregung habe sie nichts verstanden. Dann sei der Jüngling zu Bett gegangen und ruhig eingeschlafen. Sie aber habe dort die schlimmste Nacht ihres Lebens verbracht. Am Morgen seien sie und ihr Gemahl wieder ins Schloß zurückgebracht worden.

„Kaum waren wir hier", fuhr sie fort, „trat schon mein Vater ins Zimmer. Ich aber war noch nicht imstande, eine Antwort auf seine Fragen zu geben. Sicherlich zürnt er mir nun, weil ich die Ehre seines Besuches nicht gebührend gewürdigt habe. Doch wird er meinen traurigen Zustand verstehen, wenn er von meinem schrecklichen Abenteuer erfährt. Ich hoffe, daß er mir dann verzeihen wird."

Die Sultanin hörte die Erzählung ihrer Tochter ruhig an. Aber sie fand sie so unglaubwürdig, daß sie entgegnete: „Liebe Tochter, du hast gut daran getan, nichts von all dem deinem Vater zu erzählen. Sag auch keinem andern Menschen ein Sterbenswort davon! Man würde dir nicht glauben, dich sogar für eine Närrin halten."

„Mutter", antwortete die Prinzessin, „ich bin nicht wahnsinnig, sondern bei klarem Verstand. Ich habe das alles wirklich erlebt. Fragt nur meinen Gemahl; er wird Euch dasselbe erzählen."

„Ich werde mich bei ihm erkundigen", erwiderte die Sultanin. „Aber selbst wenn er mir dasselbe erzählen sollte wie du, so könnte ich es doch nicht glauben. Schlag dir alle diese Torheiten aus dem Kopf! Hör nur, wie die Pauken und Trompeten erschallen! Sie rufen zu den Festlichkeiten, an denen das ganze Land dir zu Ehren teilnimmt. Zieh deine schönen Kleider an und sei fröhlich! Vor allem aber vergiß die Hirngespinste, die du mir erzählt hast! Vielleicht war alles nur ein böser Traum."

Dann begab sie sich in das Zimmer des Sultans. Sie sagte ihm, ihre Tochter habe in der Nacht böse Träume gehabt. Deshalb sei sie am Morgen noch sehr beunruhigt gewesen; jetzt aber sei alles wieder gut. Dann

ließ sie den Sohn des Großwesirs rufen. Ihn fragte sie, was an den Worten seines jungen Weibes Wahres sei. Der Sohn des Großwesirs fürchtete, durch diese Geschichte seine Gattin zu verlieren; darum erklärte er, er wisse von nichts. Da war die Sultanin überzeugt, daß ihre Tochter nur geträumt habe.

Die Lustbarkeiten dauerten den ganzen Tag. Es wurde getanzt und gesungen, und unaufhörlich erklang fröhliche Musik. Die Sultanin wich ihrer Tochter nicht von der Seite. Sie bemühte sich eifrig, die Prinzessin zu allerlei Vergnügungen aufzumuntern; dadurch sollte sie ihren Kummer vergessen. Aber die Erlebnisse der Nacht waren zu groß gewesen. Sie hatte für nichts anderes Sinn.

Der Sohn des Großwesirs fühlte sich nach der verflossenen Nacht auch nicht sehr wohl. Aber er setzte seinen Ehrgeiz darein, nichts davon merken zu lassen. Wer ihn ansah, mußte ihn für den glücklichsten Ehemann halten.

Aladdin war auch in die Stadt gegangen, um sich die Festlichkeiten anzusehen. Die Leute redeten über das Glück und die Ehre, die dem Sohn des Großwesirs zuteil geworden sei. Als Aladdin das hörte, mußte er lächeln. Er dachte bei sich: Ihr wißt ja nicht, wie es ihm heute Nacht ergangen ist; sonst würdet ihr ihn wohl nicht beneiden. Als die Zeit vorgerückt war, ging er nach Hause. Dort holte er die Lampe hervor und rieb sie. Sogleich erschien der Geist und bot ihm seine Dienste an. Aladdin beauftragte ihn, das junge Paar so wie gestern hierherzubringen.

Der Geist zögerte nicht und verschwand. Und nun ereignete sich das gleiche wie in der vergangenen Nacht. Der Sohn des Großwesirs lag wieder furchterstarrt allein in seinem kalten Raum; und die Prinzessin versuchte vergebens, in der engen, dumpfen Kammer zu schlafen. Nur Aladdin schlummerte ruhig und fest. Am Morgen nahm der Geist die Prinzessin und ihren Gemahl und trug sie in das Schloß zurück.

Neugierig hatte der Sultan den nächsten Tag erwartet. Ob ihm seine Tochter wieder einen so kühlen Empfang bereiten würde? Am frühen Morgen trat er in ihr Gemach, um sie zu begrüßen.

Eben war der Sohn des Großwesirs zähneklappernd ins Bett gestiegen. Aber als er den Sultan kommen hörte, sprang er eilig heraus. Verbittert stürzte er in sein Ankleidezimmer.

Der Sultan näherte sich dem Lager der Tochter. Er wünschte ihr einen guten Morgen, küßte sie auf die Stirn und sagte: „Nun, mein liebes Töchterchen, bist du heute ebenso schlecht gelaunt wie gestern?“

Die Prinzessin blickte traurig vor sich hin. Aber sie gab keine Antwort. Der Sultan bemerkte, daß sie noch verstörter war als das erstemal. Nun zweifelte er nicht mehr, daß ihr etwas Außerordentliches zugestoßen sein müsse. Er war erbittert darüber, daß sie ihn keines Wortes würdigte. Darum riß er den Säbel aus der Scheide.

„Gesteh, was du mir verbirgst“, rief er zornentbrannt, „oder ich schlage dir augenblicklich den Kopf ab!“

Über diese drohenden Worte des Vaters war die Prinzessin zu Tode erschrocken. Mit Tränen in den Augen rief sie: „Lieber Vater, zürnt mir nicht! Verzeiht mir, wenn ich Euch beleidigt habe! Aber ich habe keine Schuld an meinem trostlosen Zustand. Ihr werdet mir nicht mehr zürnen, wenn ich Euch mein Erlebnis berichtet habe. Ihr wißt ja nicht, was sich in den beiden vergangenen Nächten ereignet hat."

Daraufhin berichtete die Prinzessin dem Sultan alles, was vorgegangen war. Sie erzählte mit so rührenden Worten, daß ihn tiefes Mitleid mit seiner Tochter ergriff. Sie schloß mit den Worten: „Mein Vater, ich hoffe, Ihr glaubt mir! Aber wenn Ihr an der Wahrheit meiner Erzählung zweifelt, so fragt meinen Gatten. Er wird Euch alles bestätigen."

Der Sultan war tief bekümmert über diesen Bericht seiner Tochter. Er sagte: „Liebe Tochter, warum hast du mir diese seltsame Geschichte nicht schon gestern erzählt? Ich wollte nur dein Glück, als ich dich verheiratete. Nun aber bist du so unglücklich. Doch verscheuche die düsteren Gedanken und fasse Mut! Du sollst von nun an gut bewacht werden und keine solche Nacht mehr durchmachen müssen."

Hierauf kehrte der Sultan in seine Gemächer zurück. Sofort ließ er den Großwesir rufen.

„Wesir", sprach er zu ihm, „wie geht es deinem Sohn? Hast du ihn schon gesprochen? Was erzählt er von den beiden letzten Nächten?"

Der Großwesir antwortete, er habe ihn noch nicht gesehen. Nun teilte ihm der Sultan mit, was die Prinzessin ihm soeben erzählt hatte.

„Und ich zweifle nicht", setzte er fort, „daß meine Tochter die Wahrheit gesagt hat. Doch wäre es mir lieb, wenn dein Sohn es bestätigte. Geh also zu ihm und frag ihn, wie sich die Sache verhält!"

Der Großwesir suchte sogleich seinen Sohn auf. Er teilte ihm den Befehl des Sultans mit und forderte, er solle die volle Wahrheit sagen und nichts verheimlichen.

„Mein Vater", rief der Jüngling, „ich brauche nichts zu verhehlen! Alles, was die Prinzessin gesagt hat, ist wahr. Dabei hat sie gar nicht alles erzählt. Wie es mir ergangen ist, weiß sie ja nicht. Seit meiner Vermählung habe ich zwei schreckliche Nächte verbracht; mir fehlen die Worte, sie eingehend zu schildern. Aber es war unheimlich, viermal emporgehoben und an einen andern Ort getragen zu werden. Ich begreife jetzt noch nicht, wie das möglich war. Aber der Ort, wo ich mich aufhalten mußte, war scheußlich. Der Raum war kalt, finster und übel-

riechend. Die Zähne klapperten mir vor Kälte. Bei aller Liebe zur Prinzessin und trotz der hohen Ehre möchte ich lieber sterben, als mich noch länger einer solchen Behandlung auszusetzen. Sicher denkt die Prinzessin ebenso wie ich. Darum, lieber Vater, erwirke beim Sultan, daß unsere Ehe für ungültig erklärt wird."

Als der Großwesir den verzweifelten Bericht seines Sohnes gehört hatte, begab er sich zum Sultan. Er meldete, daß die Erzählung der Prinzessin auf Wahrheit beruhe. Deshalb bat er um die Erlaubnis, daß sein Sohn den Palast verlassen und nach Hause zurückkehren dürfe. Die Prinzessin solle seinetwegen nicht einen Augenblick länger der Angst vor einer abermaligen Entführung ausgesetzt sein.

Der Sultan hatte selbst schon die Auflösung der Ehe erwogen. Darum gab er dem Wesir ohne weiteres seine Einwilligung. Sofort erging der Befehl, die Feiern im ganzen Land einzustellen. In kurzer Zeit hörten alle Festlichkeiten auf.

Alle Leute wunderten sich darüber. Verschiedene Gerüchte wurden in der Stadt laut, allein niemand wußte etwas Bestimmtes. Man hatte nur den Großwesir und seinen Sohn traurig aus dem Palast kommen sehen. Der einzige, der das Geheimnis genau kannte, war Aladdin. Aber er sagte nichts und lachte sich ins Fäustchen. Nun hatte er keinen Nebenbuhler mehr zu fürchten. Und er bedurfte auch nicht mehr der Hilfe des Geistes.

Der Sultan dachte schon lange nicht mehr an das Versprechen, das er Aladdin gegeben hatte. Auch der Großwesir hatte die Angelegenheit längst vergessen. Daher kamen sie beide nicht auf die Idee, daß Aladdin an der Zauberei Anteil haben könne.

Aladdin ließ die drei Monate Frist, die der Sultan ursprünglich gesetzt hatte, verstreichen. Dann schickte er sogleich seine Mutter in den Palast. Sie sollte vom Sultan die Erfüllung seines Versprechens erbitten.

Im Ratssaal stellte sie sich so wie früher dem Sultan gegenüber auf. Kaum hatte er sie erblickt, da erinnerte er sich schon an sein Versprechen.

„Da ist ja die Frau wieder“, sagte er zum Großwesir, „die uns vor einigen Monaten das schöne Geschenk gebracht hat. Bring sie gleich zu mir! Deinen Bericht kannst du später fortsetzen.“

Der Großwesir führte die Frau vor den Sultan. Aladdins Mutter warf sich vor den Stufen des Thrones nieder. Sie wünschte dem Sultan Macht, Glück und langes Leben. Als sie sich wieder erhoben hatte, fragte der Sultan nach ihren Wünschen.

„Großmächtiger König“, antwortete sie, „die drei Monate sind um. Nach dieser Frist wolltet Ihr Euer Versprechen einlösen. Ich komme nun abermals im Namen meines Sohnes Aladdin vor Euren Thron. Und ich bitte Euch, Eure Tochter Badrulbudur mit meinem Sohne zu vermählen.“

Der Sultan hatte gehofft, daß nach drei Monaten von einer Ehe mit diesem Aladdin keine Rede mehr sein würde. Er sah ja, daß die Mutter Aladdins dem niedersten Volke angehörte. Also hielt er eine Verbindung seiner Tochter mit dem Sohn dieser Frau nicht für angemessen. Ratlos blickte er jetzt den Großwesir an.

„Was meinst du?“ fragte er ihn. „Ich habe dieser Frau mein Wort gegeben. Aber jeder kann sehen, daß es arme Leute sind. Sie passen nicht in die Kreise der Vornehmen. Außerdem kenne ich den Sohn dieser Frau gar nicht.“

Der Großwesir hatte das Unglück seines Sohnes noch nicht überwunden. Er gönnte die Prinzessin keinem anderen. Am allerwenigsten aber sollte sie dieser armselige Bursche aus dem untersten Volk besitzen. Er zögerte nicht, seinem Herrn seine Meinung zu sagen.

„Herr“, entgegnete er, „es gibt ein Mittel, diesen Fremdling von uns fernzuhalten. Ihr könnt Eure Tochter nicht einem Kerl geben, von dem man nicht weiß, wer er ist. Aladdin selbst wird sich darüber nicht beklagen dürfen. Ihr braucht nur einen sehr hohen Preis für die Prinzessin festzusetzen. Dazu werden seine Reichtümer nicht ausreichen. Das wird ein gutes Mittel sein, ihn von seiner frechen Bewerbung abzubringen.“

Der Sultan billigte den Rat des Großwesirs. Aber er dachte noch eine Weile darüber nach.

„Gute Frau“, sagte er dann, „bringe deinem Sohn folgende Botschaft: Ich werde mein Versprechen halten; er soll meine Tochter zur Frau bekommen. Aber er muß eine entsprechende Brautgabe beschaffen. Ich verlange von ihm vierzig große Becken aus gediegenem Gold. Sie sollen von oben bis unten mit solchen kostbaren Edelsteinen angefüllt sein, wie du mir schon einmal gebracht hast. Ferner verlange ich vierzig schwarze Sklaven, die sie tragen. Und vierzig junge weiße Sklaven, von schönstem Wuchs und prächtiger Kleidung, sollen sie begleiten. Wenn dein Sohn diese Bedingungen erfüllte, werde ich gern bereit sein, ihn mit meiner Tochter zu vermählen.“

Aladdins Mutter bezeigte dem Sultan ihre Verehrung. Dann machte sie sich auf den Heimweg. Unterwegs zerbrach sie sich den Kopf, wo Aladdin all diese Schätze hernehmen sollte. Die Edelsteine könnte er vielleicht in der Schatzhöhle von den Bäumen pflücken. Aber die vielen Sklaven, wo sollte er die hernehmen! Und sie glaubte, daß Aladdin nun von seinem Ziele weiter denn je entfernt sei. Unter diesen Gedanken war sie zu Hause angelangt.

„Mein Sohn“, sagte sie zu Aladdin, „denk nicht mehr an eine Ehe mit der Prinzessin Badrulbudur. Ich kam in den Palast und wurde zum Sultan gerufen; und ich erinnerte ihn an sein Versprechen. Da unterhielt er sich eine ganze Weile leise mit dem Großwesir. Dieser ist sicher dein Feind. Er hat den Sultan nämlich auf den Gedanken gebracht, dir unerfüllbare Bedingungen zu stellen. Du sollst sogleich hören, wie sie lauten.“

Nun erzählte sie ihm ausführlich, was der Sultan als Brautgabe für die Prinzessin wünsche.

„Mein Sohn“, sagte sie abschließend, „der Sultan erwartet deine Antwort. Ich glaube, er wird lange warten müssen.“

Aber Aladdin sagte lächelnd: „Nicht so lange, Mutter, wie du vielleicht glaubst. Der Sultan irrt. Seine Forderungen sind nicht so unerfüllbar, wie er meint. Ich dachte, er würde einen weit höheren Preis für die Prinzessin verlangen. Was er fordert, ist für mich eine Kleinigkeit. Ich würde noch tausendmal mehr geben, um die Prinzessin zu besitzen. Geh jetzt, besorg ein Mittagessen und laß mich nur machen!“

Die Mutter ging also einkaufen. Aladdin aber holte die Lampe und rieb sie. Sogleich erschien der Geist und bot seine Dienste an.

Aladdin sprach: „Der Sultan ist bereit, mir seine Tochter zur Frau zu geben. Nur verlangt er vorher von mir vierzig schwere Becken aus gediegenem Gold. Sie sollen bis zum Rand mit solchen Früchten gefüllt sein, wie ich sie im Garten der Höhle pflückte. Vierzig schwarze Sklaven sollen diese Becken tragen. Ebenso viele weiße Sklaven in prächtigen Gewändern sollen sie begleiten. Geh und bring mir alles sofort! Noch ehe die Sitzung zu Ende ist, will ich die Sklaven in den Ratssaal senden!“

„Ich höre und gehorche, mein Gebieter“, entgegnete der Geist und verschwand.

Schon nach kurzer Zeit stand er wieder vor Aladdin. Vierzig schwarze Sklaven begleiteten ihn. Jeder von ihnen trug ein schweres Becken von gediegenem Gold auf dem Kopf, und jedes war mit Diamanten, Rubinen, Smaragden und Perlen von erlesener Schönheit angefüllt und mit gewirktem Goldstoff bedeckt. Im Hofe des kleinen Häuschens aber standen vierzig weiße Sklaven von prächtigem Wuchs. Sie waren mit kostbaren Gewändern angetan und sollten die Geschenkträger zum Sultan geleiten.

Der Geist sagte zu Aladdin: „Herr, hier ist alles, was du verlangst. Hast du noch weitere Befehle für mich?“

Aladdin erwiderte, daß er zufrieden sei. Da verschwand der Geist auf der Stelle.

Als Aladdins Mutter vom Markt zurückkam, wunderte sie sich außerordentlich. Das ganze Haus und der Garten waren voll von schwarzen und weißen Sklaven. Da bemerkte sie die Kostbarkeiten. Nun wußte sie, daß alles der Lampe zu danken war. Gott erhalte sie meinem Sohne immerdar, dachte sie. Sie stellte die Lebensmittel weg und wollte den Schleier ablegen. Der Sohn aber hinderte sie daran.

„Liebe Mutter", sagte er, „wir dürfen keine Zeit verlieren. Ich will, daß du die Morgengabe sogleich zum Sultan in den Palast bringst. Noch bevor er die Ratsversammlung schließt, sollen seine Forderungen erfüllt sein. Aus meiner Eile soll er erkennen, wie sehr mir an dieser Verbindung mit seiner Tochter gelegen ist."

Ohne eine Antwort der Mutter abzuwarten, öffnete er die Türen weit. Paarweise schritten die Sklaven aus Haus und Garten auf die Straße. Jeder schwarze Sklave, der ein goldenes Becken auf dem Kopf trug, war von einem weißen begleitet. Als die Mutter hinter dem letzten Sklaven das Haus verlassen hatte, verschloß Aladdin die Tür. Ruhig setzte er sich auf das Sofa. Nach diesem Geschenk konnte ihm der Sultan seine Tochter nicht versagen.

Als die achtzig Sklaven zum Sultanspalast zogen, blieben alle Leute stehen und bewunderten das herrliche Schauspiel. Von allen Seiten strömte das Volk herbei. Es bewunderte die kostbar gekleideten Sklaven, und es erfreute sich am Glanz der Steine, die an ihren Gürteln und Turbanen im Sonnenlicht erstrahlten. Der feierliche Zug erregte überall Aufsehen und Bewunderung. Das Gedränge wurde schließlich so groß, daß sich niemand mehr vom Platz rühren konnte.

Endlich langte der erste der achtzig Sklaven am Tor des Palastes an. Die Pförtner hielten ihn für einen König und wollten ihm den Saum des Kleides küssen. Doch der Sklave hielt sie zurück.

„Wir sind nur Sklaven", sprach er feierlich. „Unser Herr wird erscheinen, wenn es an der Zeit ist."

Dann schritten sie in den Schloßhof hinein. Dort war der Hofstaat des Sultans, der an der Sitzung nicht teilnahm, aufgestellt. Man sah prunkvolle Gewänder und herrlichen Schmuck. Aber alles verblich vor dem Glanz, der von den fremden Sklaven ausstrahlte.

Der Sultan hatte bereits von der Ankunft der Sklaven erfahren. Er befahl, sie in den Ratssaal vor seinen Thron zu führen. In schönster

Ordnung betraten sie den Saal. Vor dem Thron des Herrschers bildeten sie einen Halbkreis. Nachdem sie die Becken vor sich auf den Teppich gestellt hatten, warfen sie sich zu Boden. Mit der Stirn berührten sie den Teppich und erwiesen dem Sultan ihre Ehrerbietung. Zu gleicher Zeit standen sie alle wieder auf und enthüllten die Becken. Dann blieben sie mit gekreuzten Armen in ehrfürchtiger Haltung stehen.

Indessen nahte Aladdins Mutter dem Thron. Demütig warf sie sich zu Füßen des Sultans.

„Erhabener Herr“, sagte sie, „mein Sohn schätzt die Prinzessin über alles. Er schätzt sie weit höher, als er mit diesem Geschenk bezeigen kann. Doch hofft er, daß Ihr es huldvoll entgegennehmen werdet. Es soll die Bedingungen erfüllen, die Ihr ihm vorgeschrieben habt.“

Der Sultan war von der Kostbarkeit und der Pracht der Geschenke überwältigt und geblendet von der Schönheit und dem Glanz der Edelsteine. Vor Staunen verstand er nicht einmal die Begrüßungsworte der Mutter Aladdins. Woher konnte der Reichtum in dieser kurzen Spanne Zeit gekommen sein? Es war knapp eine Stunde vergangen, seit er seine Bedingungen gestellt hatte.

„Was sagst du nun, Wesir?“ fragte er seinen Berater. „Ist dieser Mann nicht wert, meine Tochter zu heiraten?“

Der Großwesir war von der Pracht der Geschenke noch mehr überrascht als sein Herr. Neid und Eifersucht fraßen an ihm. Ein Fremder sollte nun seinem Sohn den Rang ablaufen und Schwiegersohn des Sultans werden. Am liebsten hätte er die Vermählung der Prinzessin mit Aladdin abermals hintertrieben. Aber er wagte nicht, seine wahre Gesinnung zu äußern.

„Herr“, antwortete er dem Sultan, „es gibt keine Kostbarkeiten, die den Wert Eurer Tochter aufwiegen könnten. Aber dieser Mann hat ein kostbares Geschenk gesandt. Daher muß man ihn der Ehre, Euer Schwiegersohn zu werden, für würdig erachten.“

Auch die übrigen Herren des Gefolges gaben ihre Zustimmung durch lauten Beifall zu erkennen.

Der Sultan verschob jetzt die Sache nicht länger. Er erkundigte sich nicht einmal, ob sein künftiger Schwiegersohn einer so hohen Stellung gewachsen sei. Der Anblick der gewaltigen Reichtümer war ihm Beweis genug. Er war überzeugt, daß er einen untadeligen Mann vor sich habe. Daher wandte er sich nun an Aladdins Mutter.

„Gute Frau", sagte er, „geh jetzt zu deinem Sohn und sag ihm, daß ich die Morgengabe angenommen habe. Ich stimme der Vermählung meiner Tochter mit ihm zu! Weiter sag ihm, daß ich ihn erwarte. Er wird von mir mit offenen Armen empfangen werden. Noch heute abend soll die Hochzeit sein."

Da eilte die Mutter freudestrahlend nach Hause zurück, um ihrem Sohn die frohe Botschaft zu überbringen. Der Sultan aber befahl, die Ratsversammlung zu schließen. Dann ließ er die Diener der Prinzessin kommen. Er ordnete an, daß sie die goldenen Gefäße zu seiner Tochter bringen sollten. Sogleich befolgten sie seinen Befehl.

Die achtzig weißen und schwarzen Sklaven mußten sich ins Innere des Palastes begeben. In langer Reihe stellten sie sich vor den Zimmern der Prinzessin auf. Der Sultan hatte seiner Tochter bereits von ihrer Schönheit und von dem Prunk der Gewänder erzählt. Nun war sie neugierig und wollte sich selbst davon überzeugen. Sie war vom Glanz der Steine entzückt und freute sich über die prächtigen Sklaven; und ihr Vater freute sich mit ihr. Endlich blickte sie wieder heiter in die Welt.

„Liebe Tochter", rief er aus, „ich glaube, dein neuer Gemahl wird dir besser gefallen als der Sohn des Wesirs. Ich flehe zu Gott, daß du viel Freude mit ihm erleben mögest."

Inzwischen war Aladdins Mutter glückstrahlend nach Hause gekommen. Die Freude über die gute Nachricht war deutlich an ihrer Miene abzulesen.

„Mein Sohn", rief sie, „freue dich, du bist am Ziel deiner Wünsche! Der Sultan hat erklärt, daß du würdig seist, der Gatte seiner Tochter zu werden. Dein Geschenk hat er angenommen. Du bist ihm willkommen, und nun erwartet er dich mit Ungeduld. Noch heute soll die Hochzeit sein. Bereite dich auf die Zusammenkunft vor! Du hast schon so viele Wunder vollbracht, daß mir nun nicht mehr bange ist."

Aladdin küßte seiner Mutter die Hand und dankte ihr von Herzen. Dann ging er in die Kammer und rieb an der Lampe. Sogleich stand der Geist vor ihm.

„Ich bin dein Diener", sprach er. „Was wünschest du?"

„Geist", erwiderte Aladdin, „bereite mir sofort ein wohlriechendes Bad. Weiter wünsche ich, daß du mir Kleider besorgst. Sie sollen so reich und prächtig sein, wie sie noch kein König getragen hat."

Kaum hatte er diese Worte gesprochen, machte der Geist ihn unsichtbar. Er trug Aladdin in ein herrliches Bad, wie es noch kein König gesehen hatte. Es war aus feinstem, buntgestreiftem Marmor erbaut. Köstliche Gemälde schmückten die Wände. Eine Halle war ganz mit Edelsteinen ausgelegt. Hier wurde er entkleidet; aber er sah nicht, wer ihn bediente. Dann führte man ihn in den Baderaum. Dort wurde er mit wohlriechenden Essenzen und Wassern gewaschen. Nach dem Bade fühlte er sich wie ein anderer Mensch. Seine Gesichtsfarbe war rosig und die Haut frisch und weich.

Sodann betrat Aladdin wieder die Halle, in der er die Kleider abgelegt hatte. Aber er fand sie nicht mehr vor; an ihrer Stelle hatte der Geist ein kostbares Gewand hingelegt. Aladdin schien es, etwas Herrlicheres könne es nicht geben. Er kleidete sich mit Hilfe des Geistes an und bewunderte jedes einzelne Stück. Als er fertig war, trug ihn der Geist in seine Kammer zurück. Dort fragte er ihn, ob er noch etwas wünsche.

„Ja", erwiderte Aladdin, „ich möchte, daß du mir auf der Stelle ein Pferd herbeiführst. Seine Schönheit und seine Schnelligkeit dürfen von keinem Pferd des Sultans übertroffen werden. Sattel und Zaumzeug müssen zehntausend Goldstücke wert sein. Dann verschaffe mir zwanzig Sklaven. Sie sollen so kostbar gekleidet sein wie die Diener, die ich dem Sultan sandte. Ich brauche sie als mein Gefolge. Ferner schicke noch zwanzig andere, die in zwei Reihen vor mir herziehen sollen. Auch meiner Mutter bring sechs Sklavinnen zu ihrer Bedienung. Sie müssen mindestens so schön gekleidet sein wie die Sklavinnen der Prinzessin Badrulbudur. Jede von ihnen soll ein kostbares Gewand mitbringen, so prächtig, als gehöre es für die Sultanin. Schließlich benötige ich zehn Beutel mit je tausend Goldstücken. Das ist alles, was ich noch brauche. Geh und schaff es eiligst herbei!"

Der Geist verschwand und kam nach kurzer Zeit wieder. Er führte einen prächtigen arabischen Hengst mit kostbarem Sattelzeug. Hinter ihm folgten die vierzig Sklaven. Jeder vierte trug einen Beutel mit Goldstücken. Die sechs Sklavinnen waren mit herrlichen Gewändern beladen; sie alle waren für Aladdins Mutter bestimmt. Von den zehn Beuteln mit Gold ließ Aladdin den Sklaven nur sechs; die übrigen vier gab er seiner Mutter für den Notfall. Aus den sechs Beuteln sollten die Sklaven auf dem Wege zum Palast Gold unter das Volk streuen. Drei von ihnen hatten rechts, drei links vor ihm zu gehen. Seiner Mutter aber übergab er die sechs Sklavinnen mit den prächtigen Gewändern.

Hierauf entließ er den Geist. Einen der Sklaven sandte er in den Palast des Sultans. Durch ihn ließ er anfragen, ob sein Besuch genehm sei. Der Sklave machte sich im Laufschritt auf den Weg. Bald kehrte er mit der Meldung zurück, der Sultan erwarte ihn mit Ungeduld.

Nun schwang sich Aladdin auf sein Pferd. Die Sklaven stellten sich in der anbefohlenen Ordnung auf. Dann setzte sich der Zug in Bewegung. Er bot einen prächtigen Anblick. Aladdin saß in stolzer Haltung zu Pferd. Niemand hätte erkannt, daß er noch nie ein Pferd geritten hatte. Die Straßen waren im Nu von einer staunenden Volksmenge erfüllt. Beifalls- und Segensrufe ertönten, besonders wenn es rechts und links Goldmünzen regnete. Aber nicht nur der Pöbel drängte sich heran. Auch ehrsame Bürgersleute blieben stehen und winkten Aladdin Beifall, als sie seine Freigebigkeit sahen. Viele erkannten ihn kaum, so sehr hatten sich seine Gesichtszüge verändert. Er strahlte eine Würde und

Schönheit aus, als wäre er ein anderer geworden. Dies alles hatte er der Wunderlampe zu danken. Denn dieses unscheinbare Ding konnte jedem Stand und Würde verleihen.

Als Aladdin am Tor des Palastes eintraf, wollte er der Sitte gemäß vom Pferde steigen. Aber einer der Würdenträger des Sultans hinderte ihn daran.

„Mein Herr", sagte er, „der Sultan hat befohlen, daß Ihr zu Pferde inzieht. Erst bei der Pforte des Staatssaales sollt Ihr absteigen."

Die Würdenträger gingen alle vor ihm her. Als er dann vom Pferd steigen wollte, hielten sie trotz seines Sträubens die Steigbügel und halfen ihm vom Pferd. Dann schritten sie ihm voran in den Saal. Sie bildeten rechts und links ein Ehrenspalier, während ihn zwei vor die Stufen des Thrones führten.

Als der Sultan Aladdin erblickte, war er überrascht. Eine so königliche Kleidung und würdevolle Haltung hatte er nicht erwartet. Der armselige Aufzug seiner Mutter war ihm noch allzugut in Erinnerung. Nun erhob er sich vom Thron und ging Aladdin einige Schritte entgegen. Er gestattete nicht, daß sich dieser zu Boden warf. Stattdessen umarmte er ihn herzlich. Dann führte er ihn die Stufen empor. Er hieß ihn an seiner Seite neben dem Großwesir Platz nehmen.

Aladdin sprach Segenswünsche und flehte den Schutz des Himmels über den Herrscher herab.

„Erhabener Herr“, fuhr er fort, „Ihr habt mir die Hand Eurer Tochter bewilligt. Und doch bin ich einer Eurer niedrigsten Diener. Verzeiht, daß ich wagte, meine Augen zur Prinzessin zu erheben. Aber die Liebe zu ihr war zu mächtig. Ich wäre gestorben, hättet Ihr sie mir versagt.“

„Mein Sohn“, antwortete der Sultan, „ich habe versprochen, sie dir zu vermählen. Und ich bereue nicht, mein Wort gehalten zu haben.“

Nach diesen Worten gab er ein Zeichen und Musik setzte mit vollen Tönen ein. Gleichzeitig führte der Sultan ihn in einen prunkvollen Saal. Dort wurde ein köstliches Festmahl aufgetragen. Der Sultan speiste mit Aladdin allein. Während der Unterhaltung bewies Aladdin so viel Verstand, daß der Sultan in seiner guten Meinung noch bestärkt wurde.

Nach dem Mahle ließ der Sultan den obersten Richter seiner Hauptstadt rufen und gab ihm den Befehl, sogleich den Ehevertrag zwischen der Prinzessin Badrulbudur und Aladdin zu schließen. Inzwischen unterhielt er sich weiter mit Aladdin in Gegenwart vieler hoher Herren vom Hofe. Wieder freute er sich über den gründlichen Verstand des Jünglings und bewunderte die Feinheit und Höflichkeit seiner Reden.

Als der Richter den Ehevertrag vollendet hatte, wollte Aladdin sich erheben und fortgehen. Aber der Sultan hielt ihn zurück. Er fragte, ob er nicht heute noch Hochzeit feiern wolle.

„Herr", erwiderte Aladdin, „meine Sehnsucht nach der Prinzessin ist groß. Trotzdem bitte ich Euch um eine kurze Frist. Ich will der Prinzessin einen Palast erbauen, der ihrem Rang und ihrer Würde angemessen ist. Dazu erbitte ich mir einen Platz in der Nähe Eures Schlosses. Dann kann ich Euch recht oft meine Aufwartung machen. Der Bau wird in Kürze vollendet sein."

„Mein Sohn", sagte der Sultan, „such dir eine Stelle aus, die dir gefällt. Der weite Platz hier, meinem Palaste gegenüber, ist für deinen Plan wie geschaffen. Doch beeile dich! Ich möchte dich möglichst bald mit meiner Tochter vermählt sehen."

Nach diesen Worten umarmte der Sultan den jungen Mann. Aladdin verabschiedete sich so formvollendet vom Herrscher, als habe er hier bei Hofe seine Erziehung genossen.

Vor dem Tor stieg er zu Pferd. Im gleichen Aufzug, wie er gekommen war, ritt er nach Hause zurück. Wieder jubelten ihm die Menschen zu und wünschten ihm Glück und Segen. Kaum war er vom Pferde gestiegen, begab er sich in seine Kammer, um mit Hilfe der Lampe den Geist herbeizurufen. Und schon stand dieser vor ihm und bot seine Dienste an.

„Geist“, sagte Aladdin, „ich bin mit deinen Diensten bisher zufrieden gewesen. Du hast alle meine Befehle rasch und pünktlich ausgeführt. Heute aber sollst du mir einen besonders wichtigen Dienst erweisen, der noch mehr Sorgfalt und Eifer von dir verlangt. Errichte auf dem freien Platz vor dem Sultansgebäude einen Palast. Er soll ein würdiger Aufenthalt für die Prinzessin Badrulbudur, meine Gemahlin, sein. Die Wahl des Baumaterials und der Einrichtung überlasse ich dir. Doch wünsche ich, daß du auch einen großen Kuppelsaal baust; die Wände müssen mit Gold und Silber ausgelegt sein, und der Saal soll auf jeder Seite sechs Fenster haben; die Gitter schmücke mit Diamanten, Rubinen und Smaragden. Achte darauf, daß die Steine von einer Herrlichkeit und Pracht sind, wie man dergleichen noch nie auf der Welt gesehen hat. Ein Fenster jedoch soll unvergittert bleiben. Ferner wünsche ich, daß sich bei diesem Palast ein Hof, ein Vorhof und ein Garten befinden. Vor allem aber soll auch eine Schatzkammer im Schlosse sein mit einem großen Vorrat an Gold, Silber und Edelsteinen. Speisesäle, Küchen, Vorratshallen mit allem Nötigen dürfen nicht fehlen. Richte mir Stallungen voll der schönsten und feurigsten Pferde ein. Sorge auch dafür, daß Diener und Sklavinnen für den Dienst bei der Prinzessin bereitstehen. Du wirst jetzt begreifen, wie ich es haben will. Geh nun und komm wieder, wenn alles fertig ist!“

Es war bereits Abend, als Aladdin den Geist entließ. Aber die Liebe zur Prinzessin ließ ihn keinen Schlaf finden. Darum erhob er sich zeitig vom Lager. Kaum war er aufgestanden, erschien auch schon der Diener der Lampe.

„Herr“, sagte der Geist, „dein Palast ist fertig. Wenn du ihn sehen willst, komm mit mir. Sage mir dann, ob du zufrieden bist!“

Und er nahm den Jüngling und trug ihn zu dem neuerbauten Palast.

Aladdin fand alles über Erwarten gelungen und freute sich über den herrlichen Bau. Der Geist führte ihn im ganzen Schloß herum, er zeigte ihm alle Räume; und überall fand Aladdin Reichtum, Schönheit und Pracht. Diener und Sklaven sah er, alle reich und sauber gekleidet. Sodann zeigte ihm der Geist die Schatzkammer. Sie war bis zum Gewölbe mit Gold- und Silbersachen, gemünztem Gold und Edelsteinen angefüllt. Bei diesem Anblick lachte Aladdin das Herz im Leibe. In der Küche waren die Köche eifrig am Werk, jeder mit goldenem und silbernem Küchengerät ausgerüstet. Die Schränke waren mit den herrlichsten Gewändern und Stoffen angefüllt. Hierauf führte ihn der Geist in die Ställe. Dort zeigte er ihm die schönsten Pferde der Welt. Stallmeister und Stallknechte waren eifrig mit der Wartung dieser kostbaren Tiere beschäftigt. Dann durchschritten sie die Vorratshallen. Diese warteten wohlgefüllt auf ihre Herrin. Das Wunderbarste in dem Schloß aber war der Kuppelsaal mit den vierundzwanzig Fenstern, deren Gitter ringsum mit blitzenden Edelsteinen ausgelegt waren.

Nachdem Aladdin die Pracht des Palastes bewundert hatte, wandte er sich an den Geist.

„Ich wünsche noch etwas von dir", sprach er. „Ich habe es dir zu sagen vergessen: Ein großer, golddurchwirkter Teppich von allerschönstem Samt soll vom Tor des Sultanspalastes bis hierher zum Zimmer der Prinzessin führen. Darauf soll die Prinzessin einherschreiten. Ihr Fuß darf den Boden nicht berühren und an keinen Stein stoßen."

Der Geist verschwand, erschien aber im nächsten Augenblick wieder und sagte: „Dein Wunsch ist erfüllt."

Da sah Aladdin zu seinem Erstaunen den gewünschten Teppich bereits ausgebreitet. Nun trug der Geist Aladdin in sein Haus zurück.

Der Morgen graute, und man öffnete das Tor des Sultanspalastes. Die Pförtner wollten ihren Augen nicht trauen. Auf der weiten Fläche vor dem Palast erstreckte sich ein prunkvolles Gebäude. Ein wunderschöner Teppich führte zu ihm hinüber. Wie ein Lauffeuer verbreitete sich die Neuigkeit im Palast.

Da erwachte auch der Sultan aus dem Schlafe. Er erhob sich vom Lager und öffnete das Fenster. Als er hinausblickte, glaubte er zu träumen. Vor ihm stand ein herrlicher Bau mit mächtiger Kuppel. Und ein prunkvoller Teppich verband seinen Palast mit dem neuen Schloß. Da kam auch schon der Wesir. Er war nicht weniger verwundert als der Sultan, aber er versuchte, das Wunder als ein Werk der Zauberei hinzustellen. Denn kein Mensch auf der Welt könne in einer einzigen Nacht ein solches Bauwerk aufführen.

„Wesir", antwortete der Sultan, „warum sprichst du von Zauberei? Du weißt, daß der künftige Gemahl meiner Tochter hier einen Palast erbauen wollte. Bei den reichen Mitteln, die ihm zur Verfügung stehen, scheint mir das nicht befremdend. Mit Geld kann man Wunder wirken. Ich glaube, du bist es ihm neidig, deshalb sprichst du Schlechtes von ihm."

Als Aladdin nach Hause kam, legte seine Mutter gerade eines der prächtigen Kleider an. Er bat sie, sich in Begleitung der Sklavinnen in den Sultanspalast zu begeben. Der Sultan solle ihr die Erlaubnis geben, die Prinzessin am Abend in ihren neuen Palast zu geleiten. Die Mutter tat nach dem Wunsch des Sohnes, und als sie wie eine Sultanin gekleidet mit ihren Sklavinnen zum Palast schritt, blieben wieder alle Leute stehen. Aber die Volksmenge war weitaus geringer als am Vortag. Die Frauen waren ja verschleiert und streuten keine Münzen.

Aladdin aber verließ seine Wohnung, um nicht mehr dorthin zurückzukehren. Seine Wunderlampe vergaß er nicht, er nahm sie mit sich, bat aber vorher den Geist nochmals um zehntausend Goldstücke. Diese streuten seine Sklaven wieder unter die jubelnde Menge, während sie zum Palast zogen.

Aladdins Mutter wurde vom Sultan mit allen Ehren empfangen. Er führte sie sogleich in die Gemächer der Prinzessin. Die Prinzessin nahm sie herzlich auf und ließ sie mit köstlichen Speisen bewirten. Sie selbst ließ sich unterdessen von ihren Frauen ankleiden. Als Schmuck legte sie die kostbaren Juwelen aus Aladdins Geschenk an. Dann kam der Sultan in das Zimmer seiner Tochter, er wollte noch einmal mit ihr beisammen sein, ehe sie ihren neuen Palast bezog. Zu Aladdins Mutter war er überaus freundlich. Ihr stattliches Aussehen und ihre kostbaren Gewänder setzten ihn in Verwunderung.

Am Abend verabschiedete sich die Prinzessin unter Tränen von ihrem Vater. Sie umarmten einander immer wieder, bis der Sultan endlich den Befehl gab, seine Tochter zum Schloß ihres Gemahls zu geleiten. Sogleich bestiegen die Würdenträger des Reiches ihre Pferde; sie ritten zu beiden Seiten der Prinzessin. Die Musikchöre gingen an der Spitze des Zuges und spielten fröhliche Weisen. Ihnen folgten die Krieger, hierauf die Diener und Sklaven. Edelknaben mit Fackeln in den Händen gingen zu beiden Seiten des Zuges. Aladdins Mutter hielt sich zur Linken der Braut inmitten des Ehrengeleites. Hundert Sklavinnen in der prachtvollsten Kleidung bildeten den Abschluß des Zuges.

Mit diesem Gefolge schritt die Prinzessin über den Teppich zum Palaste Aladdins. Von dorther klang ihnen Musik entgegen; diese vermischte sich mit den Weisen der voranmarschierenden Musikchöre zu vollkommenem Wohlklang. Das Volk wußte nicht, worüber es mehr staunen sollte: über diesen Aufzug oder über den prachtvollen Palast, von dem am Vortag noch kein Stein gestanden hatte.

Endlich war die Prinzessin bei dem neuen Schloß angelangt. Aladdin wartete am Eingang der Gemächer, um sie zu empfangen. Die Prinzessin erkannte ihn inmitten seines prachtvollen Gefolges sofort als ihren Gatten, denn seine Schönheit und Würde überstrahlten alle Umstehenden.

„Teuerste Prinzessin", sprach Aladdin sie an und verneigte sich ehrerbietig, „verzeiht, daß ich es wagte, Euch zur Frau zu begehren. Aber Eure Schönheit hat mich bezwungen. Ohne Euch hätte ich nicht weiterleben können."

„Mein Prinz", antwortete die Prinzessin, „ich gehorche dem Wunsche meines Vaters. Jetzt, da ich Euch kenne, tu ich es gern und ohne Widerstreben."

Aladdin ergriff ihre Hand und küßte sie zärtlich. Dann führte er die Prinzessin in einen großen, hellerleuchteten Saal zur Festtafel. Man aß aus goldenen Schüsseln und trank aus goldenen Bechern. Auch die

Tafelaufsätze und Vasen waren aus gediegenem Gold und mit Juwelen verziert. Der ganze Saal funkelte von Pracht und Herrlichkeit.

Kaum hatte man sich zu Tisch gesetzt, begann ein wundersamer, ergreifender Gesang. Die Prinzessin war wie verzaubert und dachte bei sich, daß sie nie zuvor schönere Weisen gehört habe. Sie wußte nicht, daß die Sängerinnen Feen waren, die der Geist zu ihrem Hochzeitsmahl bestellt hatte.

Nach dem Abendessen traten Tänzer und Tänzerinnen auf. Sie tanzten die schönsten Volkstänze des Landes und erfreuten die Zuschauer durch nie gesehene Anmut und Gewandtheit der Bewegungen. Schließlich aber tanzte Aladdin mit der Prinzessin. Und sie tanzten so schön, daß die ganze Gesellschaft in Beifallsrufe ausbrach. Damit schloß die Hochzeitsfeier. Nun nahm Aladdin seine Braut an der Hand und führte sie in ihre Gemächer. Die Gäste aber verließen den Palast.

Am nächsten Morgen brachten die Kammerdiener Aladdin ein neues prächtiges Gewand und halfen ihm, sich anzukleiden. Hierauf ließ er sich eines seiner edlen Reitpferde vorführen. Hoch zu Roß begab er sich mit zahlreichem Gefolge zum Palast des Sultans. Als er den Thronsaal betrat, eilte ihm der Sultan entgegen und umarmte und küßte ihn herzlich. Dann bat er ihn, sich an seine Seite zu setzen. Gemeinsam nahmen sie das Frühstück zu sich. Nun wandte sich Aladdin an den Sultan.

„Herr", sprach er, „ich habe eine Bitte an Euch. Erweist mir die Ehre, mit dem Wesir und den Großen des Hofes das Mahl im Palast der Prinzessin einzunehmen."

Erfreut sagte der Sultan zu und begab sich sogleich mit Aladdin und den Herren des Gefolges zu dem Palast der Prinzessin.

Als der Sultan den Wunderbau betrat, stieg sein Erstaunen ins Ungemessene. Ein Zimmer übertraf das andere an Schönheit und Pracht. In dem großen Kuppelsaal konnte er seine Verwunderung nicht länger verbergen; vor allem die vierundzwanzig Fenster mit den kostbaren, edelsteinbesetzten Gittern schienen ihm unvergleichlich. Er staunte und starrte. Plötzlich bemerkte er überrascht, daß eines der Fenster unvollendet geblieben war.

„Wesir", sagte er zu seinem obersten Minister, „weißt du, warum dieses eine Fenster nicht fertig ist?"

„Herr", erwiderte der Großwesir, „gewiß ist Aladdin die Zeit zu kurz geworden. Er wird bestimmt daran weiterarbeiten lassen. Edelsteine hat er ja in Hülle und Fülle."

Inzwischen hatte Aladdin seiner Gemahlin die Ankunft des Vaters mitgeteilt. Nun kam er gerade zurück zum Sultan.

„Mein Sohn", sagte dieser, „dieses Schloß mit seinen prächtigen Räumen ist ein Wunderbau. Der große Saal aber mit der Kuppel ist das Prächtigste, was ich je gesehen habe. Sag mir nur das eine: Warum ist dieses Gitterfenster hier unvollendet geblieben? Hat man darauf vergessen? War es Nachlässigkeit der Handwerker? Oder hat die Zeit nicht mehr ausgereicht, an das herrliche Werk letzte Hand anzulegen?"

„Herr", erwiderte Aladdin, „keiner dieser Gründe trifft zu. Dieses Fenster wurde mit Absicht nicht fertig gemacht. Denn Euch allein gebührt der Ruhm, diesen Saal und Palast vollenden zu lassen. Und ich bitte Euch, diesen Wunsch zu erfüllen."

„Ich weiß dir Dank für deine edle Absicht", sagte der Sultan. „Ich will dieses Fenster vollenden. Sogleich sollen die notwendigen Befehle ergehen." Und er ließ Juweliere und Goldschmiede rufen.

Unter diesen Gesprächen war die Zeit zum Mahle gekommen. Aladdin führte den Sultan in den großen Saal, wo die Hochzeitsfeier stattgefunden hatte. Hier waren zwei Tafeln gedeckt. An der einen nahm der Sultan mit seiner Tochter und Aladdin Platz. An der andern wurden der Großwesir und alle übrigen Gäste bewirtet. Beide Tafeln erglänzten von Gold und Edelsteinen. Geschirr und Tafelaufsätze waren von gediegener Goldschmiedearbeit. Es gab die erlesensten Speisen und Getränke. Schließlich erklärte der Sultan, er habe noch nie so gut gespeist. Achtzig Sklavinnen, schön wie Vollmondschein, bedienten die hohen Gäste. Liebliche Weisen ertönten und ließen jeden Kummer vergessen. Und der Sultan war heiter und wohlgelaunt. Er meinte, es sei dies eine der schönsten Stunden seines Lebens.

Als man vom Tisch ging, waren die Juweliere und Goldschmiede bereits versammelt. Der Sultan hieß sie in den großen Kuppelsaal mitkommen. Dort zeigte er ihnen die dreiundzwanzig Fenster, besonders aber die kostbare Vergitterung mit dem Edelsteinschmuck. Dann wies er auf das unvollendete Fenster hin.

„Ich habe euch rufen lassen", sagte er, „damit ihr mir dieses Fenster vollendet. Es soll ebenso schön und kunstvoll werden wie die andern. Tut euer Möglichstes, um eine ebenso prächtige Arbeit zu liefern. Aber verliert keine Zeit!"

Die Juweliere und Goldschmiede betrachteten nochmals eingehend Arbeit und Schmuck an den dreiundzwanzig Fenstern. Sie beratschlagten über das Material, das ihnen zur Verfügung stand. Dann waren sie sich einig, daß keiner von ihnen die Arbeit durchführen konnte. So auserlesene Steine besaßen sie nicht. Sie meldeten das Ergebnis ihrer Beratung dem Sultan.

„Herr", sagte einer der Juweliere, „trotz aller Kunstfertigkeit können wir eine so vollendete Arbeit nicht liefern. Wir haben alle mitsammen weder so viele noch so großartige Edelsteine, um Euren Wunsch zu erfüllen."

„So kommt mit in meinen Palast", sagte der Sultan. „Sucht euch aus meinem Edelsteinschatz aus, was ihr braucht!"

Die Juweliere gingen nun in den Sultanspalast. Dort wählten sie aus den vorgelegten Steinen die größten und schönsten aus. Sie nahmen vor allem jene Steine, die Aladdin dem Sultan geschenkt hatte. Doch waren es immer noch nicht genug. Der Sultan befahl, auch die Juwelen des Großwesirs und der Vornehmsten des Reiches zu nehmen. Aber nach Verlauf eines Monats war kaum die Hälfte des Fensters vollendet. Die Schönheit des Werkes blieb weit hinter der Pracht der andern Fenster zurück.

Eines Tages betrat Aladdin wieder den Kuppelsaal. Er wollte die Arbeit der Juweliere besichtigen. Da sah er nun, daß noch viel zur Vollendung des Fensters fehlte. Der Sultan hatte sich vergeblich bemüht, das Fenster ebenso herrlich wie die übrigen machen zu lassen. Darum befahl Aladdin den Juwelieren, die Arbeit einzustellen. Alles, was sie bisher zuwege gebracht hatten, wurde wieder auseinandergenommen. Die Edelsteine ließ er dem Sultan und dem Großwesir zurückgeben. Dann begab er sich in seine Kammer und rieb die Lampe. Sofort erschien der Geist.

„Verlange, was du willst“, sagte der Diener der Lampe, „und ich werde gehorchen.“

„Geist“, sagte Aladdin, „vollende nun das Fenster im großen Saal, das du unfertig gelassen hast.“

Der Geist verschwand. Als Aladdin nach einer Weile in den Kuppelsaal hinaufstieg, fand er das Fenster vollendet. Es glich den übrigen an Schönheit und Pracht.

Inzwischen waren die Juweliere zum Sultan gegangen, um ihm seine Edelsteine zurückzugeben und ihm zu melden, daß sie auf Wunsch Aladdins ihre ganze Arbeit vernichtet hätten. Der Sultan fragte nach dem Grund. Jedoch sie wußten ihn nicht. Da ließ der Sultan sein Pferd satteln. Nur von einigen Leuten begleitet, ritt er zum Palast Aladdins. Dort stieg er ab. Dann eilte er die Treppe zum Kuppelsaal hinauf. Am Eingang des Saales traf er Aladdin.

„Mein Sohn“, rief er ihn an, „ich komme, um dich selbst zu fragen. Warum mußten die Handwerker ihre Arbeit wieder vernichten?“

Aladdin konnte den wahren Grund nicht sagen. Es waren nämlich zu wenig Edelsteine vorhanden gewesen. Selbst alle Edelsteine des ganzen Landes hätten nicht zur Vollendung des Fensters gereicht.

„Herr“, erwiderte er darum, „Ihr habt diesen Saal unvollendet gesehen. Aber seht jetzt einmal, ob noch etwas daran fehlt.“

Der Sultan ging geradewegs auf das Fenster zu, das er unvollendet gesehen hatte. Er bemerkte, daß es ganz wie die übrigen aussehe. Also glaubte er, sich getäuscht zu haben, und ging zu den anderen Fenstern. Aber eines glich dem anderen. Und alle waren von vollendeter Schönheit. Da blickte er Aladdin an.

„Mein lieber Sohn“, sagte er kopfschüttelnd, „was bist du für ein Mann! Was andere in Monaten nicht fertigbringen, vollendest du in einer Nacht. Bei Gott, niemand auf der ganzen Welt kann sich mit dir vergleichen.“

Aladdin nahm die Lobsprüche des Sultans in aller Bescheidenheit entgegen. Er versicherte, stets alles tun zu wollen, um den Beifall seines Königs zu verdienen.

Nach einem kurzen Besuch bei seiner Tochter ritt der Sultan in seinen Palast zurück. Dort erwartete ihn der Großwesir. Ihm berichtete er voll Staunen, was er soeben gesehen hatte. Der Großwesier wurde dadurch nur in seiner Meinung bestärkt, daß Aladdins Palast ein Werk der Zauberei sei. Aber der Sultan ließ ihn kaum zu Wort kommen.

„Wesir", sagte er, „du hast die Vermählung deines Sohnes mit meiner Tochter noch immer nicht vergessen. Ich sehe, der Neid frißt in deinem Innern."

Der Großwesir sah ein, daß er mit seinem Herrn über diesen Punkt nicht sprechen könne. Darum ließ er die Sache auf sich beruhen. Der Sultan aber bewunderte täglich von seinem Fenster aus den Palast Aladdins.

Aladdin verschloß sich indessen nicht in seinem Palast. Jeden Tag ritt er durch die Stadt. Und seine Sklaven warfen vor und hinter ihm Goldstücke unter das Volk. Alle priesen ihn wegen seiner Freigebigkeit. Er spendete reichlich den Armen, ja er verteilte mit eigener Hand Gaben an sie. Um seine Gebete zu verrichten, besuchte er die Moscheen. Manchmal speiste er beim Großwesir, und dieser machte auch ihm dann und wann seine Aufwartung. Häufig lud Aladdin vornehme Männer aus dem Hofstaat des Sultans zu sich, und gelegentlich beehrte auch er sie mit seinem Besuch. Er ging gern auf die Jagd und beteiligte sich an Turnierspielen. Sein Ruhm wuchs im ganzen Land von Tag zu Tag. Das Herz seiner Gattin schlug höher, wenn sie vom Fenster ihres Gemaches aus ihren Gemahl hinwegreiten sah. Sie dankte Allah, daß er ihr dies hohe Glück beschert habe.

So lebte Aladdin glücklich und hochgeehrt einige Jahre lang. Aber dann erinnerte sich eines Tages der Zauberer aus Afrika wieder an ihn. Dieser hatte die ganze Zeit in Trübsal verbracht, denn alle seine Bemühungen, die Wunderlampe zu erringen, waren ja vergeblich gewesen. Er war der Meinung, Aladdin müsse in der Höhle schon längst umgekommen sein. Trotzdem verfluchte er ihn, sooft er an ihn dachte. Aber nun wollte er genau wissen, welches Ende er genommen habe. Darum nahm er seine Zaubergeräte zur Hand. Er warf Zaubersand zu Figuren und erkannte daraus, daß die Lampe nicht mehr in der Höhle war. Von Aladdin sah er nichts. Da warf er neuerlich den Sand; nun las er aus den Figuren, daß Aladdin auf Erden lebe und die Lampe besitze. Wutentbrannt sprach er zu sich:

„Ich habe soviel Leid und Mühsal ertragen, um die Lampe zu erwerben; aber alles war umsonst. Und dieser Taugenichts nimmt sie ohne Anstrengungen. Sicher hat er die Zauberkraft der Lampe erkannt und ist nun ein reicher Mann."

Abermals forschte er im Zaubersand. Da sah er, daß Aladdin reich und hochgeehrt als Gatte einer lieblichen Sultanstochter sein Leben verbringe. Nun loderte sein Zorn hellauf, sein Gesicht wurde gelb vor Neid. Er überlegte nicht lange; gleich am nächsten Tag machte er sich hoch

zu Roß auf die Reise. Er zog von Land zu Land, von Stadt zu Stadt. Keine Mühe war ihm zu groß, und kein Aufenthalt dauerte länger, als das Pferd brauchte, um sich auszuruhen. So kam er in die Hauptstadt des Sultans, dessen Tochter Aladdin geheiratet hatte. Dort mietete er in einer Herberge ein Zimmer, um sich von den Beschwerden der Reise zu erholen.

Aber schon am nächsten Tag ging der afrikanische Zauberer in die Stadt. Er wollte herumhorchen, was man von Aladdin spreche. So trat er in ein Speisehaus, das er von seiner letzten Reise her kannte. Viele Männer waren hier versammelt und tauschten Neuigkeiten aus. Während er einen Trunk schlürfte, horchte er nach links und rechts; und immer hörte er nur von Aladdins Palast reden. Als er ausgetrunken hatte, wandte er sich an einen dieser Männer und fragte ihn, was denn das für ein wunderbarer Palast sei, von dem alle redeten.

„Woher bist du denn?" sagte der Mann. „Du mußt eben von einer Reise gekommen sein; sonst hättest du den Palast des Prinzen Aladdin schon gesehen."

Denn seit Aladdin die Prinzessin Badrulbudur geheiratet hatte, war er selbst zum Prinzen geworden.

„Sein Schloß", fuhr der Mann fort, „ist mehr als ein Weltwunder. Es ist der wunderbarste Bau auf der Welt. Geh hin und überzeuge dich selbst davon!"

„Verzeih meine Unwissenheit", sagte der afrikanische Zauberer. „Aber ich bin erst gestern aus dem fernen Afrika hier eingetroffen.

Unterwegs habe ich mir keine Zeit genommen, auf die Reden der Leute zu hören; daher habe ich von der Sache bisher nichts erfahren. Doch jetzt will ich mir sofort dieses Schloß ansehen. Wenn du mir einen Gefallen erweisen willst, so führe mich dorthin!"

Der Mann führte ihn bereitwillig zum Palast Aladdins. Nun betrachtete der Zauberer den Bau. Er war sicher, daß Aladdin nur mit Hilfe der Lampe dieses Prunkgebäude errichtet haben konnte. Zornig rief er aus:

„Dieser Schurke! Ich werde ihm eine Grube graben! Er war nicht einmal imstande, das Schneiderhandwerk zu erlernen. Und jetzt lebt er in einem Palast. Ich werde ihn töten! Seine Mutter aber soll Wolle spinnen wie vorher." Grollend und voll Ärger über das Glück Aladdins kehrte er in seine Herberge zurück.

Dort nahm er sofort seine Schachtel mit dem Zaubersand und warf Figuren, und so sah er, wo Aladdin die Lampe aufbewahrt hatte. Sie befand sich in einem abseits gelegenen Raum des Palastes. Das freute den Zauberer, denn nun durfte er hoffen, die Lampe zu bekommen. Aladdin selbst war gerade nicht in der Stadt, er hatte einen längeren Jagdritt unternommen; erst nach einigen Tagen sollte er zurückkehren. Dies hatte der Zauberer vom Wirt seiner Herberge erfahren.

Mehr wollte der Zauberer nicht wissen. Jetzt ist der günstigste Augenblick, dachte er bei sich. Und er ging in den Laden eines Mannes, der Lampen herstellte.

„Guter Freund", sagte der Zauberer zu ihm, „ich brauche ein Dutzend kupferne Lampen. Kannst du sie mir liefern? Aber es müßte rasch sein."

Der Mann versprach, die Lampen bis zum nächsten Tag fertig zu haben. Der Zauberer verlangte noch, sie müßten recht blank sein. Dann versprach er gute Bezahlung und ging in seine Herberge zurück.

Am nächsten Morgen holte er die fertigen Lampen. Er bezahlte sie und legte sie in einen Korb, und damit begab er sich zum Palaste Aladdins. Unterwegs rief er immer wieder aus: „Wer will alte Lampen gegen neue vertauschen?"

„Dieser Mann ist verrückt", sagten die Leute auf den Straßen. „Wie könnte er sonst alte Lampen gegen neue zum Tausch anbieten?"

Die kleinen Kinder liefen hinter ihm drein. Sie lachten ihn aus und spotteten über ihn wie über einen Narren. So kam er in die Nähe des Palastes. Er kümmerte sich nicht um das Gespött der Kinder und das Gelächter der Erwachsenen. Laut rufend bot er seine Ware weiter an. Und die Kinder schrien: „Ein Narr, ein Narr!“

Diese Rufe hörte auch die Prinzessin Badrulbudur. Sie hielt sich eben im Saal mit den vierundzwanzig Fenstern auf. Aber wegen des großen Kindergeschreies konnte sie nicht verstehen, was der Mann rief. Deshalb schickte sie eine ihrer Sklavinnen hinunter. Diese kam bald lachend zurück.

„Prinzessin“, sagte sie zu ihrer Herrin, „es ist zum Lachen! Da unten geht ein Mann mit schönen neuen Lampen herum und ruft fortwährend: ‚Wer vertauscht alte Lampen gegen neue?‘ Den Lärm machen die Kinder, die in Scharen um ihn herumlaufen und ihn ausspotten.“ Über diesen sonderbaren Menschen mußte auch die Prinzessin herzlich lachen.

Aladdin hatte die Wunderlampe nach dem letzten Gebrauch offen stehen gelassen und sie nicht zurück in die Schatzkammer getragen. Daher hatte eine der Sklavinnen die Lampe gesehen.

„Herrin“, sagte diese nun zur Prinzessin, „im Gemach Eures Gemahls steht eine ganz alte Lampe. Eine neue würde viel besser dorthin passen. Wenn es Euch recht ist, könnten wir versuchen, sie einzutauschen. Dann wird sich zeigen, ob er wirklich verrückt ist.“

Die Prinzessin kannte den Wert der Lampe nicht. Sie hatte keine Ahnung, daß Aladdin den Palast und alle seine Schätze den Zauberkräften der Lampe verdankte, und ging daher auf den Scherz ein. Ein Sklave bekam den Auftrag, die Lampe bei dem Mann gegen eine neue einzutauschen. Er lief hinunter vor den Palast und ging auf den Zauberer zu.

„Hier ist eine Lampe“, rief er ihm zu, „gib mir eine neue dafür!“

Der Zauberer war überzeugt, daß diese alte Lampe die gesuchte Wunderlampe sei. Denn sonst war in diesem Palast sicher alles aus

Gold und Silber. Daher nahm er dem Sklaven die Lampe rasch aus der Hand und hielt ihm dafür den Handkorb hin, damit er eine neue Lampe auswählen könne. Der Sklave nahm eine Lampe und kehrte damit zur Prinzessin zurück. Als diese die neue Lampe sah, lachte sie hellauf. Nun glaubte sie, daß der Mann wahrhaftig ein Narr sei.

Die Kinder tollten aufs neue um den Zauberer herum und spotteten über den Tausch. Er aber ließ sie schreien, soviel sie nur wollten. Die Lampen, die er noch hatte, überließ er den Leuten, die mit ihm tauschen wollten. Den leeren Korb stellte er in einer Hausnische nieder. Dann machte er sich schnell und unbemerkt aus dem Staube. Hastig schritt er durch eines der Stadttore. In der Vorstadt kaufte er sich Lebensmittel, und schließlich kam er auf das freie Feld. An einem abgelegenen Ort erwartete er die Nacht.

Gegen Mitternacht zog er endlich die Lampe aus seinem Kleid hervor und rieb sie. Sogleich erschien der Geist vor ihm.

„Was willst du?“ sprach er. „Ich bin dein Diener und der Diener aller, die die Lampe in der Hand haben. Ich und die anderen Diener der Lampe werden dir gehorchen."

„Ich befehle dir", erwiderte der Zauberer, „Aladdins Palast mit allen seinen Bewohnern und mich selbst augenblicklich nach Afrika zu versetzen. Der Palast soll in der Stadt stehen, in der ich wohne."

„Ich höre und gehorche", sprach der Geist.

Und im Nu war der Zauberer samt dem Palast Aladdins an den bezeichneten Ort geschafft.

Aber verlassen wir nun den Zauberer und das Schloß in Afrika samt seinen Bewohnern und kehren wir zum Sultan und zu Aladdin zurück. Jeden Morgen trat der Sultan an das Fenster im Erker, um von dort einen Blick auf Aladdins Palast zu werfen und dabei in Liebe seiner Tochter zu gedenken. Auch diesmal schaute er hinüber, aber da sah er nichts als einen leeren Platz. Er rieb sich die Augen, denn er glaubte zu träumen. Aber er konnte kein Schloß entdecken, so lange er auch schaute. Es war ihm unbegreiflich, was geschehen war. Wäre der Palast zusammengestürzt, hätten Schutt und Trümmer auf der Stelle liegen müssen. Hätte ihn die Erde verschlungen, wären doch Spuren davon zu sehen gewesen. Aber so lange er auch wartete, der Platz vor seinem Schloß blieb leer. Da kam ihm seine Tochter in den Sinn, und schon liefen Tränen über seine Wangen. Endlich ging er in sein Zimmer zurück. Eilig befahl er, den Großwesir zu rufen; er selbst wußte nicht ein noch aus. Wirre Gedanken bestürmten ihn.

Der Großwesir ließ seinen Herrn nicht lange auf sich warten. Er kam in großer Eile und sah daher gar nicht, daß der Palast Aladdins verschwunden war. Als er vor den Herrscher trat, bemerkte er dessen Verstörtheit.

„Verzeiht, Herr", sagte er, „warum seid Ihr in solcher Betrübnis? Ist etwas Außerordentliches vorgefallen?"

„Ja", erwiderte der Sultan, „etwas ganz Sonderbares hat sich ereignet, und du wirst mir sogleich recht geben. Sag, wo ist der Palast Aladdins?"

„Der Palast Aladdins?" fragte der Wesir verwundert. „Ich ging

soeben vorbei. Und mich dünkt, er ist an seinem Platz. Wie sollte es denn anders sein?“

„Dann geh ins Nebengemach“, antwortete der Sultan, „und schau beim Fenster hinaus! Danach sag mir, was du gesehen hast!“

Kopfschüttelnd ging der Großwesir zum Erker. Von dort schaute er zum Palast Aladdins hinüber. Aber da war nichts zu sehen, weder der Palast noch sonst etwas, solange er auch schaute. Verwirrt kam er zum Sultan zurück.

„Nun“, fragte ihn dieser, „hast du Aladdins Palast gesehen?“

„Herr“, erwiderte der Großwesir, „Ihr habt mir nicht glauben wollen! Ich habe schon früher gesagt, daß dieses Schloß ein Werk der Zauberei sei. Aber Ihr wolltet nicht auf mich hören!“

Dies konnte der Sultan nicht leugnen. Aber gerade deshalb wurde er sehr zornig.

„Wo ist Aladdin, dieser Betrüger, dieser Schurke!“ rief er. „Ich lasse ihm sofort den Kopf abschlagen.“

„Herr“, antwortete der Großwesir, „er hat sich vor einigen Tagen für einen längeren Jagdritt von Euch beurlaubt. Wenn er zurückkommt, wollen wir ihn fragen. Er wird wohl wissen, wo der Palast geblieben ist.“

„Das wäre zu viel Schonung für ihn“, erwiderte der Sultan. „Gib sofort Befehl, daß dreißig Soldaten ihn suchen sollen! Wenn Sie ihn finden, sollen sie ihn in Ketten geschlossen hierher bringen.“

Der Großwesir führte den Befehl sogleich aus. Die Soldaten ritten ab und trafen Aladdin etwa fünf bis sechs Stunden vor der Stadt auf der Heimkehr von der Jagd. Der Anführer ritt an ihn heran. Er grüßte ehrerbietig. Dann sagte er, daß der Sultan Aladdin zu sehen wünsche. Darum wären sie ihm entgegengeritten, und nun wollten sie ihn nach Hause begleiten.

So setzte Aladdin, von der königlichen Leibwache begleitet, ahnungslos seinen Weg fort. Etwa eine halbe Stunde vor der Stadt umringten ihn die Reiter plötzlich.

„Prinz Aladdin“, sagte der Anführer, „seid uns nicht böse. Der Sultan hat befohlen, Euch zu verhaften und gefesselt vorzuführen. Wir bitten Euch, uns zu verzeihen. Aber wir tun nur unsere Pflicht.“

Als Aladdin dies vernahm, war er wie vor den Kopf geschlagen. Er fühlte sich unschuldig und ahnte nicht, wessen man ihn bezichtige. Er fragte den Anführer, was man ihm vorwerfe. Aber weder dieser noch seine Leute konnten ihm antworten. Da sprang er vom Pferd.

„Hier bin ich“, sagte er, „tut mit mir, wie euch der Sultan befohlen hat. Ich bin mir zwar keines Verbrechens bewußt, aber dem Befehl des Herrschers muß ich gehorchen.“

Da nahmen die Soldaten eine lange, dicke Kette. Die warfen sie ihm um den Hals und wanden sie um seinen Leib; dadurch waren auch die Arme gebunden. Einer der Reiter faßte das Ende der Kette. Dann stieg er zu Pferd und ritt mit den andern davon. Aladdin mußte zu Fuß hinterher laufen. So wurde er in die Stadt gebracht.

Die Leute in der Vorstadt sahen Aladdin gefesselt wie einen Staats-

verbrecher vorbeiziehen. Sie zweifelten nicht, daß es ihm den Kopf kosten werde. Aladdin aber war wegen seiner Freundlichkeit und Freigebigkeit beim Volke äußerst beliebt. Darum bewaffnete sich die Menge mit Säbeln und Steinen und machte Miene, gegen die Reiter vorzugehen und ihn zu befreien. Die letzten Reiter des Zuges machten zunächst kehrt und suchten die Leute abzuwehren, aber deren Haltung wurde immer drohender. Es blieb den Soldaten nichts anderes übrig, als in der ganzen Straßenbreite zu reiten und so die Menschen an die Hausmauern zu drängen. Die Soldaten waren schließlich froh, mit heiler Haut bis zum Palasttor zu gelangen. Dort nahm der Anführer die Kette und zog Aladdin rasch hinter das schützende Tor.

Aladdin wurde sofort vor den Sultan geführt. Dieser erwartete ihn mit dem Großwesir auf dem Balkon. Der Scharfrichter war schon zugegen, und der Sultan befahl ihm, Aladdin sogleich den Kopf abzuschlagen. Er wollte den Verurteilten weder anhören noch eine Frage an ihn richten. Der Scharfrichter nahm die Kette ab und verband ihm die Augen, hierauf ließ er ihn niederknien. Mit gezogenem Schwert ging er dreimal um Aladdin herum. Währenddessen wartete er auf ein Zeichen des Sultans, den tödlichen Streich zu führen.

Aber die Leute vor dem Tor hatten die ganze Szene beobachtet. Sie sahen, daß Aladdin in höchster Gefahr war. Daher schrien sie, sie würden den Palast erstürmen und dem Erdboden gleich machen, wenn Aladdin das geringste Leid geschehe. Der Wesir hörte das Geschrei.

„Herr“, sagte er zum Sultan, „das Volk droht, den Palast zu besetzen. Wir schweben in größter Gefahr. Darum bitte ich Euch, schenkt Aladdin das Leben. Die Leute lieben ihn mehr als uns.“

Da erblaßte der Sultan. Er sah, daß die Menge bereits Miene machte, in den Palast einzudringen. Darum befahl er dem Henker, Aladdin freizugeben. Zugleich ließ er von seinen Herolden dem Volk verkünden, daß er Aladdin begnadige. Jeder möge nun wieder nach Hause gehen.

Diese Nachricht ging von Mund zu Mund. Nun legte sich die Unruhe, und allmählich leerte sich der Platz vor dem Palast.

Aladdin war wieder frei. Er hob sein Haupt und schaute nach dem Balkon hinauf. Dort sah er den Sultan stehen.

„Herr“, rief er, „ich danke Euch für die mir erwiesene Gnade. Aber ich bitte Euch, mir eine weitere zu gewähren. Laßt mich gnädig wissen, worin mein Verbrechen besteht.“

„Du kennst dein Verbrechen noch nicht?“ erwiderte der Sultan. „Komm herauf, Schurke, ich werde es dir zeigen!“

Aladdin stieg hinauf. „Folge mir“, befahl der Sultan und ging vor ihm her an das Fenster. Er wies mit dem Arm hinaus und sagte: „Nun sieh dich nach deinem Palast um. Du wirst ja wissen, was aus ihm geworden ist.“

Aladdin konnte keine Spur seines Palastes erblicken. Er starrte fassungslos hinüber und wußte keine Erklärung. Was sollte er dem Sultan antworten?

„Doch was kümmert es mich, wo dein Schloß ist“, fuhr der Sultan

fort. „Tausendmal mehr wert ist mir meine Tochter. Wo ist sie? Schaffe sie mir wieder zur Stelle, sonst lasse ich dir den Kopf abhauen!"

„Herr", erwiderte Aladdin, „ich weiß ja nicht, wie das geschehen ist. Ich bitte Euch um eine Frist von vierzig Tagen, um alles zu erforschen. Wenn ich innerhalb dieser Frist Eure Tochter nicht herbeischaffe, so will ich selber meinen Kopf zu Euren Füßen hinlegen. Dann könnt Ihr nach Belieben über mich verfügen."

„Ich gewähre dir die Frist von vierzehn Tagen", sagte der Sultan. „Aber glaube nicht, diese Gnade mißbrauchen zu können. Meinem Zorn wirst du nicht entrinnen. Ich werde dich zu finden wissen, auch wenn du dich im entferntesten Winkel der Erde versteckst!"

Tief gedemütigt entfernte sich Aladdin aus dem Sultanspalast. Er schlich durch den Hof und wagte nicht, die Augen zu erheben. Keiner der Würdenträger des Hofes achtete jetzt mehr auf ihn. Selbst die niedrigen Hofbeamten sahen über ihn hinweg. Viele erkannten ihn gar nicht, so sehr hatte er sich verändert. Er glaubte, den Verstand verlieren zu müssen. Ja, er war wirklich nahe daran. Er ging nun von Haus zu Haus und fragte jeden, ob er seinen Palast nicht gesehen habe. Solche Fragen brachten die Leute auf den Gedanken, daß er irrsinnig sei. Einige lachten, die meisten aber hatten Mitleid mit ihm und gaben im Speise und Trank. Drei Tage irrte Aladdin ziellos in der Stadt umher, und dann wußte er noch immer nicht, wie er seine junge Frau und den Palast wiederfinden sollte.

Endlich verließ er die Stadt. Er achtete nicht darauf, welche Richtung er nahm. Mit Einbruch der Nacht kam er völlig verzweifelt an das Ufer eines breiten Flusses.

„Wo soll ich meinen Palast suchen?“ fragte er sich. „Und wo werde ich meine liebe Frau wiederfinden? In welchem Winkel der Erde mag sie verborgen sein? Nie werde ich das ausfindig machen. Darum ist es besser, ich mache ein Ende.“

Schon war er entschlossen, sich in den Fluß zu stürzen. Aber als frommer Moslem wollte er zuerst sein Gebet verrichten. Er kniete am Ufer des Flusses nieder, um mit den Händen Wasser zu schöpfen. Gemäß dem Gebot wollte er Hände und Gesicht waschen. Da aber die Stelle abschüssig war, glitt er aus, fast wäre er in den Strom gefallen. Im letzten Augenblick konnte er ein aus der Erde ragendes Felsenstück packen und sich daran festhalten. An der Hand trug er immer noch den Ring, den ihm der Zauberer gegeben hatte; mit seiner Hilfe war er in die Schatzhöhle gestiegen, um die Wunderlampe zu holen. Als er sich nun am Felsen festhielt, rieb sich der Ring am Gestein. Sofort erschien der Geist, der ihn damals aus dem unterirdischen Gewölbe befreit hatte.

„Was wünschest du?“ sagte der Geist. „Ich bin bereit, dir zu gehorchen. Denn ich bin dein Diener und der Diener aller, die den Ring am Finger tragen. Ich und alle übrigen Diener des Rings werden dir gehorchen.“

Aladdin war durch die unerwartete Erscheinung des Geistes aufs höchste überrascht. Aber er faßte sich sofort.

„Geist“, rief er, „zeige mir an, wo sich mein Palast befindet. Oder bring ihn unverzüglich an die Stelle, an der er früher stand.“

„Mein Gebieter“, erwiderte der Geist, „du begehrst Unmögliches

von mir. Was du verlangst, ist Sache der Diener der Lampe. Ich aber bin nur Diener des Ringes."

„Dann nimm mich", entgegnete Aladdin, „und trage mich zu meinem Palast, in welchem Land er auch sein mag!"

Kaum hatte er diese Worte ausgesprochen, trug ihn der Geist bereits fort. Mitten auf einer großen Wiese in Afrika setzte er ihn ab. Da stand Aladdin nun gerade unter den Fenstern der Prinzessin Badrulbudur vor seinem Palast. Das alles war das Werk eines Augenblicks. Dankerfüllt betete er zu Allah, er möge ihn seine Gemahlin wiedersehen lassen. Sein Kummer linderte sich bei dem Gedanken, wie nahe er ihr jetzt schon sei. Da es bereits Nacht geworden war, herrschte im Palast völlige Ruhe. Darum trat er unter einen Baum und setzte sich ins Gras. Und weil er schon sechs Tage nicht geschlafen hatte, überwältigte ihn der Schlaf.

Als eben die Morgenröte aufstieg, weckte ihn der Gesang der Vögel aus dem Garten seines Palastes. Sein erster Blick fiel auf den wundervollen Bau. Er hatte wieder Hoffnung, seine Prinzessin bald in die Arme schließen zu dürfen, und das machte sein Herz froh und leicht. Nun spazierte er eine Weile unter ihren Fenstern auf und ab. Er hoffte, daß sie ihn erblicken werde.

Die Prinzessin war über die Trennung von ihrem Gatten und ihrem Vater sehr betrübt. Traurig verbrachte sie die Tage. Der Zauberer fand sich jeden Tag bei ihr ein und machte ihr das Leben vollends zur Qual. Die Sorge über ihr ungewisses Schicksal schaffte ihr schlaflose Nächte. Zeitlich am Morgen pflegte sie sich zu erheben. So war sie auch an diesem Morgen wach, als sich der erste Schimmer im Osten zeigte. Als eine Sklavin das Fenster öffnete, bemerkte sie Aladdin. Mit froher Stimme rief sie ihre Herrin herbei. Ungläubig eilte die Prinzessin ans Fenster und schaute hinaus. Da sah sie Aladdin unten an der Mauer stehen. Er hob soeben sein Haupt und erkannte sie sogleich. Er grüßte sie, sie grüßte ihn. Überschwengliche Freude war in beider Mienen zu lesen.

„Kommt rasch durch die geheime Tür in den Palast", rief die Prinzessin. „Der Elende ist jetzt nicht hier."

Eine Sklavin öffnete sofort die Geheimtür. Aladdin betrat den Palast.

Da kam ihm schon die Prinzessin entgegen. Sie fielen einander in die Arme und weinten vor Glück und Freude. Nach langer Trennung waren sie endlich wieder vereint.

Eng umschlungen gingen sie in das Gemach der Prinzessin. Nun wollte Aladdin alles mit ihr besprechen, was zu tun sei.

„Teure Gemahlin", begann er, „sagt mir vorerst, wo ist die alte Lampe aus meinem Zimmer hingekommen?"

Da erwiderte die Prinzessin seufzend: „Ach, das ist die Ursache meines Elends." Und sie erzählte ihm all ihre Erlebnisse vom Umtausch der Lampe bis zu ihrer Entführung.

„Und am nächsten Morgen", sagte sie abschließend, „befanden wir uns in einer ganz fremden Gegend. Höhnisch teilte mir der Zauberer mit, wie er uns betrogen habe. Mit Hilfe der Lampe hatte er uns hierher nach Afrika versetzt."

„Wenn dieses Land Afrika ist“, rief Aladdin, „dann kenne ich auch den Bösewicht! Er hat mir schon genug angetan. Ich will Euch von all seinen Bosheiten erzählen. Doch sagt mir vorerst, wo er die Lampe verborgen hält!“

„Er trägt sie immer bei sich in seinem Gewande“, erwiderte die Prinzessin. „Ich weiß dies, weil er sie in meiner Gegenwart hervorgezogen hat, um mir Angst einzujagen.“

„Was will dieser Elende von Euch?“ fragte Aladdin besorgt. „Was spricht er, was hat er im Sinn? Ich bitte Euch, sagt mir alles!“

„Seitdem ich hier bin“, erwiderte die Prinzessin, „kommt er täglich einmal zu mir. Er dringt in mich, daß ich Euch vergessen und mein Wort brechen soll; ich solle seine Gattin werden. Dazu behauptet er, Ihr wäret nicht mehr am Leben, der Sultan habe Euch enthaupten lassen. Er sagt auch, Ihr wäret ganz armer Leute Kind, und nur ihm hättet Ihr Eure Reichtümer zu verdanken. Mit süßen Worten versuchte er, mich zu umgarnen, aber ohne Erfolg. Ich habe ihm noch kein freundliches Wort geschenkt. Vielleicht kommt er deshalb nicht öfter zu mir. Trotzdem fürchtete ich, daß er am Ende Gewalt brauchen werde. Doch Eure Ankunft hat mir diese Sorge genommen.“

„Ihr sollt nicht umsonst an meine Ankunft Hoffnungen knüpfen“, unterbrach sie Aladdin. „Ich glaube, ich habe ein Mittel gefunden, das uns von unserem gemeinsamen Feind befreien soll. Ich will jetzt in die nahe Stadt gehen, gegen Mittag werde ich wiederkommen. Dann werde ich Euch meinen Plan und Eure Aufgabe darin mitteilen. Wundert Euch nicht, wenn ich in Verkleidung erscheine. Laßt eine Sklavin bei der geheimen Pforte stehen, wenn ich klopfe, soll sie mir sofort öffnen.“

Die Prinzessin versprach, Aladdins Anweisungen genau zu befolgen. Dieser verließ den Palast durch die Geheimtür und schritt die Wiese entlang. Unfern des Palastes traf er einen Bauern bei der Feldarbeit. Ihm machte er den Antrag, die Kleider mit ihm zu tauschen. Der Bauer weigerte sich zuerst. Aber Aladdin ließ nicht locker, bis der Bauer nachgab. Hinter einem Gebüsch wechselten sie schließlich die Kleider, und Aladdin ging in dem abgetragenen, unscheinbaren Bauerngewand der Stadt zu. Der Landmann aber machte sich mit Aladdins kostbaren Gewändern davon.

Nach mehrmaligem Fragen kam Aladdin in der Stadt in die Gasse der Spezereihändler. Vor dem größten Laden blieb er stehen, trat ein und verlangte von dem Händler ein bestimmtes Pulver. Der Kaufmann sah auf Aladdins ärmliche Kleidung und meinte, das Pulver werde ihm zu teuer sein. Da zog Aladdin aus seinem Beutel ein Goldstück heraus. Nun wog der Kaufmann sofort so viel von dem Pulver aus, wie das Goldstück wert war. Aladdin zahlte und ging. Er brauchte nicht lange an der geheimen Tür zu warten und begab sich sogleich in das Zimmer seiner Gattin.

„Prinzessin", sagte er, „ich weiß, Ihr haßt Euren Entführer. Was ich Euch zu tun bitte, wird Euch daher nicht schwerfallen. Aber es ist notwendig, mit List und Verstellung vorzugehen. Vielleicht müßt Ihr Euch dabei Zwang antun; aber schließlich wollt Ihr Euren Vater und die Heimat wiedersehen. Hört also meinen Vorschlag: Schmückt Euch sogleich mit den schönsten Gewändern. Legt Diamanten und Perlen an. Wenn der Zauberer kommt, empfangt ihn mit freundlicher Miene und seid so unbefangen, als ob nichts vorgefallen wäre! Ladet ihn zum Abendessen ein; er wird sich darüber freuen. Erwähnt auch, daß Ihr gerne den Wein des Landes kosten wolltet. Er wird dann sogleich Wein holen. Beim Mahle reicht ihm fleißig den Becher! Ist er nach einiger Zeit achtlos geworden, so schüttet dieses Pulver in Euren Becher. Füllt ihn dann wieder mit Wein und bietet dem Zauberer an, die Becher zu tauschen! Er wird diese Gunst zu schätzen wissen und Euren Becher in einem Zug leeren. Wenn er den Wein mit dem Pulver ausgetrunken hat, wird er sofort wie tot hinsinken. Ihr müßt Euch wohl so stellen, als tränket Ihr aus dem Becher; aber Ihr habt dabei nichts zu befürchten. Die Wirkung des Pulvers stellt sich sehr rasch ein. Der Zauberer wird keine Zeit haben, lange auf Euch zu achten."

„Ich bin bereit zu tun, was Ihr von mir verlangt", sagte die Prinzessin. „Es wird mich zwar große Überwindung kosten, dem Zauberer freundlich zu begegnen. Aber ich will es gerne tun."

Sodann speiste Aladdin mit seiner Gemahlin. Rechtzeitig verließ er nachher das Schloß; erst bei Anbruch der Nacht wollte er sich wieder bei der Geheimtür einfinden.

Die Prinzessin hatte seit ihrer Entführung ihr Äußeres sehr vernachlässigt. Ihr Schmerz um Aladdin und den Vater war zu groß gewesen. Außerdem wollte sie sich dem Zauberer gar nicht im besten Licht zeigen.

Jetzt aber setzte sie sich an ihren Putztisch. Sie ließ sich aufs prächtigste schmücken und legte das kostbarste Kleid an. Ihr Gürtel strahlte von Diamanten. Um den Hals trug sie ein kostbares Perlenband. Als die Prinzessin völlig angekleidet war, zog sie den Spiegel zu Rate. Es fehlte nichts, was der törichten Eitelkeit des Zauberers schmeicheln mochte. Also setzte sie sich auf den Diwan und erwartete seine Ankunft.

Zur gewohnten Stunde fand sich der Zauberer ein. Die Prinzessin erwartete ihn im Kuppelsaal. Im Glanze ihres Schmuckes und ihrer Schönheit begrüßte sie ihn mit freundlichem Lächeln. Sie lud ihn ein, an ihrer Seite Platz zu nehmen. Dieses Entgegenkommen war ihm ungewohnt; er war überrascht und geblendet von ihrem Liebreiz und wagte gar nicht, sich an ihre Seite zu setzen. Sie aber wies nochmals auf den Platz zu ihrer Rechten. Da gehorchte er.

Sobald er neben ihr saß, blickte sie ihn liebevoll an. Nun mußte er glauben, er sei ihr nicht mehr verhaßt.

„Ihr wundert Euch wohl", sagte sie, „daß ich heute anders bin als sonst. Aber ich habe mir Eure Worte durch den Kopf gehen lassen. Ich bin nun überzeugt, daß mein Gatte Aladdin nicht mehr lebt. Sicher hat ihm mein Vater den Kopf abschlagen lassen. Ich habe keine Hoffnung mehr, ihn wiederzusehen; auch meine Tränen werden ihn nicht mehr zum Leben erwecken. Ich mag aber nicht länger in Trübsal und Kümmernis leben. Darum möchte ich Euch einladen, heute bei mir das Abendessen einzunehmen. Ich bitte Euch auch, einen Schluck Wein mit mir zu trinken. Gerne würde ich den Wein dieses Landes kosten, denn ich kenne bisher nur den Wein aus meiner Heimat, und vielleicht ist Euer Wein besser als der unsere. Ich würde mich sehr freuen, wenn Ihr meine Bitte nicht abschlagen wolltet."

Der Zauberer war außer sich vor Freude. Nun durfte er hoffen, bald weitere Fortschritte in der Gunst der Prinzessin zu machen. Dankbar nahm er die Einladung an und versprach, auch den Wein sogleich herbeizuschaffen. Zu Hause habe er einen Krug voll der besten Sorte. Dieser Wein sei schon acht Jahre in der Erde vergraben und übertreffe die köstlichsten Weine der Welt.

„Prinzessin“, fuhr er fort, „erlaubt mir, zwei Flaschen von diesem Wein zu holen. Ich werde gleich wieder da sein.“

„Schickt doch einen Diener“, erwiderte die Prinzessin. „Es tut mir leid, wenn Ihr Euch selbst diese Mühe macht.“

„Herrin“, entgegnete er, „es ist notwendig, daß ich selbst gehe. Niemand kennt nämlich den Ort, an dem sich der Krug befindet. Ich werde nicht lange fortbleiben.“

„Wenn das so ist“, antwortete die Prinzessin, „so geht und kommt bald wieder! Ich will Eure Gesellschaft nicht zu lange missen!“

Der Zauberer war in bester Stimmung über sein vermeintliches Glück. Er lief, so rasch er konnte, um seinen Wein zu holen. In kurzer Zeit war er wieder zurück. Darauf setzten sie sich zu Tisch und speisten zusammen, sie waren fröhlich und guter Laune. Eine Sklavin schenkte die Becher voll. Die Prinzessin trank auf sein Wohl, und er wünschte ihr Gesundheit und langes Leben. So leerten sie manchen Becher. Die Gastgeberin aber hielt sich beim Trinken vorsichtig zurück. Seine Stimmung wurde immer ausgelassener, und die Prinzessin verstand es, ihn mit süßen Reden noch mehr zu betören. Ahnungslos meinte er, die schönen Worte kämen ihr wirklich vom Herzen. Er glaubte, vor Glück vergehen zu müssen. Seine Sinne verwirrten sich allmählich. Die Prinzessin hatte bemerkt, daß dem Zauberer der Wein bereits zu Kopf gestiegen war.

„In unserem Land ist es Sitte“, sagte sie zu ihm, „daß zwei gute Freunde beim Trinken die Becher vertauschen. Ist dies in Afrika nicht üblich?“

Ohne seine Antwort abzuwarten, griff sie nach seinem Becher und reichte ihm dafür den ihren. Das Pulver hatte sie in einem unbewachten Augenblick bereits hineingeschüttet. Der Zauberer mußte glauben,

daß er die Frau völlig erobert habe; er hielt sich für den glücklichsten aller Sterblichen, weil sie ihm einen solchen Liebesbeweis gab.

Ehe er trank, sagte er: „Prinzessin, jetzt weiß ich, wie hoch ich Eure Gunst zu schätzen habe. Nie werde ich vergessen, daß ich aus Eurem Becher trinken durfte. Eure frühere Grausamkeit ist vergessen. Ihr habt mir das Leben wiedergegeben."

Die Prinzessin langweilte sich bei dem leeren Geschwätz des Zauberers. Deshalb unterbrach sie ihn.

„Jetzt wollen wir trinken!" sagte sie. „Ihr könnt ja nachher weiterreden."

Sogleich setzte sie den Becher an den Mund und tat, als ob sie trinke. Er aber beeilte sich, es ihr zuvorzutun. Daher leerte er den Becher mit einem Zug. Im selben Augenblick verdrehten sich seine Augen; der Becher entfiel seiner Hand, und er sank wie tot zu Boden. Wie freute sich da die Prinzessin! Alle ihre Dienerinnen jubelten und eilten um die Wette zu der geheimen Tür, um Aladdin ins Schloß zu lassen.

Aladdin kam herauf und betrat den Speisesaal. Dort sah er den Zauberer auf dem Boden liegen. Die Prinzessin kam ihm mit offenen Armen entgegen. Er aber wehrt sie ab.

„Prinzessin“, sagte er, „noch ist es nicht Zeit, das Wiedersehen zu feiern. Ich bitte Euch, geht mit den Sklavinnen in Euer Gemach. Sorgt dafür, daß ich ungestört bleibe. Ich will indessen hier meine Vorbereitungen treffen. Ihr sollt ebenso rasch in die Heimat zurückkommen, wie Ihr von dort weggeführt wurdet.“

Die Prinzessin gehorchte sofort und zog sich mit ihren Dienerinnen zurück. Aladdin schloß hinter ihnen die Tür des Saales, dann trat er zu dem Zauberer und nahm die Lampe aus seinem Gewand. Hierauf zog er seinen Säbel und schlug dem Zauberer den Kopf ab. Anschließend enthüllte er die Lampe und rieb sie. Sogleich erschien der Geist.

„Mein Gebieter“, sprach dieser, „hier bin ich. Was wünschest du?“

„Geist“, entgegnete Aladdin, „trage dieses Schloß unverzüglich in meine Heimat zurück und setze es an dieselbe Stelle hin, wo es früher stand, genau dem Palast des Sultans gegenüber!“

Nach diesen Worten ging Aladdin in das Gemach seiner Gattin. Nun plauderten sie, von Sorgen befreit, über die letzten Ereignisse. Währenddessen nahm der Geist den Palast und setzte ihn an die befohlene Stelle. Sie verspürten dabei nur zwei leichte Erschütterungen, als der Palast aufgehoben und niedergesetzt wurde.

Da Aladdin nichts gegessen hatte, wurde ein reichliches Mahl gerichtet. Sie setzten sich zu Tisch, aßen die köstlichsten Speisen und tranken vom Wein des Zauberers. Fröhliches Geplauder verkürzte ihnen die Zeit. Ehe sie sich versahen, dämmerte der Morgen. Nun erst begaben sie sich zur Ruhe.

Wie war es unterdessen dem Sultan ergangen? Seit der Entführung der Prinzessin hatte er sich immer tiefer in seinen Schmerz verbohrt. Er verbrachte schlaflose Nächte, und tagsüber war er für niemanden zu sprechen. Er suchte keine Ablenkung für seine trüben Gedanken. Fast stündlich trat er ans Fenster, um nach dem verschwundenen Palast auszuschauen. Er gedachte mit Schmerzen seiner Tochter, denn er wähnte, sie nie wiederzusehen. Tag für Tag vergoß er Tränen um sein einziges Kind, bis seine Augen fast erblindeten.

Auch an diesem Tag eilte der Sultan früh am Morgen zum Fenster, um auf den leeren Platz hinauszustarren. Er rieb sich die Augen — es war keine Täuschung. Vor ihm stand Aladdins Palast. Freude und Fröhlichkeit ergriffen sein Herz. Rasch ließ er sein Pferd satteln. Dann ritt er zu dem Schloß hinüber.

Aladdin hatte den Besuch des Schwiegervaters erwartet. Darum war er schon aufgestanden und hatte sein bestes Staatskleid angelegt. Auch seine Gattin hatte sich von ihren Dienerinnen schmücken lassen. Sie freute sich, den geliebten Vater bald wiederzusehen. Ihre Augen leuchteten und blitzten mit den Edelsteinen ihres Geschmeides um die Wette.

Als Aladdin den Sultan heranreiten sah, eilte er ihm entgegen. Er wollte ihn empfangen und ihm vom Pferde helfen.

„Aladdin", sagte der Sultan, „zuerst muß ich meine Tochter sehen und sprechen. Dann erst werde ich mit dir reden."

Da eilte auch schon die Prinzessin die Treppe herunter. Jubelnd warf

sie sich ihrem Vater an die Brust. Der Sultan umarmte und küßte sie innig. Tränen der Freude netzten seine Wangen. Dann geleitete Aladdin Vater und Tochter die Treppe empor. Im Gemach der Prinzessin setzten sie sich, um die Freude des Wiedersehens vollends zu genießen.

„Liebe Tochter", begann der Sultan, „wie ist es dir ergangen? Macht es die Freude des Wiedersehens, daß du mir gar nicht verändert vorkommst? Ich denke, du mußt Schreckliches ausgestanden haben. Erzähle rasch, wie alles sich begeben hat!"

Da erzählte ihm die Prinzessin ausführlich, was sich seit dem Umtausch der Lampe ereignet hatte. Sie schilderte die Person des Zauberers und erzählte von seiner Zudringlichkeit. Dann berichtete sie von Aladdin und wie er wieder in den Besitz der Lampe gekommen war. Nochmals kam sie auf den widerlichen Zauberer und ihr Unglück zu sprechen.

„Am unglücklichsten aber fühlte ich mich", fuhr sie fort, „daß ich von Euch und von meinem Gemahl getrennt war. Es schien ja keine Hoffnung vorhanden, Euch je wiederzusehen. Kummer und Schmerz hatten mein Äußeres sehr verändert. Ihr hättet mich kaum mehr erkannt, lieber Vater. Aber der Anblick meines Gatten hat mir schon gestern wieder Freude am Leben gegeben. Da ich Euch in die Augen sehen darf, bin ich nun vollkommen glücklich. Aber vielleicht hat Aladdin noch etwas zu berichten."

Aladdin hatte nur weniges hinzuzufügen. „Als ich den Zauberer betäubt am Boden liegen sah“, erzählte er weiter, „schickte ich Eure Tochter und die Sklavinnen ins Nebenzimmer. Ich holte die Lampe aus der Brusttasche des Toten. Dann hieb ich ihm den Kopf ab. Durch die Wunderkraft der Lampe ließ ich den Palast wieder hierher versetzen. Und Eure Tochter, erhabener Herr, kann ich Euch unversehrt ans Herz legen. Daß ich meine Gattin wiederhabe, macht mich zum glücklichsten Menschen der Welt. Von der Wahrheit unserer Erzählung könnt Ihr Euch leicht überzeugen, denn nebenan im Saal liegt noch der Leichnam des verruchten Bösewichts.“

Der Sultan erhob sich und ging mit Aladdin in den Saal. Da lag der tote Zauberer. Der Sultan ließ sogleich die Leiche wegschaffen und sie verbrennen. Die Asche sollte in alle Winde verstreut werden. Aladdin aber umarmte er väterlich.

„Mein Sohn“, sagte er zu ihm, „meine Vaterliebe zwang mich, deinen Tod anzubefehlen. Ich glaubte mein einziges Kind verloren. Daher wollte ich dich als den vermeintlichen Übeltäter bestrafen. Verzeih mir um der Liebe willen, die du zu meiner Tochter hegst!“

Aladdin antwortete: „Herr, ich habe keinen Grund, mich zu beklagen. Was Ihr getan, ist verständlich. Aber ich hatte keine Schuld. Alles Unglück hat nur dieser schändliche Zauberer angerichtet. Er allein war die Ursache, daß ich Eure Gnade verlor. Jetzt hat ihn die gerechte Strafe ereilt.“

Nun ließ der Sultan in der Stadt ein zehntägiges Freudenfest ankünden. Die Rückkehr seiner Tochter und ihres Gemahls sollte gebührend gefeiert werden. Aladdin war nun zum zweitenmal einer Todesgefahr entronnen.

Wenige Jahre später starb der Sultan, und Aladdin bestieg den Thron. Er herrschte gerecht über seine Untertanen, die ihn liebten und verehrten. Mit seiner Gemahlin aber lebte er ferner in Glück und Freuden. Keine Gefahr bedrohte mehr ihr Leben.

ALI BABA UND DIE VIERZIG RÄUBER

In alten Zeiten lebten in einer Stadt Persiens zwei Brüder. Der eine hieß Kasim, der andere Ali Baba. Ihr Vater war früh gestorben und hatte ihnen nur wenig Vermögen hinterlassen. Die Brüder hatten es untereinander in zwei Hälften geteilt. Man sollte daher glauben, daß ihre Verhältnisse ziemlich gleich waren. Aber der Zufall wollte es anders.

Kasim vermählte sich mit der Tochter eines reichen Kaufmannes. Diese erbte nach dem Tod ihres Vaters einen wohlgefüllten Kaufladen und große Besitzungen. Dadurch war Kasim ein wohlhabender Mann geworden. Er zählte nun zu den reichsten Leuten der Stadt. Sein Vermögen aber war durch einen großzügigen Handel noch stetig im Wachsen begriffen.

Ali Baba dagegen heiratete die Tochter eines armen Mannes. Sie brachte ihm nichts in die Ehe mit. Dadurch war sein geringes Erbteil bald aufgebraucht. Armut und Not wurden tägliche Gäste. Ali Baba bewohnte mit seiner Frau eine armselige Hütte. Er mußte Holz verkaufen, um sein Brot zu verdienen. Zu diesem Zweck zog er in die Berge und fällte dort Baumstämme. Das Holz brachte er dann mit drei Eseln in die Stadt, wo er es verkaufte.

Eines Tages war er wieder im Walde. Er hatte gerade soviel Holz gefällt, wie er den Eseln aufladen konnte. Da sah er in der Ferne eine gewaltige Staubwolke, die immer näher herankam. Er schaute aufmerksam hin, und als sich die Wolke lichtete, konnte er eine Reiterschar unterscheiden, die wohlgeordnet dahergeritten kam. Er sah aber auch das Funkeln der Brustpanzer und das Blitzen der Waffen. Deshalb befiel ihn ein gewaltiger Schrecken. Zwar hatte man in dieser Gegend noch nie von Räubern gehört; aber Ali Baba kam auf den Gedanken, es könnten doch Räuber sein. Und er fürchtete, sie könnten ihn ermorden. Daher war er auf seine Rettung bedacht. Die armen Eseln aber überließ er ihrem Schicksal. Er kletterte auf einen hohen Baum und verbarg sich zwischen den dichtbelaubten Ästen. Auf diese Weise konnte er alles sehen, ohne selbst gesehen zu werden. Der Baum stand am Fuße eines steilen Felsens, der viel höher war als der Baum. Es gab auch keine Möglichkeit, ihn zu besteigen.

Die Reiter, junge und stattliche Männer, stiegen am Fuße des Felsens ab. Ali Baba zählte vierzig Mann. Nachdem er ihre Gesichter betrachtet und ihr ganzes Gehaben beobachtet hatte, konnte er nicht mehr zweifeln, daß er Räuber vor sich hatte. Er täuschte sich auch nicht, es waren wirklich Räuber. Sie betrieben aber ihr Handwerk nicht in dieser Gegend, ihre Räubereien übten sie in der Ferne aus. Hier hielten sie nur ihre Zusammenkünfte ab.

Jeder von den Räubern zäumte sein Pferd ab, band es an einen Baum und warf ihm einen Futtersack voll Gerste über den Kopf. Den Sack hatte jeder hinter sich auf dem Pferde liegen gehabt. Dann nahmen sie ihre Satteltaschen ab. Diese schienen Ali Baba sehr schwer zu sein. Er schloß daraus, daß sie voll Gold und Silber sein müßten. Der stattlichste von den Räubern, offenbar ihr Anführer, nahm seine Satteltasche über die Schultern und ging an den Felsen heran. Über ihm saß Ali Baba zitternd im Geäst des Baumes und spähte hinunter. Die übrigen Räuber schritten hinter ihrem Hauptmann drein. Dieser aber blieb vor einer kleinen Tür im Felsen stehen. Sie war ganz von Dornen und Gestrüpp umgeben, so daß sie Ali Baba niemals aufgefallen wäre. Der Anführer aber rief nun die seltsamen Worte:

„Sesam, öffne dich!“

Kaum hatte er sie ausgesprochen, öffnete sich die Tür. Nun gingen alle Räuber in den Felsen hinein, als letzter folgte der Hauptmann. Lautlos schloß sich hinter ihm wieder die Tür.

Die Räuber blieben lange Zeit im Felsen. Ali Baba mußte geduldig auf seinem Baum sitzen bleiben und warten. Er fürchtete nämlich, sie könnten ihn überraschen, wenn er herunterstieg. Endlich öffnete sich die Tür wieder. Der Räuberhauptmann trat heraus und ließ einen nach

dem andern von den Räubern an sich vorüberziehen. Ali Baba merkte, daß die Satteltaschen jetzt leer waren. Als der letzte Räuber herausgetreten war, hörte er die Worte:

„Sesam, schließe dich!“

Und die Tür im Felsen tat sich von selber wieder zu. Jeder trat zu seinem Pferd und zäumte es auf, hing seine Tasche über den Sattel und schwang sich hinauf. Schließlich ritten sie in der Richtung fort, aus der sie gekommen waren.

Ali Baba verfolgte sie mit den Augen, bis sie seinen Blicken entschwanden. Aber noch immer wagte er sich nicht vom Baum hinunter. Er hatte Angst, es könnte einer etwas vergessen haben und nochmals zurückkommen. Doch als alles ruhig blieb, kletterte er herab. Er drängte sich nun durch das Gestrüpp bis zu der kleinen Tür vor und betrachtete sie lange. Dabei dachte er: Ob ich wohl die Worte sagen soll, die der Hauptmann gesprochen hat? Ali Baba hatte diese Worte nämlich im Gedächtnis behalten. Er überlegte lange, aber schließlich siegte die Neugierde. Er wollte das Geheimnis hinter dieser Tür ergründen. Also sprach er die Worte:

„Sesam, öffne dich!"

Sogleich sprang die Tür angelweit auf und Ali Baba konnte eintreten. Hinter ihm aber schloß sich der Felsen. Doch beunruhigte ihn das nicht; er wußte ja, welches Wort die Tür wieder aufschloß.

Ali Baba hatte erwartet, eine enge, finstere Höhle vorzufinden. Dagegen erblickte er ein weites, lichtes Gewölbe. Es war von Menschenhand erbaut und mit Marmorplatten und hohen Säulen ausgeschmückt. Durch Öffnungen in der Decke empfing es sein Licht. In dieser Halle war alles aufgespeichert, was das Herz begehrte. Da lagen große Warenballen zu Haufen getürmt, Teppiche von hohem Wert, Gold- und Brokatstoffe und köstliche Kleider. Ali Baba aber zog die unermeßliche Menge von Silber und Gold am meisten an. Es war in Barren und Münzen, teils offen in Haufen wie Sand, teils in Säcken übereinander geschlichtet. Zahllose Perlen und Edelsteine funkelten in allen Farben des Regenbogens, wie Kiesel am Bach waren sie am Rande der Halle aufgeschichtet. Ali Baba kam es vor, als ob das Gewölbe den Räubern seit Jahrhunderten als Stapelplatz gedient hätte.

Nun besann er sich nicht lange. Die Teppiche und das Silbergeld beachtete er wenig. Er ging sogleich zu den Säcken mit Gold. Von diesen schleppte er so viele aus der Höhle, wie seine Esel zu tragen vermochten. Jedesmal, wenn er eintreten oder hinausgehen wollte, rief er:

„Sesam, öffne dich!"

Dann öffnete sich die Pforte. Als er genug hinausgeschafft hatte,

suchte er seine Esel zusammen. Er belud sie mit den Säcken und schlichtete Holz darüber. So konnte niemand etwas von seinen Schätzen merken.

Ali Baba trieb seine Lasttiere eilig zur Stadt zurück. Bei seiner Behausung angelangt, zog er sie rasch in den Hof hinein. Hinter sich schloß er das Tor sorgfältig zu. Es sollte ihn niemand überraschen. Das wenige Holz legte er an seinen Platz. Die Goldsäcke aber trug er zu seiner Frau ins Haus hinein. Einen nach dem andern stellte er vor sie hin. Die Frau sah seinem Tun mit wachsendem Staunen zu. Schließlich hob sie einen der Säcke und befühlte ihn. Da merkte sie, daß er voll Gold war. Nun argwöhnte sie, ihr Mann habe das viele Geld gestohlen.

„Mann“, schalt sie ihn, „solltest du so gottverlassen gewesen sein...“

Ali Baba unterbrach sie mit den Worten: „Ruhig, Frau, ich bin kein Dieb! Ich habe nicht gestohlen. Dieses Geld habe ich Räubern abgenommen. Freu dich mit mir über unser Glück und höre, was geschehen ist!“

Und er schüttete die Säcke aus. Sie machten zusammen einen großen Haufen Gold aus. Die Frau war von dem Glanz ganz geblendet. Ali Baba erzählte ihr nun die Geschichte vom Anfang bis zum Ende. Schließlich trug er ihr streng auf, kein Wort von alledem verlauten zu lassen.

Jetzt wandelte sich der Schrecken der Frau in Freude. Sie war außer sich vor Glück. Darum wollte sie das aufgeschüttete Gold Stück für Stück zählen. Doch Ali Baba wehrte ungeduldig ab.

„Du bist wohl nicht gescheit“, sagte er. „Wann würdest du mit dem Zählen fertig werden? Ich will lieber eine Grube machen und das Gold darin vergraben. Wir müssen rasch handeln. Niemand darf hinter unser Geheimnis kommen.“

„Ich möchte aber gerne wissen, wieviel es ungefähr ist“, antwortete die Frau. „Darum will ich schnell zum Nachbarn laufen und mir ein Maß ausborgen. Damit werde ich das Gold messen, während du die Grube fertigstellst.“

„Frau“, entgegnete Ali Baba, „ich rate dir, laß das sein! Aber tu, was du willst! Nur wahre unser Geheimnis!“

Um sich ein Maß zu leihen, ging die Frau Ali Babas zu ihrem Schwager Kasim. Kasim aber war nicht zu Hause. Sie wandte sich daher mit ihrer Bitte an die Frau. Die Schwägerin fragte, ob sie ein großes oder ein kleines Maß wünsche. Da erbat sich Ali Babas Frau ein kleines.

„Recht gern", erwiderte die Schwägerin, „warte ein wenig. Ich werde es gleich bringen."

Sie ging, um das Maß zu holen. Dabei dachte sie: Die Leute besitzen doch gar nichts. Was mag sie wohl heute im Scheffel messen? So kam sie auf den Gedanken, unten am Maß ein wenig Wachs anzukleben. Dann würde wohl etwas daran haften bleiben. Als sie der Schwägerin das Gerät übergab, entschuldigte sie sich wegen ihres langen Ausbleibens. Aber sie habe das Gefäß erst suchen müssen.

Ali Babas Frau bedankte sich und lief ahnungslos nach Hause zurück. Dort stellte sie das Maß auf den Goldhaufen. Dann füllte sie es mit Gold und leerte es immer wieder neben den Haufen, bis alles gemessen war. Sie war mit der Anzahl der Maße sehr zufrieden. Das berichtete

sie ihrem Mann. Dieser hatte inzwischen die Grube gegraben und verbarg nun das Gold darin. Oben schüttete er wieder sorgfältig Erde darauf, so daß niemand etwas bemerken konnte.

Unterdessen trug seine Frau das Maß zur Schwägerin zurück. Sie ahnte nicht, daß außen am Boden ein Goldstück haften geblieben war.

„Schwägerin", sagte sie, „hier ist dein Maß wieder. Du siehst, daß ich es nicht lange behalten habe. Ich danke dir dafür."

Ali Babas Frau ging vergnügt nach Hause. Kasims Frau aber drehte schnell das Maß um und besah sich den Boden. Zu ihrem Erstaunen klebte an dem Wachs ein Goldstück. Sie glaubte, nicht recht zu sehen. Darum untersuchte sie die Münze genau. Aber sie fand, daß es ein richtiges, echtes Goldstück sei.

„Wie", rief sie, „seit wann hat Ali Baba so viel Geld? Muß er es jetzt schon mit dem Scheffel messen? Woher hat er diesen Reichtum? Wie ist er zu dem vielen Gold gekommen?" Und der Teufel des Neides fuhr in ihr Herz.

Kasim, ihr Gatte, war nicht zu Hause. Er war in seinem Kaufladen beschäftigt, von dort pflegte er erst abends zu kommen. Sie konnte seine Heimkehr kaum erwarten. Sie brannte vor Ungeduld, ihm ihre Neuigkeit mitzuteilen. Endlich trat er bei der Tür herein.

„Kasim", rief sie, „du glaubst, ein reicher Mann zu sein? Du täuschst dich! Dein Bruder Ali Baba ist tausendmal reicher als du. Er zählt sein Geld nicht, sondern mißt es mit Scheffeln."

Erstaunt fragte Kasim, was sie damit sagen wolle. Nun berichtete sie ihm von ihrer Falle. Dann zeigte sie ihm das Goldstück, das an dem Maß haften geblieben war. Es war sehr alt. Der Name des Fürsten und die Inschrift darauf waren ihnen gänzlich unbekannt.

Nun war Kasim ebenfalls der Meinung, sein Bruder müsse ungeheuer reich sein. Aber er freute sich nicht darüber. Tödlicher Neid bemächtigte sich seiner. Vor Eifersucht konnte er fast die ganze Nacht nicht schlafen. Seine Habgier ließ ihn nicht zur Ruhe kommen.

Gleich am folgenden Tag begab er sich noch vor Sonnenaufgang zu Ali Baba. Seit seiner Verheiratung hatte er ihn nicht mehr besucht. Er

wollte ihn nicht mehr als Bruder ansprechen. Auch jetzt gebrauchte er diese Anrede nicht.

„Ali Baba“, sprach er, „du spielst den Armen und Bedürftigen. Du gebärdest dich wie ein Bettler. Dabei hast du so viel Geld, daß du es im Scheffel messen mußt.“

„Lieber Bruder“, erwiderte Ali Baba verwundert, „erkläre dich näher! Was meinst du damit?“

„Verstell dich nicht so“, erwiderte Kasim und holte die Münze hervor. „Schau dir einmal das Goldstück an! Das hat meine Frau gestern am Boden des Maßes gefunden, das deine Frau entlehnt hatte. Wieviel hast du davon?“

Nun erkannte Ali Baba, daß sein Bruder und dessen Frau schon von der Sache wußten; und er hatte sie völlig geheimhalten wollen. Aber der Fehler seiner Frau war nicht mehr gutzumachen. Darum schluckte er seinen Ärger hinunter. Dann gestand er seinem Bruder, daß er durch Zufall den Schlupfwinkel der Räuber entdeckt habe. Auch von den Schätzen im Felsengewölbe berichtete er. Schließlich machte er seinem Bruder den Vorschlag, den Schatz redlich mit ihm zu teilen. Er müsse nur das Geheimnis wahren. Da er das Zauberwort kenne, könne er jederzeit die Höhle betreten.

„Was du mir da gesagt hast, ist mir zu wenig“, antwortete Kasim mit stolzer Miene. „Ich will alles wissen! Wo liegt der Schatz? Und wie kommt man hinein? Ich werde selbst in die Höhle gehen. Dort will ich mir nehmen, was mir gefällt. Sagst du mir die Zauberworte nicht, werde ich dich bei Gericht anzeigen. Dann wirst du auch das verlieren, was du

schon hast. Und ich werde für meine Anzeige meinen Anteil erhalten."

Ali Baba fürchtete die Drohungen seines Bruders nicht. Aber er war so gutmütig, daß er ihm alles sagte. Er gab genau den Ort an, wo der Schatz lag. Sogar die Zauberformel für die geheime Tür nannte er ihm. Mehr wollte Kasim von Ali Baba nicht wissen. Er stand auf und begab sich eilends nach Hause. Er wollte seinem Bruder zuvorkommen und die ganzen Schätze für sich ausräumen. Daher rüstete er sogleich zehn Maultiere aus. Jedes belud er mit zwei großen Kisten, mit Stricken und den nötigen Packsätteln. Am nächsten Morgen machte er sich schon vor Tagesanbruch auf den Weg. Er nahm sich vor, alle Kisten zu füllen. Sollte etwas in der Höhle zurückbleiben, wollte er den Rest später holen. Auf dem von Ali Baba beschriebenen Wege gelangte er bis zu dem Felsen. Er erkannte den Baum, auf dem sich sein Bruder versteckt hatte. Im Gestrüpp fand er auch bald die Felsentür. Laut sprach er die Worte:

„Sesam, öffne dich!"

Sogleich tat sich die Pforte auf. Kasim trat ins Innere des Felsens. Hinter ihm schloß sich die Tür.

Mit wachsendem Staunen besichtigte er nun die Schätze. Es waren weit mehr Reichtümer, als er sich vorgestellt hatte. Sprachlos wanderte er umher. Er besah und befühlte die Stoffe, das Gold und die Juwelen. Am liebsten hätte er sich den ganzen Tag am Glanz des Goldes geweidet. Aber da fielen ihm seine Maultiere draußen vor der Höhle ein. Er schleppte daher viele Säcke Gold zum Eingang, um seine Lasttiere damit zu beladen. Aber plötzlich konnte er sich nicht mehr an das Zauberwort erinnern. Er rief:

„Gerste, öffne dich!"

Doch die Tür blieb verschlossen. So nannte er in seiner Angst die Namen verschiedener anderer Getreidearten. Aber die Tür öffnete sich nicht.

Auf diesen Zufall war Kasim nicht gefaßt. Verzweifelt stellte er seine Säkke nieder und setzte sich dazu. Entsetzen packte ihn. Er strengte sich an, sich das richtige Zauberwort ins Gedächtnis zu rufen. Aber alles Nachdenken half nichts, das Wort kam ihm nicht in den Sinn. Ratlos stand er von seinem Sitze auf und begann in der Höhle auf und ab zu laufen. Die Reichtümer rührten ihn nicht mehr. Verzweifelt raufte er sich Bart und Haare. Dumpfe Angst beschlich sein Herz. Er sah sich verloren. Doch lassen wir Kasim sein Schicksal beweinen. Er verdient unser Mitleid nicht.

Wenden wir uns den Räubern zu. Diese hatten gerade eine Karawane ausgeplündert und kehrten nun mit

Schätzen beladen gegen Mittag zur Höhle zurück. Als sie in die Nähe kamen, erblickten sie die mit Kisten bepackten Maultiere. Sie sprengten darauf los. Erschreckt zerstreuten sich die Tiere im Wald. Nun aber wollten die Räuber den Besitzer der Maultiere aufspüren. Sie schlichen also um den Felsen herum, durchstöberten das Gesträuch und spähten auf alle Bäume. Der Hauptmann aber ging mit einigen andern auf die Tür der Höhle zu und sprach die Zauberworte.

Kasim hatte in der Höhle das Getrappel der Pferde gehört und wußte nun, daß die Räuber zurückgekommen waren. In seiner Angst wollte er einen Versuch wagen, ihnen zu entrinnen. Deshalb stellte er sich dicht vor die Tür. Sobald sie sich öffnen würde, wollte er rasch hinausstürzen. Da hörte er das Wort Sesam, das ihm entfallen war. Und sogleich tat sich die Tür weit vor ihm auf. Kasim stürzte mit solcher Wucht ins Freie, daß er den Hauptmann zu Boden rannte. Auch an dem zweiten

Räuber kam er vorbei. Aber es waren ihrer zu viele, allen konnte er nicht entwischen. Einer von ihnen stieß ihm den Säbel in die Brust, und Kasim fiel tot zu Boden.

Die Räuber gingen nun in die Höhle hinein. Sie wollten untersuchen, ob sich nicht noch andere Leute darin verborgen hielten. Die beim Eingang aufgestapelten Säcke legten sie wieder an ihren vorigen Platz. Daß noch weitere Säcke fehlten, merkten sie nicht. Sie überlegten, wie Kasim in die Höhle gelangt sein könne. Das Geheimnis der Tür glaubten sie gewahrt, da hätte er ja das Zauberwort kennen müssen; das aber glaubten sie nur allein zu wissen. Sie ahnten nicht, daß Ali Baba sie belauscht hatte. Von oben konnte er auch nicht gekommen sein, dazu waren die Öffnungen in der Decke viel zu hoch und zu klein. Und der Felsen selbst war glatt und unzugänglich. Jedenfalls taten sie jetzt alles, um ihre gemeinsamen Reichtümer zu sichern. Daher beschlossen sie, die Leiche Kasims zu vierteilen. Unweit der Tür wollten sie zwei Stücke rechts und zwei links aufhängen. Damit wollten sie jeden abschrecken, in die Höhle einzudringen. Sie selbst wollten sich erst nach längerer Zeit wieder in der Höhle einfinden; dann würde sich der Verwesungsgeruch schon gelegt haben. Diesen Beschluß führten sie sogleich aus. Hierauf bestiegen sie ihre Pferde und ritten fort, um an den belebten Karawanenstraßen wieder ihre gewohnten Räubereien zu betreiben.

Unterdessen hatte Kasims Frau große Unruhe befallen. Es war inzwischen stockfinster geworden, aber ihr Mann war noch immer nicht zu Hause. Angstvoll lief sie zu Ali Baba.

„Lieber Schwager“, sagte sie, „du weißt gewiß, daß dein Bruder in den Wald gegangen ist. Bisher ist er noch nicht zurückgekehrt. Ich bin darüber in großer Angst. Ich fürchte, ihm ist ein Unglück zugestoßen.“

Ali Baba hatte etwas Ähnliches vermutet. Deshalb hatte er es unterlassen, wie gewöhnlich in den Wald zu gehen, um jeden Anlaß zu einem Streit zu vermeiden. Nun glaubte auch er, daß dem Bruder ein Unglück widerfahren sei. Aber er blieb ruhig. Er tröstete die Schwägerin, daß

Kasim wohl erst in der Nacht zurückkehren werde, damit die ganze Sache möglichst geheim bleibe.

Kasims Frau kehrte getröstet nach Hause zurück. Geduldig wartete sie bis nach Mitternacht. Aber als der Gatte noch immer nicht kam, wurde sie wieder unruhig. Ihre Sorgen steigerten sich gegen Morgen immer mehr. Dabei durfte sie nicht einmal laut weinen; dadurch hätten ja die Nachbarn aufmerksam werden können. Bei Tagesanbruch eilte sie wieder zu Ali Baba. Schluchzend teilte sie ihm mit, daß ihr Mann noch immer nicht nach Hause gekommen sei.

Nun machte sich Ali Baba auf der Stelle mit seinen drei Eseln auf den Weg. Er ritt in den Wald zu dem Felsen. Unterwegs sah und hörte er nichts von seinem Bruder. Aber beim Eingang der Höhle bemerkte er Blutspuren. Da ahnte er Böses. Er trat an die Tür heran und sprach die Worte:

„Sesam, öffne dich!"

Die Türe öffnete sich. Erschrocken sah er links und rechts von der Tür die Stücke vom Leichnam seines Bruders hängen. Er mußte an sich halten, um nicht vor Grauen und Schmerz laut aufzuschreien. Doch besann er sich nicht lange. Er mußte dem Bruder trotz dessen unbrüderlicher Gesinnung die letzte Ehre erweisen. In der Höhle fand er unter den Waren mehrere kostbare Tücher. In diese hüllte er die Teile des Leichnams, und mit diesem Bündel belud er einen Esel. Er schichtete Holz und Reisig darüber, damit niemand etwas Verdächtiges bemerke. Die beiden andern Esel bepackte er eilig mit Säcken voll Gold und legte darüber wieder Holz. Nun befahl er der Tür, sich wieder zu schließen.

Dann zog Ali Baba in die Stadt zurück. Am Rande des Waldes hielt er an; er wollte nicht vor Anbruch der Nacht die Stadt erreichen. Als es dunkel war, führte er die mit Gold beladenen Esel in sein Haus und befahl seiner Frau, das Gold abzuladen. Sie sollte es schleunigst vergraben. Mit wenigen Worten berichtete er ihr vom Schicksal Kasims. Hierauf trieb er den dritten Esel zum Hause der Schwägerin.

Vorsichtig klopfte Ali Baba an die Tür. Kasims Sklavin Morgiane öffnete ihm leise; sie war ein kluges und anstelliges Mädchen. Als er im

Hof das Holz und das Bündel mit der Leiche abgeladen hatte, zog er Morgiane zur Seite.

„Hör mir zu, Morgiane", flüsterte er. „Was ich dir jetzt sage, darfst du niemandem verraten. In diesem Bündel ist die Leiche deines Herrn verpackt. Wir müssen ihn mit allen vorgeschriebenen Bräuchen beerdigen. Es muß aussehen, als wäre er eines natürlichen Todes gestorben. Führe mich jetzt zu deiner Gebieterin. Ich will ihr alles berichten. Du aber achte genau auf das, was ich sagen werde!"

Morgiane meldete die Ankunft Ali Babas ihrer Herrin. Diese ließ ihn sofort eintreten. Sie erwartete ihn schon mit großer Ungeduld.

„Was für eine Nachricht bringst du mir?" rief sie ihm entgegen. „Deine Miene verkündet nichts Gutes."

„Schwägerin", erwiderte Ali Baba, „du mußt mich ruhig vom Anfang bis zum Ende anhören. Kein Wort von unserer Unterredung darfst du weitererzählen. Versprich mir das! Es ist gleich wichtig für dich und mich."

Sie versprach ihm alles. Schmerzlich bewegt hörte sie den Bericht ihres Schwagers.

„Es ist dir wirklich ein großes Unglück widerfahren“, sagte er zuletzt. „Aber es läßt sich nicht mehr ändern. Was Allah bestimmt hat, müssen wir auf uns nehmen. Zum Trost mache ich dir einen Vorschlag: Wenn du deinen Gatten zur Genüge betrauert hast, will ich dich heiraten. So kann ich mein Vermögen mit dem deinen verbinden. Meine Frau wird deshalb nicht grollen oder eifersüchtig sein; sie ist verständig und fromm. Dann wollen wir eine Familie bilden. Von unserem Vermögen können wir recht anständig leben. Geld und Gut haben wir nun reichlich. Zuerst aber müssen wir tun, als wäre Kasim eines natürlichen Todes gestorben. Verlasse dich ganz auf die Klugheit Morgianes. Sie wird Mittel und Wege finden, alles richtig zu ordnen.“

Kasims Witwe überlegte den Vorschlag des Schwagers nicht lange. Zu ihrem großen Vermögen bekam sie einen zweiten Mann, und der war reicher, als sie selber noch werden konnte. Sie lehnte daher das Anerbieten nicht ab. Damit tröstete sie sich leicht über den Tod ihres ersten Gatten hinweg und unterließ das übliche Klagegeschrei. Ali Baba wußte nun, daß sie seinen Antrag annehmen werde, und verließ das Haus der Witwe. Vorher hatte er Morgiane nochmals eingeschärft, ihre Rolle gut zu spielen.

Morgiane ging gleich nach Ali Baba aus dem Hause. Sie begab sich in eine Apotheke. Dort verlangte sie eine Arznei, die man bei gefährlichen Krankheiten anwendete. Der Apotheker gab ihr das Verlangte und fragte, wer im Hause ihres Herrn krank sei.

„Ach", sagte sie, „es ist mein Herr selbst. Er liegt auf den Tod krank darnieder."

Mit diesen Worten nahm sie die Arznei, die Kasim freilich nicht mehr nützen konnte. Eilig ging sie nach Hause.

Am folgenden Tage erschien Morgiane wieder in der Apotheke. Mit Tränen in den Augen verlangte sie einen kräftigen Saft. Diesen pflegte man Kranken nur in der äußersten Lebensgefahr einzugeben.

„Mein armer Herr!" rief sie. „Auch diese Medizin wird ihm nicht mehr helfen. Was war er für ein guter Herr! Und jetzt soll ich ihn verlieren!"

Die Leute sahen Ali Baba und seine Frau den ganzen Tag mit trüber Miene zum Hause Kasims laufen. Dadurch verbreitete sich das Gerücht von seiner Krankheit rasch in der Stadt. Sie wunderten sich nicht, als Kasims Frau und Morgiane lautes Klagegeschrei erhoben. Dieses verkündete ihnen den erwarteten Tod Kasims.

Am nächsten Tag in der Früh ging Morgiane zu einem alten, ehrwürdigen Schuhflicker auf dem Marktplatz. Er öffnete sein Geschäft immer lange vor den andern Ladenbesitzern. Sie grüßte ihn mit besonderer Höflichkeit. Gleichzeitig drückte sie ihm ein Goldstück in die Hand. Der Schuhflicker war ein fröhlicher und schalkhafter Geselle. Er war in der ganzen Stadt unter dem Namen Baba Mustafa bekannt. Weil es noch dämmerig war, betrachtete er die Münze von allen Seiten. Da sah er, daß es ein Goldstück war.

„Ein schönes Handgeld!" rief er. „Was steht zu Diensten? Ich tue alles, was du willst."

„Baba Mustafa", sagte Morgiane zu ihm, „nimm dein Flickzeug und komm gleich mit mir! Ich werde dich führen. Am Bestimmungsort mußt du dir aber die Augen verbinden lassen."

„Nein, nein", wehrte Baba Mustafa ab, „du verlangst etwas von mir, was gegen Ehre und Gewissen ist."

„Gott behüte", sagte Morgiane und drückte ihm ein zweites Goldstück in die Hand. „Ich verlange nichts Unrechtes von dir. Komm nur und mach dir keine Sorgen!"

Da gab Baba Mustafa seinen Widerstand auf. Ein Stück vor dem Hause Kasims band ihm Morgiane ein Tuch vor die Augen. Sie nahm es ihm erst wieder im Zimmer ihres Herrn ab. Dort lag die aus vier Teilen zusammengesetzte Leiche. Als der Schuhflicker diese sah, erblaßte er. Der Schrecken fuhr ihm in die Glieder.

„Guter Alter, fürchte dich nicht", sagte beruhigend Morgiane. „Es geschieht dir kein Leid. Du sollst nur die Teile dieses Toten aneinandernähen. Beeile dich mit deiner Arbeit. Wenn du fertig bist, werde ich dir noch ein Goldstück geben."

Nachdem Baba Mustafa sein Werk vollendet hatte, gab ihm Morgiane das versprochene Goldstück. Dann verband sie ihm wieder die Augen und führte ihn zurück. Unterwegs empfahl sie ihm größte Verschwiegenheit. Wo sie ihm beim Herführen die Augen verbunden hatte, nahm sie ihm jetzt die Binde wieder ab. Sie blieb stehen und hieß ihn nach Hause gehen. Dadurch wollte sie verhindern, daß er ihren Weg beobachte.

Um Kasims Leiche zu waschen, hatte Morgiane heißes Wasser vorbereiten lassen; so konnte Ali Baba ihn waschen und beräuchern. Unter den gebräuchlichen Feierlichkeiten hüllte er ihn in das Leichengewand. Schon brachte der Tischler den bestellten Sarg. Damit der Tischler nichts merke, legten sie selbst die Leiche hinein. Sodann stellten sie den Sarg feierlich inmitten des Zimmers auf. Den Leichenwäschern aber sagte man, der tote Herr sei schon gewaschen und gesalbt. Sie erhielten trotzdem ihren Lohn. Nachdem der Deckel auf den Sarg genagelt war, ging Morgiane in die Moschee, um zu melden, daß alles zur Beerdigung bereit sei.

Eilends erschien der Imam mit den übrigen Dienern der Moschee. Vier Nachbarn nahmen den Sarg auf die Schultern und trugen ihn hinter dem Imam her. Dieser murmelte fortwährend Gebete, bis der Begräbnisplatz erreicht war. Morgiane und die Klageweiber gingen hinterdrein; sie weinten und klagten und schlugen sich an die Brust. Ali Baba und viele Bewohner der Stadt folgten dem Leichenzug. Andere Nachbarn lösten der Reihe nach die Sargträger ab. Endlich waren sie bei der Grabstätte angekommen und beerdigten den Toten. Dann zerstreuten sich die Leute und gingen ihrer Wege.

Kasims Frau war zu Hause geblieben. Sie hatte lautes Klagegeschrei erhoben. Die Frauen der Nachbarschaft stimmten der Sitte gemäß ein, so daß das ganze Stadtviertel während der Dauer des Begräbnisses von Klagen widerhallte. Auf diese Weise blieb Kasims trauriges Ende allen Leuten verborgen. Niemand außer der Witwe, Ali Baba, dessen Frau und Morgiane wußte, was sich wirklich ereignet hatte.

Kurze Zeit nach der Beerdigung brachte Ali Baba seine Habseligkeiten nebst dem Geld in das Haus der Witwe. Dort gedachte er mit seiner ersten Frau fortan zu leben. Er zeigte aber damit zugleich dem Brauch gemäß seine Vermählung mit der Witwe an. Solche Heiraten waren durchaus nicht ungewöhnlich, und niemand wunderte sich weiter darüber.

Den Kaufladen Kasims mußte Ali Babas Sohn übernehmen. Dieser hatte soeben seine Lehrzeit bei einem Kaufmann beendet. Er wies die besten Zeugnisse auf. Wenn er den Laden gut verwalte, wollte ihn der Vater bald standesgemäß verheiraten.

Lassen wir nun Ali Baba sein neues Glück genießen. Wenden wir uns wieder den vierzig Räubern zu. Nach der festgesetzten Frist kehrten sie zu ihrem Schlupfwinkel im Wald zurück. Sie waren sehr erstaunt, die Leiche Kasims nicht mehr vorzufinden. Ihr Erstaunen wandelte sich in Zorn, als sie merkten, daß eine beträchtliche Anzahl von Geldsäcken fehlte. Sie waren sich einig, daß der Tote Gefährten haben müsse, die das Geheimnis kannten. Dieser Gedanke drückte sie nieder.

„Wir sind verkauft und verraten“, sagte der Hauptmann. „Wir müssen schleunigst Maßnahmen gegen unsere Feinde ergreifen. Sonst ist der Schatz, den unsere Väter zu sammeln begannen, in kurzer Zeit verloren. Sicherlich wußte der erwischte Dieb das Zauberwort. Aber noch ein anderer muß das Wort kennen. Das beweisen die weggeschaffte Leiche und der verminderte Goldschatz. Wir müssen daher auch den zweiten töten, und das soll in kürzester Frist geschehen. Was meint ihr, Leute? Oder wißt ihr etwas anderes vorzubringen?"

Der Vorschlag des Hauptmanns leuchtete der ganzen Bande ein. Alle billigten ihn. Sie waren der Meinung, daß man vor allem den Dieb ausfindig machen müsse.

„Das habe ich von eurem Mut und eurer Klugheit erwartet", fuhr der Hauptmann fort. „Wir brauchen jetzt einen kühnen, verschlagenen Mann aus unserer Mitte. Als Kaufmann verkleidet soll er in die nahe Stadt gehen. Dort muß er auskundschaften, ob man nicht von dem seltsamen Tod eines Einwohners spricht. Sodann soll er herausbringen, wo dieser gewohnt und welche Verwandten er gehabt hat. Daß unser Feind aus der Stadt ist, scheint mir ziemlich sicher. Unser Mann muß aber schlau und vorsichtig sein; sonst verraten wir selbst unsern Unterschlupf. Wenn uns der Sendbote eine falsche Nachricht bringt, soll der Tod seine Strafe sein."

Sofort meldete sich einer der Räuber und sagte: „Laß mich in die Stadt ziehen und auf Kundschaft gehen! Ich verspreche bei meiner Ehre, mein Leben zu wagen. Wenn meine Sendung mißlingt, will ich mich jeder Strafe unterwerfen!"

Der Hauptmann und alle Kameraden lobten ihn sehr und wünschten ihm bestes Gelingen. Er verkleidete sich so gut, daß ihn niemand mehr für einen Räuber halten konnte. Beim Morgengrauen erreichte er die Stadt. Er kam bis auf den Marktplatz, wo erst ein einziger Laden geöffnet war. Es war das Geschäft des Flickschusters Baba Mustafa.

Baba Mustafa saß schon auf seinem Schusterstuhl, Ahle und Schusterriemen in der Hand. Eben wollte er die tägliche Flickarbeit beginnen; da trat der Räuber in den Laden. Freundlich bot er dem Alten einen guten Morgen. Dann knüpfte er sogleich ein Gespräch mit ihm an.

„Sag, guter Alter“, begann er, „ist es dir schon hell genug für deine Arbeit? In diesem Halbdunkel könnte ein Junger schwerlich genug sehen. Bei deinem Alter aber sind die Augen schon trübe. Ich zweifle, ob du den Faden ins Nadelöhr ziehen kannst.“

„Du scheinst nicht aus der Stadt zu sein“, entgegnete der Schuhflicker. „Du wüßtest sonst, daß ich trotz meines Alters noch sehr scharfe Augen habe; deshalb bin ich bei jung und alt ein gesuchter Arbeiter. Neulich erst mußte ich einen Toten zusammenflicken, und der lag in einem Raum, wo es noch viel dunkler war als hier. Trotzdem habe ich meine Aufgabe zur vollen Zufriedenheit meines Auftraggebers gelöst.“

Der Räuber horchte auf. Da war er ja gerade an den richtigen Mann geraten. Er wollte aber noch mehr wissen.

„Einen Toten?“ fragte er. „Wie ist denn das möglich? Wozu braucht man einen Toten noch zusammenzuflicken? Du meinst wohl, das Leichentuch hast du geflickt?“

„Nein, nein“, sagte der Schuster, „ich habe es schon richtig gesagt. Aber ich merke schon, du willst mich aushorchen. Da bist du aber an den Unrichtigen gekommen. Mehr wirst du aus mir nicht herausbringen.“

Es bedurfte für den Räuber keines weiteren Beweises. Er erkannte, daß er an der richtigen Quelle stehe, und diese mußte er unbedingt weiter ausschöpfen. Er griff daher in die Tasche und drückte Baba Mustafa ein Goldstück in die Hand.

„Ich will deine Geheimnisse nicht aufspüren“, sagte er dabei. „Aber ich bin ganz verschwiegen. Vielleicht gehört der Tote zu meinen Verwandten oder Bekannten. Da wäre es meine Pflicht, den Hinterbliebenen mein Mitgefühl auszudrücken. Ich bitte dich daher, zeige mir das Haus, wo der Mann gestorben ist.“

Baba Mustafa hielt das Goldstück unschlüssig in der Hand.

„Guter Mann“, sagte er achselzuckend, „selbst wenn ich wollte, könnte ich deinen Wunsch nicht erfüllen. Eine Sklavin kam und holte mich. An einer bestimmten Stelle verband sie mir die Augen. So führte sie mich in das Zimmer, in dem der Tote lag. Dort verrichtete ich meine Arbeit. Nachher geleitete sie mich auf die gleiche Weise an denselben Ort zurück. Von da ging ich heim. Verstehst du nun, daß ich dir nichts Genaueres mitteilen kann? Ich kenne ja den Weg nicht, der in jenes Haus führt."

Aber der Räuber begann von neuem: „Du wirst dich doch ein wenig an den Weg erinnern. Ich bitte dich, komm mit mir! Führe mich zu der Stelle, wo sie dir die Augen verband. Ich werde dort das gleiche tun. Dann werde ich dich alle Kreuz- und Querwege geleiten, die sie dich geführt hat. Vielleicht finden wir auf diese Weise den Ort, wo du warst. Aber jede Arbeit ist ihres Lohnes wert. Darum gebe ich dir hier noch ein zweites Goldstück. Komm und tu mir den Gefallen!"

Der Schuhflicker nahm die zweite Münze. Er besah sie aufmerksam und steckte sie dann zu sich. Schmunzelnd erhob er sich.

„Wir wollen es so machen, wie du gesagt hast", wandte er sich an den Räuber. „Natürlich kann ich dir nicht versprechen, daß ich den Ort finden werde."

Sie machten sich gleich auf den Weg. Mustafa brauchte seinen Laden nicht zu versperren; es war ja nichts Wertvolles vorhanden. So gingen sie mitsammen bis zu der Stelle, wo Morgiane dem Alten die Augen verbunden hatte.

„Hier hat man mir die Binde umgelegt", sagte Baba Mustafa. „Ich sah gerade auf dieselbe Stelle wie jetzt."

Der Räuber band ihm nun sein Schnupftuch vor die Augen. Dann nahm er ihn bei der Hand und ließ sich führen. Der Alte ging zuerst geradeaus. Schließlich bog er links ein, um sich wieder zur Rechten zu wenden. In einer kleinen Gasse blieb er zuletzt vor einem kleinen Haus stehen.

„Weiter bin ich damals nicht gekommen“, sagte Baba Mustafa. „So glaube ich wenigstens.“

Wirklich befand er sich gerade vor Kasims Haus. Nur wohnte jetzt Ali Baba darin. Bevor der Räuber dem Alten das Tuch abnahm, machte er rasch ein Zeichen an die Haustür. Dann fragte er ihn, ob er wisse, wem das Haus gehöre.

„Nein“, entgegnete der Schuhflicker. „Das Haus ist von meinem Laden zu weit entfernt. Ich kenne die Leute dieses Stadtteiles nicht.“

Der Räuber war nun überzeugt, von dem Alten nichts mehr zu erfahren. Deshalb ließ er ihn nach Hause gehen. Er selbst machte sich rasch auf den Weg zu seinen Gefährten im Wald.

Bald nachdem der Räuber und Baba Mustafa sich entfernt hatten, kam Morgiane aus dem Haus, um einkaufen zu gehen. Bei ihrer Rückkehr bemerkte sie das Kreidezeichen an der Haustür. Sie blieb stehen und betrachtete es verwundert. Beunruhigt dachte sie: Was soll dieses Zeichen bedeuten? Es ist ja möglich, daß es spielende Kinder gemacht haben. Aber auch ein Feind meines Herrn könnte einen bösen Streich im Schilde führen. Vorsicht ist auf alle Fälle besser. Darum versah sie die Türen der Nachbarn mit gleichen Kreidezeichen. Dann ging sie wieder an ihre Arbeit. Weder ihrem Herrn, noch ihrer Gebieterin sagte sie ein Wort davon.

Der Räuber war inzwischen im Wald angelangt. Fröhlich trat er zu seinen Genossen und erstattete sogleich dem Hauptmann Bericht über den guten Erfolg seiner Sendung. Er pries das Glück, das ihn gleich zu dem richtigen Mann geführt habe. Alle waren erfreut über diese Nachricht. Der Hauptmann aber lobte seine Geschicklichkeit und seinen Eifer.

„Kameraden", wandte er sich an die Bande, „wir wollen sofort wohlbewaffnet in die Stadt ziehen. Aber seid vorsichtig, daß man unsere Waffen nicht bemerkt! Es wird gut sein, wenn wir einzeln gehen. In der Stadt trefft ihr euch auf dem Marktplatz. Ich gehe unterdessen mit unserm Kundschafter zu dem ausgeforschten Haus, um dort meine Maßregeln zu treffen. Das Weitere werde ich euch auf dem Marktplatz mitteilen."

Die Rede des Hauptmanns wurde beifällig aufgenommen. Bald waren sie marschbereit. Zu zweit und zu dritt, die Waffen unter den Kleidern verborgen, gelangten sie ohne Aufsehen in die Stadt. Der Hauptmann und der Kundschafter trafen als letzte ein. Sie begaben sich sofort in die Gasse, in der Ali Babas Haus stand. Als der Mann an der ersten Tür Morgianes Zeichen sah, hielt er es für das richtige Haus. Der Hauptmann ging weiter, um sich nicht verdächtig zu machen. Da sah er am nächsten Haus das gleiche Zeichen. Nun fragte er seinen Begleiter, ob es dieses oder das vorige Haus sei. Jetzt wurde der Räuber verwirrt. Er wußte nicht, was er sagen sollte. Im Weitergehen bemerkten sie, daß auch die andern Häuser das gleiche Zeichen trugen. Nun wurde der Hauptmann zornig.

„Du Schuft", wetterte er, „welches Haus hast du eigentlich bezeichnet?"

Der Räuber versicherte hoch und heilig, er habe nur eine Tür mit dem Zeichen versehen. Wer die übrigen gemacht habe, wisse er nicht. Doch

sei es ihm in dieser Verwirrung nicht möglich, die richtige Tür herauszufinden. Ein Haus gleiche dem andern. Und am Morgen habe er sich das richtige Haus nicht genau angesehen.

Der Hauptmann sah nun, daß ihre Absicht vereitelt war. Also ging er mit seinem Begleiter zum Marktplatz zu den andern Räubern. Er befahl ihnen, wieder in den Wald zurückzukehren; diesmal hätten sie den Weg in die Stadt vergeblich gemacht. Er selbst ging voran, die andern folgten in Abständen. Vor der Felsenhöhle versammelten sie sich. Dort erklärte ihnen der Hauptmann die Ursache ihres Mißgeschicks. Sodann hielten sie Gericht über den ungeschickten Späher. Sie verurteilten ihn einstimmig zum Tode. Willig hielt dieser seinen Kopf hin und wurde enthauptet.

Nun meldete sich ein anderer aus der Reihe der Räuber als Kundschafter. Er wollte es besser machen als sein Vorgänger. Für die Bande war es sehr wichtig, den Mitwisser ihres Geheimnisses möglichst bald unschädlich zu machen. Darum wurde das Angebot angenommen; bei einem Scheitern des Unternehmens aber sei sein Leben verwirkt.

Der Mann trat sogleich den Weg in die Stadt an. Wie sein Vorgänger bestach er dort Baba Mustafa. Und auf die gleiche Weise wie dieser gelangte er zum Hause Ali Babas. Dort bezeichnete er die Tür an einer versteckten Stelle mit roter Kreide. Er war sicher, sie von den weiß bezeichneten Türen unterscheiden zu können. Aber wieder sah Morgiane das Zeichen, als sie aus dem Hause ging. Und sie bemalte die benachbarten Türen mit dem gleichen roten Zeichen.

Der Räuber begab sich fröhlich und zufrieden zu seinen Kameraden in den Wald zurück. Er prahlte damit, daß er das Haus mit einem untrüglichen Zeichen versehen habe; nun sei es nicht zu verfehlen. Daraufhin begaben sich alle wieder in die Stadt. Auf dem Hauptplatz versammelten sie sich. Diesmal wollten sie den Streich ausführen, der ihnen das erstemal mißlungen war. Der Hauptmann und der Kundschafter gingen sogleich in die Straße Ali Babas. Da sahen sie mit Schrecken, daß diesmal viele Türen mit roten Zeichen versehen waren. Das richtige Haus war wieder nicht zu erkennen. Der Hauptmann geriet in schreckliche Wut; aber er mußte sich zurückhalten, um in der Stadt keinen Argwohn zu erregen. Er erklärte seinen Leuten, warum der Anschlag auch diesmal mißglückt sei. Dann schickte er sie wieder in den Wald zurück. Der prahlerische Späher aber verfiel der angedrohten Strafe.

Der Hauptmann hatte also bereits zwei tapfere Leute seiner Bande verloren und trotzdem nicht das geringste ausgerichtet. Nun dachte er: Ich werde noch mehr Leute verlieren, wenn ich sie mit dieser Aufgabe betraue. Meine Männer sind tapfer und mutig im Kampf. Sie taugen zum Plündern und Blutvergießen. Aber gegen List und Betrug können sie nicht mit gleichen Waffen vorgehen.

Daher beschloß er, diese schwierige Sache selbst zu unternehmen. Er machte sich an Baba Mustafa heran und ließ sich von ihm zum Hause Ali Babas führen. Aber er versah das Haus mit keinem Kennzeichen. Er betrachtete es lieber ganz genau. Mehrmals ging er daran vorüber. Dabei prägte er sich sein Aussehen fest ins Gedächtnis.

Als er sich über alles Notwendige unterrichtet hatte, ging er zufrieden in den Wald zurück. Dort versammelte er seine Bande um sich.

„Kameraden“, sagte er, „jetzt soll uns nichts mehr an unserer Rache hindern. Ich kenne das Haus des Schurken, der uns bestohlen hat, genau. Unterwegs habe ich auf Mittel und Wege gedacht, die Sache möglichst schlau anzupacken, denn niemand darf etwas von unserer Höhle und von unserem Schatz erfahren; dies wäre unser Verderben. Hört also meinen Plan! Weiß aber einer von euch einen besseren, mag er ihn mir mitteilen. Geht in die umliegenden Dörfer und Märkte. Kauft neunzehn Mauleseln und achtunddreißig große Lederschläuche, um Öl darin fortzuschaffen. Füllt einen davon voll, die andern läßt ihr leer. Das alles bringt hierher! Dann kriecht in die Schläuche. Jeder nehme seine Waffen mit. Ich werde euch alle unbemerkt in die Stadt hineinschaffen. Alles übrige überlaßt mir!“

In einigen Tagen war alles beschafft. Die leeren Schläuche aber waren an der Öffnung etwas zu eng, daher ließ sie der Hauptmann ein wenig weiter machen. Jeder Mann kroch nun samt seinen Waffen in einen Schlauch hinein. Die Öffnung vernähte der Hauptmann bis auf eine

kleine Ritze, die als Luftloch dienen sollte. Jedermann mußte glauben, richtige Ölschläuche vor sich zu haben. Außerdem bestrich sie der Hauptmann außen noch mit Öl; das machte die Täuschung vollkommen. Sodann lud er je zwei Schläuche auf einen Maulesel. Gegen Abend zog er als Händler verkleidet in die Stadt.

Etwa eine Stunde nach Sonnenuntergang traf er dort ein. Er begab sich mit seinem Zuge geradewegs zum Hause Ali Babas. Dort wollte er ein Nachtlager für sich und seine Maultiere erbitten. Er brauchte nicht erst anzuklopfen. Ali Baba saß nämlich behaglich vor der Tür seines Hauses, um nach dem Essen die Kühle des Abends zu genießen. Der Hauptmann ließ seine Maultiere halten. Bescheiden und höflich grüßte er.

„Herr", sagte er dann, „ich bringe das Öl von weit her. Morgen will ich es auf dem Markt verkaufen. Aber ich weiß nicht, wo ich zu so später Stunde ein Unterkommen finden soll. Ich will Euch nicht zur Last fal-

len. Doch könnt Ihr mich nicht für diese Nacht beherbergen? Ich würde Euch sehr dankbar sein. Außerdem will ich Euch gut bezahlen."

Ali Baba hatte zwar den Räuberhauptmann im Wald gesehen und auch seine Stimme gehört. Aber in der Verkleidung eines Ölhändlers konnte er ihn unmöglich erkennen.

„Sei mir willkommen", sagte Ali Baba. „Du kannst in meinem Haus die Nacht verbringen."

Mit diesen Worten machte er ihm Platz, und der Hauptmann trieb seine Maultiere in den Hof hinein. Dann befahl Ali Baba seinem Sklaven, die Maultiere abzupacken, anzubinden und zu füttern. Er selbst begab sich in die Küche. Dort gab er Morgiane den Auftrag, dem späten Gast ein gutes Abendessen zu bereiten. Auch solle sie ihm in einem Zimmer ein Bett herrichten.

Ali Baba tat für seinen Gast noch mehr. Als er sah, daß der Fremde die Maultiere abgepackt hatte und sich nun im Hof einen Platz zum

Schlafen suchte, nahm er ihn bei der Hand und wollte ihn in den Empfangssaal führen. Aber der Räuberhauptmann wehrte sich dagegen. Er gab vor, dem Hausherrn nicht zur Last fallen zu wollen. In Wirklichkeit wollte er in der Nähe seiner Leute bleiben. Doch Ali Baba bat so dringend und höflich, daß er sich nicht länger zu sträuben wagte. Der Hauptmann verzehrte ein wohlzubereitetes Mahl, und der Hausherr leistete ihm Gesellschaft. Schließlich erhob sich der Gast.

„Ich lasse dich jetzt allein", sagte Ali Baba zu ihm. „Wenn du etwas brauchst, so rufe nur! Alles im Hause steht dir zu Diensten."

Der Hausherr begab sich in die Küche, um mit Morgiane etwas zu besprechen. Währenddessen ging der Gast in den Hof hinunter. Er tat so, als wolle er nach seinen Mauleseln im Stall sehen.

Ali Baba trug seiner Sklavin auf, für den Gast aufs beste zu sorgen. Sie solle es ihm an nichts fehlen lassen.

„Außerdem", fügte er hinzu, „habe ich die Absicht, morgen früh ins Bad zu gehen. Lege die Badetüchter zurecht und gib sie dem Sklaven Abdallah! Vergiß nicht, mir eine kräftige Suppe zu kochen. Ich will sie nach dem Bad zu mir nehmen!"

Nach diesen Worten begab er sich auf sein Zimmer und legte sich zu Bett.

Der Räuberhauptmann war indessen aus dem Stall herausgetreten. Er gab seinen Leuten Befehl, was sie tun sollten. Zu diesem Zweck ging er langsam an den Schläuchen vorbei.

„Wenn ihr kleine Steine in den Hof fallen hört", sagte er leise, „dann schneidet mit euren Dolchen die Schläuche auseinander! Kriecht sofort heraus und wartet auf mich! Ich werde gleich da sein."

Hierauf ging er ins Haus zurück. Morgiane führte ihn in ein prächtiges Zimmer. Sie erkundigte sich auch noch nach seinen Wünschen, aber der fremde Händler dankte. So ließ sie ihn allein. Er löschte das Licht. Angekleidet legte er sich aufs Bett, um noch ein wenig zu warten.

Morgiane vergaß den Befehl ihres Herrn nicht. Sie legte die Badewäsche zurecht und übergab sie Abdallah. Dann ging sie in die Küche, um die Suppe vorzubereiten und Feuer anzuzünden. Während dieser

Arbeit aber wurde das Licht der Lampe immer kleiner und kleiner. Schließlich ging es ganz aus. Es war kein Öl mehr in der Lampe. Als sie aus dem Ölkrug nachfüllen wollte, war auch dieser leer. Kerzen waren keine mehr vorrätig. Nun wußte sie nicht, was sie tun sollte. Licht brauchte sie unbedingt zu ihrer Arbeit. So fragte sie Abdallah um Rat.

„Mach dir keine Sorgen", sagte dieser. „Es ist Öl genug im Hause. Geh hinunter in den Hof. Dort liegen die Ölschläuche des fremden Händlers. Nimm dir Öl daraus, soviel du willst! Er wird gewiß nichts dagegen haben. Und morgen wollen wir ihm den Preis für das Öl bezahlen."

Morgiane dankte Abdallah für seinen Rat. Während er zu Bett ging, wanderte sie mit dem Ölkrug in den Hof. Sie näherte sich dem erstbesten Schlauch. Da glaubte der Räuber drinnen, der Hauptmann komme endlich. Er war schon ungeduldig, aus dem Schlauch herauszukommen. Infolge der unbequemen Lage schmerzten ihn alle Glieder.

„Ist es Zeit?" fragte er leise.

Jede andere Frau wäre zu Tode erschrocken. Morgiane war zwar auch nicht wenig überrascht; schließlich hatte sie in dem Schlauch Öl vermutet und nicht einen Menschen. Aber sie faßte sich augenblicklich. Sie begriff, wie wichtig es war, die Sache geheimzuhalten. Ohne ein Zeichen der Unruhe gab sie mit tiefer Stimme wie der Hauptmann Antwort.

„Noch nicht, aber bald!" sagte sie.

Dann wandte sie sich zum nächsten Schlauch. Die gleiche Frage erfolgte, und sie gab die gleiche Antwort. So ging es fort bis zum letzten Schlauch. In diesem war nun wirklich Öl. Damit konnte sie ihren Krug füllen. Rasch eilte sie in die Küche zurück, wo sie die Lampe putzte und füllte.

Während sie die Lampe anzündete, überlegte sie fieberhaft. Der Gast ihres Herrn war also kein Ölhändler, sondern ein Räuberhauptmann. Die siebenunddreißig Räuber in den Schläuchen warteten offenbar auf die Gelegenheit zu einem scheußlichen Verbrechen. Dagegen mußte sie sofort etwas unternehmen. Sie ging mit einem großen Kessel in den Hof und füllte ihn mit Öl aus dem letzten Schlauch. Den vollen Kessel trug sie in die Küche zurück und setzte ihn über das Feuer. Mit viel hartem Holz schürte sie es zu einer mächtigen Flamme an. Rasch begann das Öl zu kochen und zu wallen. Das siedende Öl trug Morgiane in den Hof hinunter; dann goß sie in jeden Schlauch genügend viel, um den Räuber darin zu töten.

Diese Tat machte Morgiane alle Ehre. Sie hatte damit ebensoviel Mut wie Umsicht bewiesen. Nachdem sie alles geräuschlos vollbracht hatte, kehrte sie in die Küche zurück. Sie dämmte das Feuer so weit ein, daß sie gerade noch die Suppe für ihren Herrn kochen konnte. Dann löschte sie das Licht aus, versperrte die Küchentür und setzte sich schweigend ans Fenster. Von hier aus wollte sie beobachten, was sich etwa noch ereignen würde.

Eine Viertelstunde saß sie nun bereits am Fenster. Aber nichts geschah. Der Räuberhauptmann hatte gewartet, bis alle Bewohner des Hauses schliefen. Nun trat er ans Fenster und blickte in den dunklen Hof hinunter. Nichts regte sich. Kein Lichtschimmer war zu sehen. Da warf er als verabredetes Zeichen kleine Steine hinab. Einige Steine trafen die Schläuche. Jedoch es rührte sich nichts, die Leute kamen aus den Schläuchen nicht heraus. Das machte ihn stutzig. Er warf ein zweites- und drittesmal Steine hinab, aber alles blieb ruhig. In höchster Bestürzung eilte er leise in den Hof. Schon beim ersten Schlauch drang ihm der Geruch von heißem Öl und ein übler Gestank entgegen. Ebenso war es beim zweiten. Sogleich wußte er, daß sein Plan fehlgeschlagen war. Seine Absicht, Ali Baba umzubringen und sein Haus zu plündern, war zunichte gemacht. Er sah, daß alle seine Leute auf die gleiche Weise ums Leben gekommen waren. In dem letzten Schlauch fehlte eine größere Menge Öl; damit hatte man seine Leute umgebracht. Verzweifelt sah er alle seine Hoffnungen vernichtet. Jetzt konnte er nur darauf bedacht sein, schleunigst sein Leben zu retten. Darum sprang er über die Mauer in den Garten des Nachbars. Von da flüchtete er über Zäune und Hecken, bis er aufatmend im Freien stand. Eilig lief er dem nahen Wald zu.

Morgiane hörte kein Geräusch mehr. Sie sah den Räuberhauptmann auch nicht mehr zurückkommen. Nun war sie sicher, daß er durch die Gärten das Weite gesucht habe. Die Haustür war ja doppelt verschlossen; hier hatte er nicht zu entrinnen vermocht. Sie war zufrieden, daß ihr diese Tat gelungen war. Beruhigt konnte sie sich zu Bett legen. Sie hatte ihren Herrn und das ganze Haus vor der Räuberbande gerettet.

Ali Baba stand am nächsten Morgen zeitig auf und ging in Begleitung seines Sklaven ins Bad. Von den Ereignissen dieser Nacht hatte er keine Ahnung. Morgiane hatte weder ihm noch Abdallah erzählt, um sie nicht zu beunruhigen.

Als Ali Baba aus dem Bad nach Hause kam, stand die Sonne schon hoch am Himmel. Verwundert bemerkte er, daß im Hofe seines Hauses noch immer die Ölschläuche lagen. Er hatte den fremden Kaufmann schon lang auf dem Markt vermutet. Daher fragte er Morgiane, warum der Händler noch im Hause sei.

„Mein Gebieter", sagte Morgiane, „Gott erhalte Euch und Euer ganzes Haus! Ihr seid zu einem langen Leben bestimmt. Heute nacht hat Euch die Güte Allahs vor dem Tode beschützt. Eure Feinde aber hat er elend umkommen lassen. Kommt und seht mit eigenen Augen, was Ihr zu wissen begehrt!“

Ali Baba folgte der Magd. Sie führte ihn zu dem ersten Schlauch.

„Schaut einmal“, sagte sie, „was für Öl da drinnen ist!“

Ali Baba bückte sich, um in den Schlauch zu sehen. Als er einen Mann mit gezücktem Dolch darinnen sah, sprang er mit einem Schrei zurück.

„Fürchtet Euch nicht“, sagte Morgiane. „Der Mann ist unschädlich. Er kann niemandem mehr etwas tun, denn er ist tot.“

„Morgiane“, rief Ali Baba, „was soll das heißen? Erkläre es mir!“

„Ihr werdet es sogleich erfahren“, antwortete Morgiane. „Doch redet leiser! Die Nachbarn brauchen unser Geheimnis nicht zu wissen. Schaut Euch zuerst noch die andern Schläuche an!“

Ali Baba blickte der Reihe nach in alle Schläuche. In jedem sah er einen toten, verbrühten Mann mit einem Dolch in der Hand. Im ganzen waren es siebenunddreißig Männer. Im letzten Schlauch war nur etwas Öl. Ratlos blieb Ali Baba stehen. Bald blickte er Morgiane, bald die Schläuche an. Endlich erholte er sich soweit, daß er sprechen konnte.

„Aber was ist aus dem fremden Kaufmann geworden?“ fragte er.

„Der Kaufmann“, erwiderte Morgiane, „ist ebensowenig Kaufmann wie Ihr oder ich. Aber ich will Euch die ganze Geschichte lieber in Eurem Zimmer erzählen. Dort könnt Ihr bequem sitzen und die stärkende Fleischbrühe trinken.“

Ali Baba begab sich in sein Zimmer und Morgiane brachte ihm die Fleischbrühe.

„Fang gleich an!“ rief er ungeduldig. „Erzähle mir diese seltsame Geschichte recht ausführlich! Ich kann es kaum mehr erwarten.“

Morgiane erfüllte den Wunsch ihres Herrn und berichtete:

„Herr, gestern abend richtete ich nach Eurem Befehl die Badetücher her. Ich übergab sie Abdallah. Dann setzte ich den Topf mit Suppe ans Feuer. Da erlosch die Lampe, weil das Öl zu Ende war. Ich fand auch keines im Krug. Nicht einmal ein Stümpfchen Kerze war da. Abdallah machte mich auf die Ölschläuche im Hof aufmerksam; so nahm ich den Krug, um mir Öl aus einem der Schläuche zu holen.

Gleich aus dem ersten Schlauch rief eine Stimme heraus:

‚Ist es Zeit?'

Ich erschrak, faßte mich aber sogleich. Daß hier eine Untat im Gange sei, war mir klar. Ich erwiderte daher mit verstellter Stimme:

‚Noch nicht, aber bald!'

So trat ich von Schlauch zu Schlauch. Bei jedem hörte ich die gleiche Frage und gab die gleiche Antwort. Und so erkannte ich, daß in jedem ein Mann versteckt sei. Erst im letzten Schlauch fand ich Öl; damit füllte ich meinen Krug. Nun wußte ich, daß in Eurem Hause siebenunddreißig Räuber waren; und sie alle lauerten auf ein Zeichen, um über Euch herzufallen. So nahm ich einen großen Kessel, füllte ihn mit Öl und brachte es zum Sieden. Damit verbrühte ich die Räuber in den Schläuchen. Dann ging ich wieder in die Küche, verriegelte die Tür und löschte das Licht aus. Vom Fenster aus beobachtete ich nun, was unser Gast weiter unternehmen würde. Nach einer Weile hörte ich ihn kleine Steine auf die Schläuche werfen. Als sich nichts rührte, tat er dies ein zweites- und drittesmal. Dann schlich er in den Hof hinunter und ging von einem Schlauch zum andern. Wegen der Dunkelheit verlor ich ihn aus den Augen. Ich glaube, daß er über die Gartenmauer geflüchtet ist."

„Das ist die Geschichte", fuhr sie fort, „nach der Ihr gefragt habt. Aber ich kann noch mehr berichten. Vor einigen Tagen bemerkte ich nämlich ein weißes Zeichen an unserer Haustür. Ich hatte keine Ahnung, wozu es dienen sollte. Aber ich machte mit Kreide die gleichen Zeichen an die Türen unserer Nachbarschaft. Am nächsten Tag sah ich die Tür mit roter Kreide bemalt. Nun versah ich alle Türen mit dem gleichen roten Zeichen. Überdenkt dies alles einmal genau! Ich erkannte, daß es mit den vierzig Räubern im Walde zusammenhängen müsse. Warum nur achtunddreißig hier waren, ist mir nicht klar. Jedenfalls beweist es, daß die Räuber auf Euren Tod sinnen. Es sind zwar höchstens drei übrig. Trotzdem nehmt Euch in acht! Solange auch nur einer am Leben ist, kann er Euch gefährlich werden. Ich werde sicherlich alles tun, um über Euer Leben zu wachen."

Nun erkannte Ali Baba, welchen Dienst ihm Morgiane geleistet hatte. „Du hast mir mein Leben gerettet", sagte er dankbar. „Deshalb schenke ich dir von dieser Stunde an die Freiheit. Ich will dir auch fernerhin Gutes tun, soviel ich vermag. Auch ich bin überzeugt, daß es die vierzig Räuber waren. Gelobt sei Allah! Er hat mich durch deine Hand aus dieser Gefahr errettet. Ich flehe ihn an, daß er mich auch weiterhin beschützen möge. Nun aber müssen wir zuerst die Leichen dieser Schurken in eine Grube werfen. Wir wollen es in aller Stille tun; niemand darf von der ganzen Sache erfahren. Abdallah wird mir dabei helfen."

Der Garten Ali Babas war sehr lang. Am Ende wurde er von hohen, alten Bäumen abgeschlossen. Gemeinsam mit dem Sklaven hob Ali Baba hier eine lange, tiefe Grube aus. Der Boden war locker, also ging die Arbeit rasch vor sich. Sie zogen nun die Toten aus den Schläuchen heraus und warfen einen nach dem andern in die Grube. Nachher schütteten sie Erde darauf und stampften sie fest. Zuletzt streuten sie noch lockere Erde darüber. Nun sah der Boden aus wie früher. Die Ölschläuche verbarg Ali Baba im Haus, die Maultiere ließ er zu verschiedenen Zeiten auf dem Markt verkaufen. So tat Ali Baba alles, um das Geheimnis seines Reichtums zu verbergen.

Unterdessen war der Räuberhauptmann wieder bei der Felsenhöhle angelangt. Schmerz und Zorn erfüllten sein Herz. Im Innern der Höhle setzte er sich nieder und betrauerte das Schicksal seiner Leute. Sie hatten ein gräßliches Ende gefunden. Nie mehr würde er eine solche Schar mutiger Genossen zusammenbringen! Und er faßte den Entschluß, das Los der Gefährten zu rächen. Auch die Schätze in der Höhle sollte der Dieb nicht bekommen. Nun wurde er ruhiger. Schließlich übermannte ihn der Schlaf.

Am nächsten Morgen legte er ein stattliches Gewand an. So kehrte er in der Stadt in einer vornehmen Herberge ein. Er glaubte, die Vorfälle im Hause Ali Babas müßten in der Stadt bekannt geworden sein. Darum fragte er den Herbergswirt nach besonderen Ereignissen. Dieser berichtete alle möglichen Belanglosigkeiten; aber die erwartete Neuigkeit blieb aus. Er sah daraus, daß Ali Baba sehr vorsichtig zu Werke gegangen war. Vermutlich wollte er die Herkunft seines Reichtums nicht preisgeben. Der Räuber beschloß daher, ihn auf geheime Weise aus dem Weg zu räumen.

Er verschaffte sich ein Pferd. Mit diesem ritt er mehrmals in den Wald zur Schatzhöhle. Jedesmal brachte er Ballen mit den feinsten Stoffen, Kleider und Teppiche und kostbare Edelsteine mit. In der Stadt mietete er einen Kaufladen; dort stapelte er seine Waren auf. Schließlich eröffnete er einen schwunghaften Handel. Diesem Kaufladen gegenüber lag das Geschäft Kasims, das jetzt der junge Sohn Ali Babas betrieb.

Der Räuberhauptmann hatte inzwischen den Namen Kogia Husain angenommen. Als neuer Geschäftsmann stattete er der Sitte gemäß dem Nachbarn seinen Besuch ab und erwies ihm alle möglichen Höflichkeiten. Seine Gefälligkeit und sein würdevolles Auftreten verschafften ihm bald Achtung und Ansehen. Der Sohn Ali Babas suchte seinen Umgang, und bald wurden die beiden gute Freunde. Der Jüngling war nicht ungebildet und sehr verständig. Es plauderte sich ganz angenehm mit dem jungen Mann. Manchmal besuchte Ali Baba seinen Sohn. Kogia Husain erkannte in ihm den Besitzer des Hauses, in dem seine Gefährten ihr Leben hatten lassen müssen. Da erfuhr er von dem Jüngling, daß Ali Baba sein Vater sei. Nun verdoppelte er seine Liebenswürdigkeiten. Er machte ihm kleine Geschenke und lud ihn wiederholt zum Speisen ein.

Der junge Mann wollte so viele Gefälligkeiten nicht ohne Gegendienst hinnehmen. Er hatte aber keine Möglichkeit, eine Einladung ergehen zu lassen, denn seine Wohnung war eng und unbequem. Eines Tages sprach er mit seinem Vater darüber. Ali Baba erklärte sich mit Vergnügen bereit, den Gastgeber zu spielen.

„Mein Sohn“, sagte er, „morgen ist Freitag. An diesem Tag halten alle großen Kaufleute ihre Läden geschlossen. Fordere deinen Nachbarn höflich zu einem Spaziergang durch die Stadt auf. Richte es so ein, daß ihr auf dem Rückweg an meinem Hause vorüberkommt. Dann nötigst du ihn, bei mir einzutreten. Eine förmliche Einladung möchte ich vermeiden. Aber Morgiane wird ein gutes Abendessen bereithalten.“

Am Freitag nachmittag machten Ali Babas Sohn und Kogia Husain wirklich einen Spaziergang miteinander. Auf dem Rückweg kamen sie wie von ungefähr durch die Straße, in der Ali Baba wohnte. Als sie vor der Haustüre anlangten, blieb der Jüngling stehen.

„Seht, dies ist unser Haus", sagte er. „Tretet ein und macht mir die Ehre, bei meinem Vater zu speisen."

Kogia Husain aber lehnte ab. Er suchte mancherlei Vorwände, doch der Jüngling bat immer eindringlicher, der Kaufmann möge die große Zahl seiner Gefälligkeiten noch um diese eine vermehren. Der Räuberhauptmann hatte sich zwar zum Ziel gesetzt, Zutritt zu Ali Babas Haus zu erlangen und diesen umzubringen. Trotzdem widersetzte er sich zum Schein noch eine Zeitlang. Schließlich öffnete ein Sklave die Tür. Da ergriff der Jüngling seinen Freund bei der Hand und führte ihn höflich ins Haus.

Ali Baba empfing Kogia Husain mit freundlicher Miene. Er dankte für die Ehre des Besuches und wünschte ihm Glück und Wohlergehen.

„Ich bin dir sehr zu Dank verpflichtet", sagte er dann. „Du bist ein erfahrener Mann, aber du findest es nicht unter deiner Würde, an der Bildung meines Sohnes mitzuwirken."

Husain erwiderte mit höflichen Worten. Nach kurzem Gespräch wollte er sich entfernen. Ali Baba hielt ihn jedoch zurück und bat ihn um die Ehre, das Abendbrot in seinem Hause einzunehmen.

„Herr", erwiderte Kogia Husain, „ich danke dir für die freundliche Einladung. Nimm es bitte nicht übel, wenn ich mich trotzdem entferne. Betrachte dies weder als Geringschätzung noch als Unhöflichkeit. Ein besonderer Grund zwingt mich dazu."

„Darf ich den Grund erfahren?" fragte Ali Baba.

Der Kaufmann entgegnete: „Den kann ich dir wohl nennen. Ich esse weder Fleisch noch sonstige Gerichte mit Salz. Daher würde ich bei Tisch eine seltsame Rolle spielen. Das will ich vermeiden."

Wenn im Morgenland ein Mann mit einem anderen Salz ißt, wird dieser sein Freund und Bruder. Er darf ihm dann auch nichts Böses zufügen. Das ist wichtig zu wissen.

„Dieser Grund soll mich nicht der Ehre deines Besuches berauben", gab Ali Baba zur Antwort. „In meinem Brot befindet sich kein Salz. Und auch für die anderen Gerichte, die dir vorgesetzt werden, soll kein Salz Verwendung finden. Bleibe daher! Ich will in die Küche gehen, um dies anzuordnen."

Sogleich begab sich Ali Baba zu Morgiane und gebot ihr, auf das Fleisch heute kein Salz zu geben. Außerdem solle sie mehrere ungesalzene Gerichte bereiten. Morgiane war eben im Begriff gewesen, die Speisen anzurichten. Nun wurde sie unwillig.

„Wer ist denn dieser eigensinnige Mensch?" fragte sie. „Warum will er durchaus kein Salz essen? Wenn ich nun neue Speisen bereite, werden sie nicht mehr gut sein."

„Sei nicht böse, Morgiane", bat Ali Baba, „und tu, was ich dir sage!"

Morgiane gehorchte widerwillig. Dabei war sie neugierig, diesen Mann kennenzulernen. Als Abdallah den Tisch gedeckt hatte, half sie die Speisen hineintragen. Trotz der Verkleidung erkannte sie in dem

Gast sofort den Räuberhauptmann. Sie bemerkte auch, daß er einen Dolch im Kleid versteckt trug. Aha, dachte sie, jetzt weiß ich, warum dieser Schurke mit meinem Herrn kein Salz essen will. Er will ihn umbringen. Doch ich werde es schon zu verhindern wissen.

In der Küche überlegte Morgiane, wie sie ihren Plan am sichersten ausführen könne. Während der Gast mit ihrem Herrn aß, traf sie ihre Vorbereitungen. Sie war gerade damit fertig, als Abdallah nach den Früchten zum Nachtisch fragte. Aber sie trug die Früchte selbst hinein. Sie stellte sie auf ein kleines Tischchen neben Ali Baba. Beim Hinausgehen zog sie Abdallah mit sich und tat so, als wolle sie ihren Herrn mit dem Gast ungestört lassen.

Jetzt, glaubte der Räuberhauptmann, sei der Zeitpunkt gekommen, Ali Baba umzubringen.

Nun werde ich den günstigen Augenblick nützen, sagte er zu sich. Ich will Vater und Sohn betrunken machen. Dann werde ich dem Alten den Dolch ins Herz stoßen. Der Sohn soll am Leben bleiben, wenn er mich nicht hindert. Ich aber werde so wie das erstemal über die Gartenmauer flüchten. Aber ein wenig muß ich noch zuwarten, bis der Sklave und die Köchin beim Essen sind.

Morgiane jedoch hatte die schurkische Absicht des Räubers erkannt. Sie ließ ihm keine Zeit, den boshaften Plan auszuführen. Statt zu essen, zog sie ein anmutiges Tanzkleid an, schmückte sich mit einem silbernen Kopfputz und legte einen glitzernden Gürtel um. An diesem Gürtel hing ein mit Edelsteinen besetzter Dolch. Als sie fertig war, wandte sie sich an Abdallah.

„Abdallah“, sagte sie, „nimm deine Schellentrommel! Wir wollen zu unserm Herrn hineingehen und ihn und seinen Gast unterhalten.“

Der Sklave holte die Schellentrommel, schlug sie an und ging vor Morgiane her in den Saal. Morgiane trat nach ihm ein. Sie verneigte sich tief mit ungezwungener Anmut. Damit bat sie um Erlaubnis, ihre Tanzkunst zu zeigen.

„Nur herein, Morgiane!“ rief Ali Baba ihr entgegen. „Unser Gast soll beurteilen, ob du auch diese Kunst verstehst.“ Und zu seinem Gast

gewendet fuhr er fort: „Du siehst, ich habe alles im Hause. Ich brauche nicht erst fremde Tänzerinnen zu bestellen. Dieses Vergnügen bereiten mir meine Köchin und der Sklave. Ich hoffe, es wird dir nicht unangenehm sein."

Kogia Husain war über diesen Zwischenfall sehr erbost und verwünschte im geheimen die beiden Tänzer. Nun war wieder eine günstige Gelegenheit verpaßt. Aber er konnte nicht gut ablehnen. Deshalb versicherte er, er freue sich über dieses unerwartete Vergnügen.

Sofort begann Abdallah, seine Schellentrommel zu schlagen. Dazu sang er ein Tanzlied. Morgiane tanzte mit unnachahmlicher Anmut, die der geübtesten Tänzerin Ehre gemacht hätte. Nur der falsche Kaufmann hatte kein Auge für die zierlichen Bewegungen des Mädchens. Verdrossen blickte er vor sich hin. Ali Baba und sein Sohn aber kargten nicht mit Beifallsrufen.

Ein Tanz löste den andern ab. Die Tanzschritte wurden immer rascher und schwieriger. Schließlich zog Morgiane den Dolch. Mit der blitzenden Klinge in der Hand, wirbelte sie in kühnen Sprüngen durch den Saal.

Bald stieß sie den funkelnden Dolch nach vorne, bald zur Seite. Manchmal zielte sie auch auf Ali Baba, seinen Sohn oder den Kaufmann. Endlich schien sie sich außer Atem getanzt zu haben. Sie riß dem Sklaven die Schellentrommel aus der Hand. In der Rechten hielt sie noch immer den Dolch. Nun aber reichte sie die hohle Seite der Trommel Ali Baba hin, als wolle sie Geld einsammeln.

Ali Baba warf ein Goldstück in die Trommel; sein Sohn folgte seinem Beispiel. Auch Kogia Husain hatte schon seinen Geldbeutel gezogen. Eben griff er hinein, um eine Münze herauszunehmen. Da bohrte ihm Morgiane mit dem Mut der Entschlossenheit den Dolch in die Brust. Der Kaufmann sank leblos zurück.

Ali Baba und sein Sohn stießen gleichzeitig einen Schrei des Entsetzens aus.

„Unglückselige", rief Ali Baba, „was hast du getan? Willst du mich und meine Familie verderben?"

„Nein, Herr", erwiderte Morgiane ruhig. „Ich tat dies, um Euch zu retten. Seht her, was ich Euch zeigen werde."

Bei diesen Worten öffnete sie das Gewand des falschen Kaufmannes. Sie zeigte ihrem Herrn den Dolch, mit dem dieser bewaffnet war.

„Merkt Ihr", fuhr sie fort, „mit welchem Feind Ihr zu tun hattet? Schaut ihn einmal genauer an, dann werdet Ihr in ihm den angeblichen Ölhändler erkennen. Also war er in Wahrheit der Hauptmann der vierzig Räuber. Er hat Euch immer nach dem Leben getrachtet. Nun werdet Ihr auch verstehen, warum er kein Salz mit Euch essen wollte; da hatte ich sofort Argwohn geschöpft und mein Verdacht war nicht grundlos. Davon konntet Ihr Euch jetzt überzeugen."

Tief ergriffen umarmte Ali Baba das Mädchen. Es hatte ihm jetzt zum zweitenmal das Leben gerettet.

„Morgiane", sagte er, „ich habe dir die Freiheit geschenkt. Damit sollte aber meine Dankbarkeit nicht erschöpft sein; das habe ich dir versprochen. Jetzt ist es Zeit, dieses Versprechen zu halten. Weißt du, womit ich dich für deine Treue und Tatkraft belohnen will? Ich will dich mit meinem Sohn vermählen!"

Nun wandte er sich an seinen Sohn.

„Lieber Sohn“, sagte er, „du hörst, was ich beschlossen habe. Ich hoffe, du hast genügend Ehrfurcht vor dem Willen deines Vaters. Und du bist Morgiane nicht weniger Dank schuldig als ich. Husain hat deine Freundschaft nur gesucht, um mich töten zu können. Vielleicht hätte er auch dich seiner Rache geopfert. Morgiane wird unserer Familie immer eine Zierde sein; dir aber wird sie eine Stütze bedeuten bis ans Ende deiner Tage! Darum will ich dich mit ihr vermählen.“

Der Jüngling zeigte nicht das geringste Widerstreben. Diese Heirat mit Morgiane entsprach ganz seiner Neigung.

Hierauf begruben sie den Leichnam des Räuberhauptmannes im Garten neben seinen Genossen. Dies geschah rasch und in aller Stille. Die ganze Sache wurde erst nach Jahren ruchbar. Aber da war keiner der Beteiligten mehr am Leben.

Wenige Tage nachher wurde die Hochzeit Morgianes mit dem Sohn Ali Babas gefeiert. Es gab ein glänzendes Festmahl, von Gesang und

Tanz und allen üblichen Vergnügungen begleitet. Ali Baba freute sich besonders, weil alle Gäste die Vorzüge Morgianes lobten, obwohl sie die eigentlichen Beweggründe dieser Heirat gar nicht kannten.

Ali Baba war das letztemal in der Felsenhöhle gewesen, als er die Leiche seines Bruders gefunden hatte. Er hütete sich nun lange Zeit, nochmals dorthin zurückzukehren. Schließlich hatten nur achtunddreißig Räuber mit Sicherheit den Tod gefunden. Was mit den beiden geschehen war, die noch auf vierzig fehlten, wußte er ja nicht. Er mußte annehmen, daß sie ihm vielleicht in der Höhle auflauerten.

Es blieb aber weit über ein Jahr lang alles ruhig. Nun erfaßte Ali Baba die Neugierde. Darum bestieg er eines Morgens sein Pferd und ritt in den Wald. Bei der Felsengrotte angekommen, spähte er vorsichtig um sich. Aber er fand weder Spuren von Menschen noch von Pferden. Das Gestrüpp vor der Felsentür war fast undurchdringlich geworden. Daraus schloß er, daß lange Zeit niemand in der Höhle gewesen sei. So band er sein Roß an einen Baum, kroch durch das Gebüsch an die Tür heran und sprach die Worte:

„Sesam, öffne dich!“

Sogleich öffnete sich die Tür und er ging hinein. Da sah er, daß Waren und Schätze unberührt dalagen. Seit Kogia Husain war also niemand mehr in der Höhle gewesen. Keiner von den vierzig Räubern konnte mehr am Leben sein. Ali Baba war somit der einzige, der von diesen Schätzen wußte; er war Herr des unermeßlichen Reichtums in der Höhle. Aber er füllte nur einen Sack mit Gold, so daß ihn sein Pferd gerade tragen konnte. Dann kehrte er heiter und zufrieden in die Stadt zurück.

Seit dieser Zeit lebte Ali Baba in Frieden. Hochgeehrt von allen Bewohnern der Stadt genoß er seinen Reichtum in behaglicher Ruhe. Das Geheimnis der Höhle und der Zauberworte teilte er auch seinem Sohn mit. Dieser wieder vertraute es seinen Kindern an. Sie alle verfügten weise und mäßig über ihr Vermögen; daher wurden sie von den Armen geliebt und von den Reichen geschätzt. Und so verbrachten sie ihr Leben in Glück und Freude.

DAS ZAUBERPFERD

In alten Zeiten herrschte in Persien ein König, der eine blühende Tochter und mehrere stattliche Söhne hatte. Einstmals feierte der König ein Fest. Da traten drei weise Männer aus Indien vor ihn hin. Der erste führte einen goldenen Pfau, der zweite ein silbernes Horn und der dritte ein Pferd aus Ebenholz mit sich. Diese Gegenstände waren so kunstvoll gefertigt, daß sie ganz natürlich aussahen.

Der König fragte erstaunt, was diese Dinge bedeuten und nützen sollten.

Da sagte der Mann mit dem Pfau: „Erhabener Herrscher, der Pfau zeigt Euch durch seinen Flügelschlag und mit seinem Ruf jede Stunde des Tages und der Nacht an."

Dann sprach der Mann mit dem Horn: „Großer König, legt dieses Horn auf die Stadtmauer. Wenn sich ein Feind nähert, so ertönt es laut."

Zuletzt sprach der Mann mit dem Pferd: „Mein Gebieter, dieses Pferd bringt jeden im Fluge dorthin, wohin er will."

Der König wollte zuerst erproben, ob die Männer die Wahrheit gesagt hätten. Er fand sowohl beim Pfau als beim Horn, daß ihnen die versprochene Kraft innewohnte. Nun durfte sich jeder eine Gunst für diese Dinge erbitten. Und jeder erbat sich die Tochter eines vornehmen Würdenträgers zur Gattin. Der Fürst gewährte gnädigst jedem seine Bitte.

Zuletzt trat der dritte Mann vor den König. Er beugte sein Knie und bat ihn um die Hand seiner Tochter.

Der König aber sagte: „Ich muß zuerst erfahren, ob dieses Pferd wirklich die wunderbare Kraft besitzt. Deshalb mußt du vor meinen Augen einen Versuch damit machen."

Der Inder schwang sich sogleich auf das Pferd. Er setzte sich fest und bequem. Dann fragte er den König, wohin er ihn zu schicken beliebe.

Drei Wegstunden von der Hauptstadt entfernt lag ein hoher Berg. Man konnte ihn von dem Platz vor dem Königsschlosse sehr gut sehen.

„Siehst du diesen Berg“, sagte der König, indem er auf den Berg hinwies. „Ich will, daß du dorthin reitest. Bringe den Zweig einer Palme mit, die am Fuße des Berges wächst. Das soll das Zeichen sein, daß du dort gewesen bist.“

Kaum hatte der König diesen Wunsch ausgesprochen, drehte der Inder einen hölzernen Wirbel auf der linken Seite des Pferdes. Augenblicklich stieg das Pferd vom Boden auf und erhob sich hoch in die Lüfte. Mit Windeseile entführte es den Reiter den Blicken der staunenden Zuschauer.

Noch war keine Viertelstunde verstrichen, da tauchten Roß und Reiter in Wolkenhöhe in der Ferne wieder auf, und im nächsten Augenblick waren sie über dem Festplatz. Da ließ der Reiter sein Pferd unter dem freudigen Beifall des Volkes noch einigemale in der Luft kreisen. Dann lenkte er es langsam und vorsichtig vor den Thron des Königs. Als das Pferd seine Beine wieder auf den Boden setzte, merkte man dem Reiter nicht die geringste Erschütterung an. Er stieg nun ab, verneigte sich tief vor dem König und legte den Palmenzweig zu seinen Füßen nieder.

Der König von Persien war staunend Zeuge dieses wunderbaren Schauspiels gewesen. Nun wollte er dieses Zauberpferd gern in seinen Besitz bringen. Daher fragte er den Inder, ob er es ihm verkaufen wolle.

„Großmächtiger König“, entgegnete der Mann, „verkaufen kann ich es nicht. Ich habe es vom Erbauer nur unter der Bedingung erhalten, daß ich ihm meine einzige Tochter zur Frau gebe. Aber er verlangte außerdem, daß ich das Pferd nie verkaufe. Ich dürfte es nur im Tauschwege abgeben.“

Der Inder wollte noch weitersprechen, aber der König unterbrach ihn.

„Ich bin bereit“, sagte er, „einen solchen Tausch einzugehen. In meinem Land sind viele schöne, wohlhabende Städte. Du kannst dir eine von diesen aussuchen. Sie soll dann auf Lebenszeit in deinen Besitz übergehen.“

Dieser Tausch erschien dem ganzen Hofstaat wahrhaft königlich. Aber er war weit unter dem, den der Inder im Sinn hatte.

„Herr, verzeiht", antwortete er, „wenn ich Euer Angebot nicht annehmen kann. Ich bitte Euch vielmehr, mir Eure Tochter als Gemahlin anzuvertrauen. Nur dann kann ich Euch dieses Wunderpferd überlassen."

Die Hofleute lachten über dieses wahnwitzige Verlangen des Mannes. Der älteste Sohn des Königs, Prinz Firus Schah, äußerte laut seinen Unwillen. Der König selbst schien dem Vorschlag gar nicht so abgeneigt zu sein; er wollte das Pferd um jeden Preis besitzen. Das hatte auch der Prinz bemerkt, und darum fürchtete er, daß sein Vater dem Antrag zustimmen werde. Das erschien ihm aber als Schande für seine Schwester und Beleidigung seiner eigenen Person. Darum wollte er dem Entschluß des Königs zuvorkommen.

„Herr, verzeiht", sagte er, „wenn ich zu dieser Sache das Wort ergreife. Ihr könnt doch nicht diesem unverschämten Gaukler die Hand Eurer Tochter zusagen. Bedenkt, was Ihr Eurem hohen Stande schuldig seid!"

„Mein Sohn", erwiderte der König, „ich nehme dir deine Worte nicht übel, da du so eifrig für die Würde des Königshauses eintrittst. Aber hast du auch die wunderbaren Vorzüge dieses Pferdes richtig gewürdigt? Hast du dir überlegt, daß der Inder seinen Vorschlag an einem anderen Hof machen wird? Soll ein anderer Fürst sich rühmen, dieses Pferd zu besitzen? Das würde ich nicht ertragen! Noch habe ich seine Forderung nicht bewilligt. Vielleicht bescheidet er sich mit einem andern Tauschgegenstand. Aber willst du nicht vorerst einen Versuch mit dem Pferde machen? Ich möchte deine Ansicht darüber kennenlernen."

Der Inder sah, daß der König dem Tausch nicht ganz abgeneigt sei. Daher kam er dem Wunsch des Königs entgegen und näherte sich dem Prinzen. Er wollte ihm aufsteigen helfen und ihm die nötigen Anweisungen für den Ritt erteilen. Der Prinz aber schwang sich gewandt ohne die Hilfe des Inders in den Sattel. Sobald er festen Fuß in den Bügeln gefaßt hatte, drehte er den Wirbel so wie vorher der Inder. Augenblicklich hob sich das Pferd pfeilschnell in die Höhe. Es verschwand in den Wolken, ehe der König und die übrigen Zuschauer es recht fassen konnten.

Um seine Aufmerksamkeit auf sich zu lenken, warf sich der Inder vor dem Thron des Königs nieder.

„Erhabener Herrscher", sagte er, „Ihr habt selbst gesehen, mit welcher Schnelligkeit der Prinz von dannen flog. Mir blieb keine Zeit mehr, ihm Anweisungen für das Pferd zu geben. Laßt es gnädigst nicht mich entgelten, wenn seiner Person etwas zustößt."

Diese Worte beunruhigten den König sehr. Er ahnte die Gefahr, in der sein Sohn schwebte; kannte er doch den geheimen Handgriff nicht, um das Pferd zurückzulenken. Er fragte den Inder, warum er den Prinzen nicht zurückgerufen habe. Er habe ihn doch fortreiten sehen.

„Herr", antwortete der Inder, „Ihr wart Zeuge, wie schnell Roß und Reiter davonflogen. Die Bestürzung darüber verschlug mir die Rede. Als ich endlich meiner Stimme wieder mächtig war, konnte ich sie schon nicht mehr sehen. Aber selbst wenn er meine Rufe gehört hätte, wäre er nicht imstande gewesen, das Pferd zurückzulenken. Er kannte ja das

Geheimnis nicht. Hoffentlich bemerkt der Prinz den anderen Wirbel; erst wenn er diesen dreht, hört das Pferd zu steigen auf, und es senkt sich nach der Erde hinab. Dann kann er es mit den Zügeln lenken und an jedem beliebigen Ort niederlassen."

Noch war der König nicht beruhigt. Sorgenvoll fragte er: „Nehmen wir an, daß mein Sohn den zweiten Wirbel findet und richtig dreht. Dann besteht doch immer noch die Gefahr, daß das Pferd beim Abstieg in Felsen gerät oder ins Meer stürzt. Mein Sohn kann dabei zugrunde gehen."

„Nein, Herr", entgegnete der Inder, „von dieser Sorge kann ich Euch befreien. Dieses Pferd reitet über das Meer, ohne je hineinzustürzen. Es trägt seinen Reiter immer dorthin, wohin er gelangen will. Dazu muß er nur den zweiten Wirbel betätigen. Der Prinz wird sich nur an einen Ort begeben, wo er Hilfe finden kann."

Auf diese Worte des Inders erwiderte der König: „Deine Versicherungen klingen sehr beruhigend. Aber du sollst mir mit deinem Kopf für das Leben meines Sohnes haften. Ist er binnen drei Monaten nicht heil und gesund wieder zurück, so geht es dir ans Leben."

Daraufhin ließ der König den Inder ergreifen und in einen finsteren

Kerker werfen. Er selbst begab sich, in trübe Gedanken versunken, in seinen Palast zurück.

Prinz Firus Schah war unterdessen auf dem Pferd mit Blitzesschnelle in die Lüfte gestiegen. In kurzer Zeit befand er sich so hoch oben, daß Berg und Tal, Wälder und Städte wie zierliches Spielzeug tief unter ihm lagen. Als das Pferd immer weiter stieg, wurde er unruhig und bereute, es bestiegen zu haben. Rasch drehte er den Wirbel, den er bei seinem Abflug gedreht hatte, wieder zurück. Aber das Pferd stieg mit ihm nur noch schneller zur Höhe. Da nahm er alle Verstandeskräfte zusammen und untersuchte aufmerksam Kopf und Hals des Pferdes. Dabei entdeckte er neben dem rechten Ohr des Pferdes einen anderen kleinen Wirbel. Er drehte daran, und sofort hörte das Pferd zu steigen auf. Langsam senkte es sich zur Erde hinab.

Hoch in den Lüften war noch Sonnenschein. Aber unter ihm auf der Erde war schon seit einer halben Stunde Nacht. Während er hinabglitt, ging auch für ihn langsam die Sonne unter. Es war ihm daher unmöglich, das Pferd an eine bestimmte Stelle zu lenken. Er lockerte die Zügel und wartete, wo das Pferd mit ihm landen werde.

Endlich hielt das Pferd an und stand auf dem Boden. Der lange Ritt hatte den Prinzen sehr ermüdet. Nun streckte er sich neben dem Tier auf den Boden hin. Aber er fühlte sich ganz schwach vor Hunger, hatte er doch seit dem Morgen des vergangenen Tages nichts mehr genossen. Hunger und Neugier trieben ihn jetzt dazu, seine nähere Umgebung zu erkunden.

In der nächtlichen Dunkelheit bemerkte er, daß er sich auf der Dachterrasse eines großen Schlosses befand. Die Terrasse war von einem marmornen Geländer eingefaßt. An der einen Seite führte eine breite Treppe in den Palast hinunter. Dort war die Tür nicht verschlossen, sondern nur angelehnt.

Jeder andere hätte es sich überlegt, im Dunkel über die finstere Treppe ins Ungewisse hinabzusteigen. Doch Prinz Firus war nicht der Mann, lange zu zaudern.

Ich komme ja nicht, um hier Verbotenes zu tun, sprach er zu sich selbst. Ich bin waffenlos. Man wird mich wohl zuerst anhören, bevor man etwas gegen mich unternimmt.

Er öffnete geräuschlos die Tür. Vorsichtig stieg er die Treppe hinab, um niemanden im Schlaf zu stören. Da sah er aus einer Spalte einen Lichtschimmer dringen. Leise machte er die Tür auf und kam in einen Saal. Schnarchtöne drangen an sein Ohr. Er gewahrte, daß eine Anzahl Männer in dem Saal schliefen. Jeder von ihnen hatte seinen blanken Säbel neben sich liegen; es mußte sich also um die Leibwache einer hohen Persönlichkeit handeln. Diese Vermutung war richtig; Prinz Firus befand sich im Vorzimmer der Prinzessin von Bengalen. Zwei Räume weiter schlief die Königstochter. Ein Türvorhang aus leichtem Seidenstoff schloß den Eingang zum Schlafzimmer der Prinzessin ab.

Prinz Firus schob den Türvorhang leise zur Seite, dann trat er über die Schwelle des Raumes. Er befand sich nun in einem mit königlicher Pracht ausgestatteten Gemach. Mehrere Betten standen darin. Eines davon war mit besonders prächtigen Teppichen belegt. Es befand sich auf einer Erhöhung, während die übrigen auf dem Fußboden des Zimmers standen. In diesen schliefen die Kammerfrauen der Prinzessin. In dem erhöhten Bett aber ruhte die Prinzessin selbst.

Unhörbar schritt der Prinz an dieses Lager heran. Als sein Blick auf die Schlafende fiel, war er von ihrer Schönheit und Anmut bezaubert. Er ließ sich auf die Knie nieder. Dann zupfte er sacht an dem herabhängenden Hemdärmel der Prinzessin.

Die Prinzessin schlug die Augen auf und glaubte zu träumen. Ein stattlicher junger Mann in vornehmer Kleidung kniete an ihrem Lager. Unverwandt blickte sie ihn an. Aber sie stieß keinen Laut des Schreckens oder der Verwunderung aus. Der Jüngling benützte diesen günstigen Augenblick und verneigte sich tief.

„Verehrungswürdige Prinzessin", sprach er bittend, „ich bin Prinz Firus von Persien. Gestern noch nahm ich im Palast meines Vaters an einem großen Fest teil. Durch eine Reihe sonderbarer Umstände wurde ich in dieses fremde Land verschlagen. Ich befinde mich in Lebensgefahr. Darum bitte ich Euch um Schutz und Beistand."

Die Prinzessin war die älteste Tochter des Königs von Bengalen. Ihr Vater liebte sie zärtlich. Er hatte ihr diesen Palast unweit der Stadt erbauen lassen. Hier konnte sie würzige Landluft genießen, wenn sie das unruhige Treiben des Hofes satt hatte.

Als der Prinz geendet hatte, sagte sie: „Mein Prinz, seid ohne Sorge. Ihr weilt in einem Land, wo keine Barbarei herrscht. Gastfreundschaft und Gesittung sind bei uns ebenso zu Hause wie in Persien."

Der Prinz wollte ihr danken, aber sie ließ ihn gar nicht zu Wort kommen.

„Ich würde gerne von Euch hören", fuhr sie fort, „wie Ihr in so kurzer Zeit aus Persien in unser Land kommen konntet. Wie war es Euch möglich, bis an mein Lager zu gelangen? Aber Ihr werdet Hunger haben. daher will ich zuerst für Euer leibliches Wohl sorgen. Meine Neugier könnt Ihr später befriedigen. Ich werde sogleich meinen Kammerfrauen befehlen, Euch ein Zimmer anzuweisen. Dort könnt Ihr ungestört essen und Euch erholen."

Inzwischen waren auch die Frauen erwacht. Erstaunt sahen sie den jungen Mann am Bette der Prinzessin. Sie konnten nicht begreifen, wie er ungehindert bis hierher hatte vordringen können. Auf den Befehl ihrer Gebieterin hin kleideten sie sich rasch an. Jede von ihnen nahm eine der vielen Wachskerzen, die im Zimmer der Prinzessin standen. Nachdem der Prinz sich verabschiedet hatte, führten sie ihn in ein schönes Gemach. Hier bereiteten einige eine Lagerstätte für ihn. Andere holten aus Küche und Vorratskammer ein Mahl.

Der Prinz brauchte trotz der ungewöhnlichen Stunde nicht lange zu warten. Die verschiedensten Speisen wurden aufgetischt; er hatte reichliche Auswahl. Als er seinen Hunger gestillt hatte, trugen die Frauen die Speisen wieder ab und baten ihn, nun das Lager aufzusuchen. Was er zu seiner Bequemlichkeit noch brauchte, brachten oder zeigten sie ihm. Dann verließen sie das Zimmer.

Die Prinzessin war von der Schönheit, von der Höflichkeit und dem feinen Benehmen des Prinzen entzückt. Sie war noch nicht eingeschlafen, als die Frauen zurückkamen. Daher fragte sie, ob sie in geziemender Weise für ihn gesorgt hätten.

Die Frauen berichteten, daß alles nach ihrem Wunsch ausgeführt sei. Der Prinz habe nun das Lager aufgesucht.

„Prinzessin“, fuhren sie fort, „wir wissen nicht, was Ihr über ihn denkt. Aber wir würden Euch glücklich preisen, wenn Euch der König einen so liebenswürdigen Prinzen zum Gemahl gäbe. Am ganzen Königshof von Bengalen kann sich kein Mann mit ihm vergleichen. Auch in den Nachbarländern wäre kaum einer würdiger, Euer Gatte zu sein.“

Diese Worte waren der Prinzessin ganz aus dem Herzen gesprochen. Aber sie wollte ihre Gesinnung nicht verraten. Daher gebot sie den Frauen, still zu sein.

„Schwätzt nicht so unsinniges Zeug“, sagte sie. „Seht lieber, daß ihr zu Bett kommt, und laßt mich wieder schlafen!“

Am nächsten Morgen berief die Prinzessin gleich alle Frauen zu sich und trug ihnen auf, besondere Sorgfalt auf das Ankleiden und Schmükken zu verwenden. Nichts konnten sie ihr recht machen. Immer wieder mußten sie von vorne beginnen. Ich habe dem Prinzen in meinem Nachtgewande nicht mißfallen, dachte sie; aber wie wird er erst staunen, wenn er mich in vollem Staat sieht!

Sie legte den herrlichsten Schmuck an, den glänzendsten Kopfputz. Halsband, Gürtel und Armbänder waren reich mit Diamanten besetzt. Ihr Kleid war von feinstem indischem Stoff, seine Farbe brachte ihre Schönheit aufs vorteilhafteste zur Geltung. Wiederholt zog sie den Spiegel zu Rat. Und jede einzelne ihrer Kammerfrauen fragte sie, ob nicht noch etwas zu ändern oder zu verbessern sei. Endlich war sie mit ihrem Aussehen zufrieden. Nun befahl sie anzufragen, ob der Prinz schon aufgestanden sei. Man sollte ihm melden, daß sie ihn aufsuchen werde.

Der Prinz von Persien hatte bis tief in den Tag hinein geschlafen; nun fühlte er sich wieder vollkommen erholt. Soeben war er mit dem Ankleiden fertig geworden. Mit Freuden sah er dem Besuch der Prinzessin entgegen.

Als sie hörte, daß der Prinz sie erwarte, eilte sie sogleich in sein Zimmer. Er begrüßte sie herzlich und bot ihr auf dem Sofa Platz an. Sie lud ihn ein, sich an ihre Seite zu setzen, und er nahm dankend an. Bald waren sie in ein lebhaftes Gespräch vertieft. Die Prinzessin bat ihn, zu erzählen, wie er hierher verschlagen worden sei. Da berichtete der Prinz sein Abenteuer vom Anfang bis zum Ende.

Ohne ihn zu unterbrechen, hörte sie seine Erzählung an. Als er geendet hatte, sprach sie voll Bewunderung über diesen abenteuerlichen Ritt und bat ihn, sich jetzt ganz als ihren Gast zu betrachten. In einem prächtigen Saal war die Mittagstafel gedeckt; dort setzten sie sich zu Tisch. Die Sklavinnen der Prinzessin begleiteten das Mahl mit Gesang und Musik. Die wohltönende Musik hinderte das Paar jedoch nicht an der Unterhaltung. Sie machten sich gegenseitig auf die besten Speisen aufmerksam; was sie für besonders köstlich hielten, legten sie einander vor. Jeder suchte den anderen an Höflichkeit und Artigkeit zu übertreffen. So verlief das Mahl zur größten Zufriedenheit beider.

Endlich standen sie von der Tafel auf. Die Prinzessin führte den Prinzen in ein großes, prächtiges Gemach; es war ganz in Gold und Himmelblau gehalten und reich verziert. Dort nahmen sie auf einem Diwan Platz, von wo sich eine wundervolle Aussicht in den Garten des Palastes bot. Der Prinz bewunderte die Anlagen und die vielen seltenen Blumen, Hecken und Bäume. Auch in Persien konnte es keinen schöneren Park geben. Die Prinzessin erzählte ihrem Gast von andern Gärten und Schlössern ihres Vaters. Den Königspalast in der Hauptstadt hob sie besonders hervor; sie hoffte, der Prinz würde die Bekanntschaft des Königs suchen und dieser werde einer Heiratsverbindung mit dem persischen Prinzen nicht abgeneigt sein. Aber die Antwort des Prinzen entsprach nicht ganz ihren Erwartungen.

„Prinzessin“, sagte er, „ich würde gerne Eurem Vater meine Aufwartung machen. Aber ich bin wie ein Abenteurer bei Nacht in diesem Land erschienen. Ich kann es mit meinem Stande nicht vereinbaren, ohne Gefolge vor dem König zu erscheinen. Außerdem weiß mein Vater nicht, was mit mir geschehen ist. Er wird sich vor Angst und Ungewißheit über mein Schicksal verzehren. Ich möchte mich daher zunächst in meine Heimat begeben, um ihn zu beruhigen.“

Diesen Worten des Prinzen konnte sich die Prinzessin nicht verschließen. Aber seine baldige Abreise ging ihr sehr nahe. Sie fürchtete, er werde sie bald ganz vergessen haben.

„Verzeiht, mein Prinz“, sagte sie, „ich will Euch keineswegs von Eurer Pflicht abhalten. Aber muß Eure Abreise so rasch erfolgen? Erweist mir den Gefallen, Euch vorerst ein wenig bei mir umzusehen. Das Schicksal hat es nun einmal bestimmt, daß Ihr nicht in der Wüste gelandet seid. Jetzt könnt Ihr Nachricht von unserem Land an den persischen Hof senden.“

Durch diese Einladung hoffte die Prinzessin, länger mit dem Prinzen beisammen sein zu können und ihn in dieser Zeit ganz für sich zu gewinnen. Dann würde er sich doch entschließen, beim König von Bengalen vorzusprechen. Der Prinz konnte ihr nach der freundlichen Aufnahme diesen Wunsch nicht gut abschlagen und versprach, noch einige Tage zu bleiben. Die Prinzessin wollte ihm den Aufenthalt durch allerlei Feste so angenehm wie möglich machen. Er sollte die Heimreise vergessen.

In den nächsten Tagen gab es Feste, Konzerte und Tanzunterhaltungen; Gastmähler und Jagden wurden abgehalten. Auch die Prinzessin war eine eifrige Jägerin. Am Schluß jeder Jagd pflegten der Prinz und die Prinzessin an einer Quelle unter einem schattigen Baum zusammenzukommen. Dort war ein großer Teppich mit Polsterkissen für sie aufgebreitet. Auf diesem lagerten sie und nahmen Erfrischungen ein. Dabei unterhielten sie sich lebhaft über die Ereignisse der Jagd und auch über anderes. So brachte die Prinzessin das Gespräch einmal auf die Größe und Macht Persiens, damit sie dann mit dem Prinzen auch über die Vorzüge Bengalens reden könne. Sie hoffte, ihn dadurch zu längerem Aufenthalt zu bewegen; aber ihre Absicht schlug fehl. Der Prinz ließ sich von ihr nicht ablenken.

Der Prinz schilderte lebhaft die Schönheit und die Macht Persiens und gab ihr eine Vorstellung von der Kriegs- und Seemacht seines Heimatlandes. Er erzählte von den wohlhabenden Städten und dem lebhaften Handel, der bis in die entferntesten Länder reiche. Auch von den unermeßlichen Schätzen des Königs berichtete er, so daß die Prinzessin schließlich kleinlaut verstummte. Mit diesem Land konnte sich das Königreich Bengalen freilich nicht vergleichen. Darum weigerte sie sich, über ihr Land zu erzählen. Nur den inständigen Bitten des Prinzen gelang es, sie dazu zu bewegen.

Allmählich fühlte der Prinz, daß sie ihn gern in seine Heimat begleiten wolle. Trotzdem hielt er es nicht für angemessen, ihr einen Antrag zu machen. Er war schließlich nur Gast. Zuerst mußte er seiner Pflicht nachkommen und sich nach Persien zurückbegeben. Dann erst würde er seiner Würde gemäß um sie anhalten.

Zwei Monate weilte Prinz Firus nun schon als Gast der Prinzessin im Lande Bengalen. Während dieser Zeit hatte er an allen Festen und Unterhaltungen teilgenommen. Nach Ablauf dieser Frist erklärte er ernsthaft, nach Persien zurückkehren zu wollen. Aber er versprach, binnen kürzester Zeit wieder in Bengalen zu erscheinen. Dann werde er sich die Freiheit nehmen, den König um ihre Hand zu bitten.

„Prinzessin", fügte er hinzu, „ich liebe Euch innig. Glaubt nicht, daß dies ein Abschied für immer ist. Ich bin kein treuloser Liebhaber; ich vergesse den Gegenstand meiner Liebe nicht, auch wenn ich ihn nicht mehr vor Augen habe. Aber ich habe eine Bitte. Doch fürchte ich, Euch durch mein Ansinnen zu beleidigen. Wollt ihr mir erlauben, Euch sogleich in mein Vaterland mitzunehmen?"

Der Prinz bemerkte, daß die Prinzessin bei den letzten Worten errötete. Sie gab kein Zeichen des Unwillens, aber sie zauderte mit der Antwort.

„Prinzessin", fuhr er darum fort, „mein Vater und meine ganze Familie werden Euch mit Freuden aufnehmen. Gleich nach unserer Ankunft in Persien werden wir an Euren Vater eine feierliche Gesandtschaft senden; sie soll seine Genehmigung zu unserer Vermählung einholen. Ich glaube nicht, daß er dem Glück seiner Tochter im Weg stehen wird."

Auch auf diese Worte des Prinzen gab die Prinzessin keine Antwort. Aber ihr Schweigen war deutlicher als jede Erklärung. Sie war nicht abgeneigt, ihn nach Persien zu begleiten.

Während im Palast noch alles schlief, begab sie sich am nächsten Morgen mit dem Prinzen auf die Terrasse. Er wandte das Pferd in die Richtung nach Persien. Dann half er der Prinzessin beim Aufsteigen und schwang sich selbst aufs Pferd. Die Prinzessin saß hinter ihm im Sattel. Sogleich drehte er den Wirbel, den er beim Abflug aus Persien gedreht hatte, und schnell wie der Wind führte sie das Pferd in die Lüfte.

Nach drei Stunden erblikkten sie bereits unter sich die Hauptstadt Persiens. Der Prinz lenkte das Pferd aber nicht auf den Platz vor dem königlichen Schloß, sondern ließ es vor der Stadt bei einem Lustschloß landen.

Hier bat er die Prinzessin, einstweilen Aufenthalt zu nehmen. Er wolle seinen Vater von ihrer Ankunft verständigen, damit sie würdig empfangen werde. Bald werde er wieder zurück sein. Dem Verwalter des Schlosses gab er die Weisung, der Prinzessin mit der gebührenden Ehrfurcht zu begegnen. Es sollte ihr an nichts fehlen.

Die Prinzessin zog sich in ihr Zimmer zurück. Der Prinz aber ließ sich ein Pferd satteln und ritt in die Stadt. Unterwegs und in den Straßen wurde er vom Volk freudig begrüßt; man hatte ihn schon tot geglaubt. Und nun trat er mitten in eine Ratsversammlung seines Vaters. Der Sultan umarmte ihn zärtlich und hielt ihn lange umschlungen. Dann fragte er neugierig, was aus dem Pferd des Inders geworden sei.

Diese Frage veranlaßte den Sohn, sein ganzes Erlebnis zu erzählen. Besonders ausführlich berichtete er, wie er in das Schloß der Prinzessin von Bengalen gelangt und aus welchem Grund er länger dort geblieben sei. Schließlich teilte er dem Vater mit, daß die Prinzessin ihn nach Persien begleitet habe.

„Sie hat mir ihre Hand zugesagt", schloß er seine Erzählung. „Ich hoffte, daß Ihr Eure Zustimmung zu dieser Ehe erteilen würdet. Darum habe ich sie auf dem Pferd des Inders mit mir nach Persien genommen. Sie wartet in einem Lustschloß in der Nähe der Stadt auf mich."

Bei diesen Worten warf sich der Prinz vor dem Sultan nieder. Doch dieser hob ihn auf.

„Mein Sohn", sagte er, „ich genehmige deine Heirat mit der Prinzessin. Ich werde sie sofort persönlich aufsuchen und ihr für die freundliche Aufnahme danken, die sie dir bereitet hat. Dann will ich sie hierher in den Palast führen. Noch heute soll die Hochzeit sein."

Sofort gab der Sultan die nötigen Befehle, die Prinzessin in den Palast zu geleiten. Die Trauerkleider, die man für den totgeglaubten Prinzen getragen hatte, wurden abgelegt; sogleich sollten öffentliche Freudenfeiern und Lustbarkeiten beginnen. Pauken und Trompeten verkündeten in der ganzen Stadt die Wiederkehr des Prinzen und zugleich den Beginn des Hochzeitsfestes. Endlich befahl der Sultan, den Inder aus dem Gefängnis zu holen.

„Du solltest mir mit deinem Kopf für meinen Sohn bürgen", sagte er zu ihm. „Dieser Preis hätte aber den Verlust meines Sohnes nicht aufgewogen; ich danke Gott, daß es nicht notwendig ist, ihn einzufordern. Mein Sohn ist heute zurückgekehrt. Nimm dein Zauberpferd und geh! Aber laß dich nie mehr vor meinen Augen blicken!"

Der Inder verließ den Palast. In der Stadt hörte er, daß der Prinz die Prinzessin von Bengalen auf dem Zauberpferd mitgebracht habe. Nun suchte er herauszubringen, wo sie untergebracht sei. Man teilte ihm den Aufenthaltsort mit, doch erfuhr er auch, daß der Sultan sie abholen wolle. Da beschloß er, dem Sultan zuvorzukommen. Eiligst begab er sich in das Schloß. Dort wandte er sich an den Verwalter und sagte zu ihm, der Sultan hätte ihn beauftragt, die Prinzessin abzuholen. Er solle sie mit dem Zauberpferd durch die Luft vor den Palast in der Stadt führen; der Sultan wolle sie angesichts des ganzen Volkes empfangen. Der Verwalter kannte den Inder und wußte auch, daß ihn der Sultan hatte verhaften lassen. Jetzt aber war er frei; darum zauderte er nicht, seinen Worten Glauben zu schenken. Der Prinzessin sagte der Inder dasselbe Sprüchlein vor. Kaum hatte sie den Wunsch des Sultans vernommen, gab sie auch schon vertrauensvoll ihre Einwilligung.

Der Inder freute sich, daß ihm sein Plan so leicht gelungen war. Er schwang sich in den Sattel und hob die Prinzessin mit Hilfe des Schloßverwalters hinter sich auf das Pferd. Dann drehte er den Wirbel. Sogleich stieg das Pferd mit ihnen hoch in die Lüfte empor.

In diesem Augenblick kam der Sultan in Begleitung seines ganzen Hofstaates aus seinem Palast heraus. Der Prinz aber setzte sich an die Spitze des Zuges. Er wollte vorausreiten und die Prinzessin auf den Besuch des Sultans vorbereiten. Da kreiste der Inder mit seinem Pferde über dem Schlosse. Er wollte dem Sultan zeigen, daß er zur Rache für seine ungerechte Behandlung die Prinzessin enführt habe.

Der Sultan bemerkte sogleich den Reiter in den Lüften. Er erkannte auch, wen er mit sich führte. Entsetzt hielt er sein Pferd an. Nun stand es außer seiner Macht, den frechen Entführer zu bestrafen. Er stieß unzählige Verwünschungen gegen ihn aus. Alle Hofleute waren starr vor Schrecken über diese schändliche Tat des indischen Gauklers. Doch den Inder ließen alle Verwünschungen kalt. Hohnlachend setzte er seinen Ritt durch die Luft fort. Der Sultan von Persien aber machte in ohnmächtiger Wut kehrt und ritt mit seinem Gefolge in den Palast zurück.

Nun waren der Zorn und die Trauer des Prinzen Firus Schah groß. Hatte er doch mitansehen müssen, wie der falsche Inder ihm die Prinzessin entführte. Dabei liebte er sie so leidenschaftlich, daß er ohne sie nicht leben zu können glaubte. Hilflos starrte er dem Entführer nach. Dann setzte er tiefbekümmert seinen Weg zum Lustschloß fort. Dort trat ihm der Verwalter entgegen. Dieser warf sich ihm zu Füßen und

beklagte seine Leichtgläubigkeit; er selbst nannte seine Tat verdammungswürdig und erwartete den Tod von der Hand des Prinzen.

„Steh auf“, sagte der Prinz, „nicht du bist schuld an der Entführung der Prinzessin, sondern ich selbst. Ich habe sie allein und schutzlos hier im Schloß gelassen und dieser Gefahr ausgesetzt. Jetzt geh und schaffe mir rasch das Kleid eines Derwisches herbei! Sag aber niemandem, daß es für mich bestimmt ist!“

Unweit des Schlosses lag ein Derwischkloster. Dorthin eilte der Verwalter. Der Vorsteher dieses Klosters war mit ihm befreundet. Dort erhielt er ohne Schwierigkeit ein Derwischgewand. Das überbrachte er sogleich dem Prinzen. Der Prinz wechselte nun die Kleider, versah sich auch mit einem kleinen Geldbetrag und steckte eine Schachtel mit Diamanten und Perlen zu sich. So verkleidet, entfernte er sich bei Nacht aus dem Schloß. Er wußte nicht, wohin er sich wenden sollte. Aber er war fest entschlossen, die Prinzessin aus den Händen des Inders zu befreien.

Während der Prinz sich auf die Suche begab, war der Inder mit der Prinzessin schon weit fortgeflogen. In einem Gehölz nahe der Hauptstadt des Landes Kaschmir lenkte er das Pferd zu Boden. An einem glasklaren Bächlein mitten auf einem grünen Rasenplatz stieg er aus dem Sattel. Dann half er der Prinzessin vom Rücken des Pferdes herunter und trug ihr streng auf, den Platz nicht zu verlassen. Er selbst entfernte sich, um etwas Eßbares aufzutreiben.

Gern hätte die Prinzessin jetzt die Flucht ergriffen. Sie fürchtete sich vor dem Inder; auch wußte sie nicht, was er mit ihr vorhabe. Aber sie fühlte sich zu schwach. Daher begann sie laut um Hilfe zu rufen. Es dauerte nicht lang, da kam eine Reiterschar heran, das Geschrei hatte sie angelockt. Die Reiter umringten die Prinzessin und den Inder, der sich noch nicht weit entfernt hatte. Der Anführer der Reiter war der Sultan von Kaschmir, der mit seinem Gefolge in der Nähe gejagt hatte. Jetzt wandte er sich an den Inder mit der Frage, wer er sei. Er wollte auch wissen, warum diese Frau um Hilfe rufe. Der Gaukler erwiderte, es sei seine Gattin. Was er mit ihr habe, gehe niemanden etwas an.

Die Prinzessin kannte den Mann nicht, der im richtigen Augenblick zu ihrer Rettung erschienen war. Dennoch wagte sie, den Inder Lügen zu strafen.

„Herr", sagte sie, „wer Ihr auch seid, habt Mitleid mit mir! Glaubt diesem Mann nicht. Es wäre die größte Schmach für mich, seine Gattin zu sein. Er ist ein Betrüger und Zauberer. Ich aber bin die Prinzessin von Bengalen. Er hat mich meinem Verlobten, dem Prinzen von Persien entführt. Auf diesem Zauberpferd hat er mich hierher gebracht."

Es bedurfte nicht vieler Worte der Prinzessin, um den Sultan von der Wahrheit ihrer Angaben zu überzeugen. Ihre Schönheit und Anmut und ihre sichtliche Verzweiflung sprachen für sie. Daher ließ der Sultan den Inder sofort ergreifen und töten.

So war die Prinzessin von den Nachstellungen des Inders befreit. Aber neue Gefahren erwarteten sie. Der Sultan ließ ihr ein Pferd bringen. Dann lud er sie ein, ihm in seinen Palast zu folgen. Dort stellte er ihr ein prachtvolles Zimmer zur Verfügung. Er gab ihr eine Leibwache und eine große Anzahl von Sklavinnen zur Bedienung. Zum Danken ließ er ihr keine Zeit.

„Prinzessin", sagte er, „Ihr werdet nach diesem aufregenden Abenteuer Ruhe dringend nötig haben. Ich bitte Euch, laßt Euch von niemandem stören. Verlangt von Euren Dienerinnen jede Bequemlichkeit, die Euch angenehm ist. Morgen werdet ihr wieder ausgeruht sein. Dann könnt Ihr mir Eure Abenteuer schildern." Mit diesen Worten entfernte er sich.

Die Prinzessin war unaussprechlich froh, den Inder los zu sein, er hatte den größten Abscheu in ihr erweckt. Nun hoffte sie, der Sultan werde sie bald dem Prinzen von Persien zurücksenden. Aber in dieser Erwartung sollte sie sich bitter getäuscht haben.

Der Sultan war von dem Liebreiz der Prinzessin bezaubert. Darum wollte er sich schon am nächsten Tag mit ihr vermählen. In aller Morgenfrühe ließ er im Palast und in der Stadt den Beginn der Hochzeitsfeierlichkeiten verkünden. Die Prinzessin erwachte vom Dröhnen der Pauken und Trompeten. Sie hatte keine Ahnung, daß diese rauschende Musik ihre Vermählung anzeigen sollte. Als ihr nun der Sultan lächelnd seine Absicht mitteilte, erschrak sie sehr. Ihre Bestürzung war so groß, daß eine Ohnmacht ihre Sinne umfing.

Die Frauen ihrer Bedienung eilten ihr zu Hilfe. Auch der Sultan selber bot alles auf, sie wieder ins Leben zurückzurufen. Aber es dauerte lange, bis sie zu sich kam. Dann gab sie sich den Anschein, als wäre ihr Verstand umnachtet. Sie wollte um keinen Preis ihr Wort brechen und den Sultan heiraten. Also fing sie an, in Gegenwart des Sultans ungereimtes Zeug zu reden. Sie stieß wirre Worte aus und tat so, als wolle sie auf den Sul-

tan losstürzen. Betrübt sah der Sultan ihr Gebaren. Da sich ihr Zustand nicht besserte, verließ er ihr Zimmer. Er legte den Frauen ans Herz, sie streng zu beaufsichtigen und auf das sorgfältigste zu pflegen.

Die Prinzessin aber benahm sich weiterhin wie eine Geistesgestörte. Sie führte närrische Reden und war keinem vernünftigen Wort zugänglich. So ging das einen Tag wie den andern. Schließlich versammelte der Sultan die Ärzte des Hofes. Er fragte sie eindringlich, ob sie kein Mittel gegen diesen Zustand wüßten.

Die Ärzte hielten eine gemeinsame Beratung ab. Sodann erklärten sie dem Sultan einstimmig, es gebe verschiedene Arten und Stufen dieser Krankheit. Einige davon könnten geheilt werden. Andere seien aber gänzlich unheilbar. Um über die Krankheit der Prinzessin ein Urteil abgeben zu können, müßten sie sie zuvor gesehen haben. Daraufhin wurden die Ärzte einzeln in das Zimmer der Prinzessin geführt.

Die Prinzessin hatte die Absicht des Sultans erfahren. Nun fürchtete sie, die Ärzte könnten ihr Spiel durchschauen. Darum legte sie sich einen klugen Plan zurecht. Sobald einer der Ärzte ihr Zimmer betrat, geriet sie in höchsten Zorn, dabei machte sie Miene, ihm das Gesicht zu zerkratzen. So wagte es nicht einer, in ihre Nähe zu kommen.

Der Sultan hoffte nun, mit anderen Ärzten besseren Erfolg zu haben. So berief er zunächst die Ärzte seiner Hauptstadt. Diese erreichten ebenso wenig wie ihre Vorgänger. Nun befahl er, die berühmtesten Ärzte des ganzen übrigen Reiches an das Krankenlager der Prinzessin zu rufen. Aber auch diese fanden bei ihr keine bessere Aufnahme. Jede ärztliche Kunst und Wissenschaft blieb erfolglos. Alles, was die Ärzte erreichten, war, daß sie die Prinzessin von ferne sahen. Nun sandte der Sultan Eilboten in die Länder und an die Höfe der benachbarten Fürsten, um von dort die erfahrensten Ärzte in seine Hauptstadt zu rufen, er wolle sie dafür reichlich belohnen. Für denjenigen, der die Kranke heilen könne, stellte er einen wahrhaft fürstlichen Lohn in Aussicht.

Mehrere hervorragende Ärzte aus den Nachbarreichen unternahmen wirklich die Reise an den Hof des Sultans von Kaschmir. Aber keinem gelang es, die Prinzessin von ihrer Geisteskrankheit zu heilen. Das hing ja nicht von ärztlicher Kunst, sondern allein vom Willen der Prinzessin ab.

Inzwischen hatte Prinz Firus Schah als Derwisch verkleidet viele Länder durchstreift. Nirgends hatte er auch nur die leiseste Spur von der Prinzessin gefunden. Überall stellte er Erkundigungen an, horchte aufmerksam auf die Gespräche der Leute in den Städten, und fragte nach allen Neuigkeiten an den Höfen. Endlich kam er in eine große Stadt Indiens. Dort sprach man sehr viel von der Prinzessin von Bengalen. Man erzählte, daß ihr Verstand gestört sei. An dem Tag ihrer Hochzeit mit dem Sultan von Kaschmir habe sie die Krankheit befallen. Bisher habe sie keiner der berühmten Ärzte zu heilen vermocht. Der Prinz wußte sofort, daß es sich nur um seine Braut handeln könne, derentwegen er diese weite Reise unternommen hatte.

Dieses Gerücht bewog ihn, in die Hauptstadt des Königreiches Kaschmir zu ziehen. Hier kehrte er in einer großen Herberge ein. Noch am selben Tag fand er das Gerücht bestätigt. Ausführlich wurde ihm die Geschichte der Prinzessin von Bengalen erzählt. Man berichtete von ihrer Krankheit und vom Ende des Inders.

Nachdem er dies erfahren hatte, verkleidete er sich als Arzt. Inzwischen war ihm auch ein langer Bart gewachsen, der ihn ganz unkenntlich machte. So begab er sich an den Hof des Sultans. Ungeduldig verlangte er, einen höheren Hofbeamten zu sprechen. Endlich sollte er nach so langer Trennung seine Prinzessin wiedersehen. Der vermeintliche Arzt wurde an den Obersten der Leibwache gewiesen. Diesem erzählte er, er besitze bewährte Heilmittel. Mit diesen wolle er versuchen, die Prinzessin zu heilen. Der Oberst sagte, daß er sehr willkommen sei. Auch der Sultan werde ihn mit Freuden empfangen. Sein Lohn werde königlich sein, wenn er die Prinzessin von ihrem Wahnsinn heilen könne. Dann eilte der Oberst sofort zum Sultan.

Es war schon lange her, seitdem der letzte Arzt am Hof vorgesprochen hatte. Bekümmert hatte der Sultan die Hoffnung auf eine Genesung der Prinzessin aufgegeben. Daher befahl er dem Ersten seiner Leibgarde, den Arzt schnell zu ihm zu führen. Der Prinz von Persien wurde also dem Sultan als Arzt vorgestellt. Aus dem Munde des Herrschers erfuhr er, wie sich die Krankheit äußere. Jeder Besuch eines Arztes habe die Prinzessin geradezu in Raserei versetzt. Die Krankheit sei dadurch nur schlimmer geworden. Dann ließ ihn der Sultan in ein verstecktes Gemach führen, das sich gerade über dem Zimmer der Prin-

zessin befand. Durch ein vergittertes Fenster konnte man von dort die Kranke beobachten.

Prinz Firus Schah stieg in das Zimmer hinauf. Durch das Fenster sah er seine geliebte Prinzessin allein mit verhärmter Miene dasitzen. Sie sang ein trauriges Lied, in dem sie ihr unglückliches Geschick beklagte.

Der Prinz war tief ergriffen von dem traurigen Los der Prinzessin. Er erkannte sofort, daß ihre Krankheit nur vorgeschützt war. Um ihm die Treue wahren zu können, hatte sie sich diesen grausamen Zwang auferlegt. Nun berichtete er dem Sultan, daß die Krankheit der Prinzessin durchaus nicht unheilbar wäre. Aber er müsse mit der Prinzessin unter vier Augen sprechen können.

Der Sultan ließ die Türen zum Gemach der Prinzessin öffnen, und der Prinz trat ein. Als die Prinzessin den vermeintlichen Arzt sah, drohte sie mit wilden Verwünschungen. Das hinderte ihn aber nicht, ganz nahe an sie heranzutreten. Ehrerbietig und leise sprach er auf sie ein.

„Prinzessin“, sagte er, „ich bin kein Arzt. Ich bitte Euch, erkennt mich als den Prinzen von Persien. Ich bin gekommen, Euch zu befreien.“

Als die Prinzessin seine Stimme vernahm und ihm ins Gesicht blickte, beruhigte sie sich sogleich. Ungeachtet des langen Bartes hatte sie den Prinzen wiedererkannt. Nun leuchtete hoffnungsvolle Freude in ihren Augen auf. Der Prinz wollte wissen, was aus dem Zauberpferd des Inders geworden sei. Dieses Pferdes wolle er sich bei der Flucht bedienen. Die Prinzessin wußte nicht genau, wo es sich befinde. Nach den Worten des Sultans sei es aber wohlverwahrt.

Daran zweifelte der Prinz keinen Augenblick. Er teilte der Prinzessin mit, daß er sie auf diesem Pferd nach Persien zurückbringen wolle. Dann besprach er mit ihr die notwendigen Maßregeln für die Flucht. Er empfahl ihr, am nächsten Tag nicht das Nachtgewand anzubehalten. Sie solle sich reisefertig ankleiden. Wenn der Sultan am nächsten Tag mit ihm in ihr Zimmer komme, möge sie ihn artig empfangen. Sie dürfe jedoch kein Wort mit ihm sprechen. Nachdem er sie noch getröstet hatte, entfernte er sich wieder.

Der Sultan von Kaschmir war höchst erfreut über das, was ihm der Prinz von Persien meldete. Demnach wären ja die ersten Schritte zur Heilung der Prinzessin getan. Die Prinzessin empfing ihn am nächsten Tag still und freundlich. Nun war er überzeugt, daß sie auf dem Weg der Genesung sei. Den Prinzen aber hielt er für den besten Arzt der Welt.

Als der Sultan und der Prinz das Gemach der Prinzessin verlassen hatten, erkundigte sich der besorgte Arzt, warum sich die Prinzessin so fern ihrer Heimat aufhalte. Er stellte sich, als wisse er von nichts. Dabei wollte er das Gespräch nur irgendwie auf das Zauberpferd lenken, um so dessen Aufenthaltsort zu erfahren.

Der Sultan konnte nicht wissen, warum der Prinz diese Frage stellte. Darum machte er aus der ganzen Sache kein Geheimnis. Er bestätigte nur, was der Prinz geahnt hatte.

„Das seltsame Pferd aus Ebenholz“, meinte der Sultan abschließend, „habe ich als Schaustück in meiner Schatzkammer aufstellen lassen. Bisher konnte ich nicht in Erfahrung bringen, wie es zu gebrauchen ist.“

„Erhabener Herr“, sagte der vermeintliche Arzt, „die merkwürdige Kunde von dem Zauberpferd stimmt mich nachdenklich. Vielleicht könnte man die Heilung der Prinzessin beschleunigen. Sie ist auf diesem Pferd hierhergekommen. Das Pferd aber ist verzaubert. Demnach hat auch sie etwas von diesem Zauber angenommen. Durch gewisse Räucherungen vermag ich diesen Zustand auszutreiben. Wenn Ihr ein wunderbares Schauspiel genießen wollt, so laßt das Pferd morgen mitten auf dem Platz vor Eurem Palast stellen. Das übrige überlaßt dann mir! Ich verspreche Euch feierlich, die Prinzessin in wenigen Augenblicken vollkommen gesund zu machen. Diese Heilung soll feierlich begangen werden. Darum bitte ich, daß die Prinzessin in ihrem prächtigsten Gewand erscheint. Sie soll mit den kostbarsten Juwelen geschmückt sein, die Euere Majestät aufzutreiben vermag.“

Der Sultan von Kaschmir war sofort zu allem bereit. Um der Heilung der Prinzessin willen hätte er gerne noch größere Opfer gebracht.

Am folgenden Tag wurde daher auf Befehl des Sultans das Zauberpferd mitten auf dem großen Platz vor dem Schloß aufgestellt. Das Gerücht verbreitete sich rasch in der ganzen Stadt und das Volk lief scharenweise herbei, um das Schauspiel zu genießen. Eine große Schar Berittener aus der Leibwache des Sultans war deshalb ausgerückt; sie mußten den Platz absperren und die Mitte des Raumes freihalten.

Nun erschien der Herrscher in Begleitung aller Größen und Würdenträger des Reiches. Jedermann wartete neugierig auf die kommenden Ereignisse. Nachdem der Sultan auf einer erhöhten Tribüne Platz genommen hatte, trat die Prinzessin aus dem Palast. Sie war festlich gekleidet und prächtig geschmückt. Von ihren Frauen umgeben, näherte sie sich dem Zauberpferd. Mit Hilfe der Dienerinnen stieg sie in den Sattel. Während sie sich zurechtsetzte und die Zügel in die Hand nahm, ließ der Arzt Räucherpfannen um das Pferd aufstellen. Dann warf er in jede der Pfannen ein Gemisch von feinstem Räucherpulver. Mit

niedergeschlagenen Augen und gekreuzten Armen ging er dreimal um das Pferd herum. Dabei murmelte er unverständliche Worte. Inzwischen hüllte der aufsteigende Rauch das Pferd samt der Prinzessin in dichten Nebel. Diesen Augenblick benützte der Prinz, um sich behende hinter der Prinzessin auf das Pferd zu schwingen und den Wirbel zu drehen. Sogleich erhob sich das Pferd mit ihnen in die Lüfte. Nun rief der Prinz mit lauter Stimme dem Sultan eine Abschiedsbotschaft zu:

„Sultan von Kaschmir, die Prinzessin von Bengalen hat dich um deinen Schutz angefleht. Du aber wolltest sie heiraten, ohne dich um ihr Jawort zu bewerben! Vergiß das nicht, wenn du wieder einmal um eine Prinzessin freist!"

Auf diese Weise befreite der Prinz von Persien die Prinzessin von Bengalen. Er hatte sie mit Hilfe des Zauberpferdes aus den Händen des unerwünschten Freiers errettet. Noch am selben Tage stieg er beim Palast seines Vaters zur Erde. Der König von Persien verschob die Hochzeit seines Sohnes nicht länger als nötig. Er wollte nur die Vorbereitungen zu einer glänzenden Feier treffen, um damit seine innige Anteilnahme am Glück seines Sohnes so recht zum Ausdruck zu bringen.

Als die für die Festlichkeiten bestimmte Zeit verflossen war, schickte der König von Persien eine feierliche Gesandtschaft zum König von Bengalen. Ihre Aufgabe war es, dem König über alles Bericht zu erstatten, was vorgefallen war. Sie sollte seine nachträgliche Einwilligung zur Heirat der Prinzessin mit dem Prinzen Firus Schah einholen.

Der König von Bengalen hörte mit Staunen den Bericht der Gesandtschaft. Er war von Herzen froh über den glücklichen Ausgang der Geschehnisse und nannte es eine Ehre, die Ehe des jungen Paares zu genehmigen. Hinfort genossen die Jungvermählten ihr Glück in Ruhe und Frieden. Nach dem Tode des persischen Königs bestieg der Prinz den Thron seiner Väter. Seine Regierungszeit war lang und glücklich.

DIE NEIDISCHEN SCHWESTERN

Es war einmal ein König von Persien namens Chosru Schah. Dieser hatte die Gewohnheit, häufig des Nachts verkleidet mit seinem Großwesir in den Straßen seiner Hauptstadt umherzuwandern. Auf diese Weise beobachtete er unerkannt das Leben und Treiben seiner Untertanen. So konnte er sich auch über ihre Wünsche und Beschwerden unterrichten. Bei diesen nächtlichen Gängen stießen ihm die sonderbarsten Abenteuer zu.

Eines Abends verließ er wieder einmal in Begleitung seines Großwesirs seinen Palast. Beide streiften als Kaufleute verkleidet durch die Straßen der Stadt. Als die Dunkelheit schon ziemlich vorgeschritten war, kamen sie in ein armseliges Stadtviertel. Aus einem kleinen, unscheinbaren Hause drang ein Lichtschimmer durch eine Spalte der Tür. Laute Stimmen waren zu hören. Neugierig näherte sich der König der Tür und blickte durch die Ritze. Da sah er drei schöne Schwestern im Zimmer sitzen. Sie waren nach dem Abendessen in angeregtem Geplauder begriffen. Er legte sein Ohr an die Tür, um zu hören, worüber die Frauen sich so eifrig unterhielten. Da vernahm er, daß sie von ihren Wünschen sprachen.

„Mein sehnlichster Wunsch wäre“, sagte die älteste von den dreien, „mit dem Hofbäcker vermählt zu sein. Da hätte ich immer Brot zur Genüge. Und ihr würdet platzen vor Ärger und Neid. Laßt hören, ob ihr einen besseren Wunsch habt!“

„Und ich“, sagte die zweite, „möchte den obersten Koch des Sultans zum Manne haben. Welch feine Leckerbissen hätte ich da täglich! Nun, Schwester, was sagst du dazu? Ist mein Geschmack nicht noch besser als deiner?“

Die jüngste Schwester übertraf die beiden andern an Schönheit, Witz und Verstand. Nun kam die Reihe an sie.

„Mein größter Wunsch“, sagte sie, „ist nicht mit euren Wünschen vergleichbar. Mir liegt nichts an weißem Brot und leckeren Gerichten. Ich möchte die Gattin des Sultans sein und ihm einen Sohn schenken. Dieser müßte schön und edel sein. Seine Locken müßten auf der einen Seite golden, auf der andern silbern schimmern; und seine Tränen sollten als Perlen über seine Wangen fließen. Wenn er seinen Mund zu einem Lächeln öffnete, müßten seine Lippen einer aufbrechenden Rosenknospe gleichen.“

Der Sultan hatte mit wachsender Anteilnahme dem Gespräch der Schwestern gelauscht. Namentlich die Worte der jüngsten hatten ihm sehr gefallen. So beschloß er, die Wünsche der drei Mädchen zu erfüllen. Daher befahl er dem Großwesir, sich das Haus zu merken. Am nächsten Morgen sollten alle drei vor seinem Thron erscheinen.

Der Großwesir befolgte den Befehl seines Herrn. Zeitlich in der Früh fand er sich bei den Schwestern ein. Sie hatten kaum Zeit, sich anzukleiden. Er teilte ihnen den Befehl des Sultans mit, aber er sagte kein Wort über die Beweggründe.

Als die Mädchen vor dem Sultan standen, begrüßte er sie freundlich. Er fragte sie, ob sie sich an ihre Wünsche vom gestrigen Abend erinnerten. Da gerieten die Mädchen in Verlegenheit und wagten nicht zu sprechen. Die jüngste von den dreien errötete am tiefsten. Sie war so verwirrt, daß sie das Herz des Sultans vollends gewann.

Alle drei fürchteten, den Herrscher beleidigt zu haben. Darum brachten sie kein Wort heraus. Nun suchte sie der Sultan zu beruhigen.

„Fürchtet euch nicht!“ sagte er. „Ich habe euch nicht rufen lassen, um euch zu bestrafen. Da ich eure Wünsche gestern mitangehört habe, braucht ihr sie heute nicht zu wiederholen. Ich will sie alle erfüllen.“

Noch am selben Tag vermählte Chosru Schah die älteste Schwester mit dem Hofbäcker. Die zweite gab er dem Hofkoch zur Frau. Und für seine eigene Hochzeit mit der jüngsten Schwester ließ er schleunigst alle Vorbereitungen treffen.

Als es soweit war, wurde die Vermählung des Sultans mit königlichem Prunk begangen. Die Hochzeiten der beiden älteren Schwestern fanden dem Range ihrer Gatten gemäß in bescheidenerem Rahmen statt.

Nun hätte man glauben sollen, daß die beiden älteren Schwestern froh und zufrieden waren. Jede hatte ja das Ziel ihrer Wünsche erreicht. Ihre Gatten befanden sich in hochangesehenen Stellungen. Sie selbst wurden von ihren Männern geliebt. Dabei hatten sie viel mehr erlangt als nur weißes Brot und leckeres Essen. Aber schon bei den Vermählungsfeierlichkeiten fühlten sie den Abstand als Kränkung. Die Kluft verbreiterte sich, da bei jedem Anlaß der hohe Rang ihrer jüngsten Schwester in Erscheinung trat. Ärger, Eifersucht und Neid erfüllten ihre Herzen und vergällten ihr Leben. So ging es einige Monate. In dieser Zeit ergab sich keine Gelegenheit, sich über den gemeinsamen Kummer auszusprechen.

Eines Tages aber trafen sie in einem öffentlichen Bad zusammen. Dabei fanden sie die Möglichkeit, ungestört miteinander zu reden. Die älteste Schwester begann die Unterhaltung.

„Was sagst du zu unserer jüngsten Schwester, der Sultanin?“ fragte sie spitz. „Findest du ihr Benehmen nicht abscheulich?“

„Ja", entgegnete die andere, „es ist unglaublich, was sie sich herausnimmt. Ich kann gar nicht begreifen, was der Sultan an ihr gefunden hat. Wenn sie noch irgend etwas Besonderes an sich hätte, könnte man dieses Getue verstehen. Aber was hat sie uns denn voraus als ihre paar Jahre Jugend? Meiner Ansicht nach wärest du viel würdiger gewesen, die Gattin des Sultans zu werden."

„Liebe Schwester", erwiderte die älteste, „wir wollen nicht von mir reden. Aber du hättest das Zeug für eine solche Stellung in dir. Ich kann es dem Sultan nicht verzeihen, daß er uns dieses dumme Ding vorgezogen hat. Aber wir wollen uns an ihr rächen. Ich glaube, du wirst mit mir übereinstimmen. Wir wollen ihr alle Bosheiten und Kränkungen antun, die wir nur erdenken können."

Von da an trafen sich die zwei Schwestern oft. Jedesmal berieten sie, wie sie ihre jüngste Schwester in den Augen des Sultans erniedrigen könnten. Sie dachten hin und her, was sie ihr antun könnten. Aber die Ausführung ihrer Pläne scheiterte immer an verschiedenen Schwierigkeiten. Während sie dunkle Pläne schmiedeten, begegneten sie ihrer Schwester mit Liebe und Zärtlichkeit. Diese hegte keinen Argwohn. Freudig empfing sie ihre Besuche und ließ ihre Schwestern ihre hohe Stellung nicht im mindesten fühlen.

Nach Verlauf eines Jahres sollte die schöne Königin ihrem Gatten ein Kind schenken. Nun glaubten die neidischen Schwestern ihre Gelegenheit zur Rache gekommen. Sie fanden sich im Sultanspalast ein. Heuchlerisch beglückwünschten sie die Schwester. Dann machten sie sich erbötig, ihre Wartung und Pflege zu übernehmen.

„Liebe Schwestern", antwortete die Sultanin freundlich, „nichts wäre mir lieber als das. Aber ihr wißt, daß dazu der Sultan seine Zustimmung geben muß. Es ist am besten, wenn ihr es euren Männern sagt. Sie können den Sultan um die Gnade bitten, euch für dieses Geschäft zu bestimmen. Sicher wird er dieses Ansuchen gern bewilligen. Er weiß ja, daß wir miteinander verwandt sind."

Mit boshafter Freude kehrten die beiden Schwestern nach Hause zurück. Sogleich sprachen sie mit ihren Männern über ihren Wunsch.

Diese trugen dem Sultan ihr Anliegen vor. Huldvoll erklärte er ihnen, die Sache in Erwägung ziehen zu wollen. Bei der nächsten Gelegenheit sprach er mit seiner Gemahlin darüber.

„Herrin“, sagte er, „deine Schwestern haben mir ihre Dienste angeboten. Sie wollen sich deiner annehmen und dir in deiner schweren Stunde Hilfe leisten. Ich glaube, sie sind dazu geeigneter als fremde Frauen. Da sie mit dir verwandt sind, werden sie ihre Dienste mit besonderer Liebe und Sorgfalt verrichten. Wenn du einverstanden bist, laß es mich wissen. Dann können wir sie von ihrer Berufung verständigen.“

Die Königin freute sich über diese Worte ihres Gemahls und entgegnete: „Mein Herr und Gemahl, du hast recht. Es ist am besten, wenn mir meine Schwestern zur Seite stehen. Dein Vorschlag ist mir ein Beweis mehr für deine Güte.“

Der Sultan bestimmte also die beiden Schwestern dazu, seiner Gattin zu Diensten zu stehen. Nun wohnten die beiden im Sultanspalast. Tückisch warteten sie auf eine Gelegenheit, der verhaßten Schwester einen boshaften Streich zu spielen.

Es dauerte nicht lange, da gebar die Königin einen wunderschönen Knaben. Aber weder seine Schönheit noch seine Hilflosigkeit rührten die boshaften Schwestern. Haß und Neid entbrannten vielmehr in doppelter Stärke in ihren Herzen. Sie wickelten das Kindlein nachlässig in ein paar Windeln, dann legten sie es in einen alten Korb und warfen eine Decke darauf. Am Zimmer der Sultanin floß ein Kanal vorbei. Dorthinein warfen sie den Korb. An Stelle des Prinzen legten sie einen toten jungen Hund ins Bett. Dazu erzählten sie überall, die Königin habe diese Mißgeburt zur Welt gebracht.

Als der Sultan diese schlimme Nachricht erfuhr, übermannte ihn der Zorn. Aber der Großwesir beruhigte ihn. Er gab ihm zu Bedenken, daß dies eine Laune der Natur sei. Die Königin trage keine Schuld daran.

Unterdessen schwamm der Korb den Kanal hinunter durch die Gärten des Sultans. Dort ging gerade der Aufseher der königlichen Gärten spazieren. Er bemerkte den schwimmenden Korb. Darum befahl er einem Gärtner, das sonderbare Schifflein ans Ufer zu ziehen. Der Gärtner lotste den Korb mit einer Stange zu den Füßen seines Herrn. Als der Aufseher die Decke vom Korb hob, gewahrte er verwundert ein neugeborenes Kind. Es war ein besonders schöner Knabe.

Der Aufseher war schon viele Jahre verheiratet, aber bisher hatte ihm der Himmel kein Kind geschenkt. Nun dachte er sofort daran, das Kind als sein eigenes anzunehmen. Er ließ den Korb samt dem Knaben von dem Gärtner in seine Wohnung tragen.

„Wir haben bisher kein Kind gehabt", sagte er zu seiner Frau. „Nun hat uns Gott einen Knaben beschert. Wir wollen ihn aufziehen, als ob er unser eigener Sohn wäre. Sorge für seine Nahrung und Pflege!"

Die Frau nahm das Kind mit Freuden in Empfang. Sie betreute und hütete es, als ob sie es selbst geboren hätte. Der Aufseher sagte niemandem, wie das Kind in sein Haus gekommen sei. Er fragte auch nicht, wem es etwa gehöre. Seine Gemahlin und er wahrten ihr Geheimnis sorgfältig.

Ein Jahr darauf bekam die Königin wieder einen Sohn. Auch diesmal waren die beiden neidischen Schwestern mit der Wartung der jüngeren betraut. Sie hatten mit dem neugeborenen Prinzen ebensowenig Mitleid wie mit dem älteren Brüderlein. Auch ihn setzten sie in einem Korb auf dem Kanal aus. Nachher verbreiteten sie die Nachricht, die Königin habe einer Katze das Leben geschenkt.

Auch dieser Knabe kam durch die Güte des Himmels mit dem Leben davon. Der Aufseher der Gärten erblickte auch diesmal den schwimmenden Korb und brachte das Kindlein abermals seiner Gattin. Diese

nahm sich liebevoll seiner an und zog es mit seinem Brüderchen auf.

Der Sultan war wütend, als ihm die neue Unglücksbotschaft überbracht wurde. Er hätte die Königin getötet, wenn nicht der Großwesir ein Wort für sie eingelegt hätte.

Endlich schenkte die Königin ihrem Gemahl eine Tochter. Aber die boshaften Schwestern wollten in ihrem Neid das Glück der jüngeren gründlich zerstören. Sie wollten erreichen, daß die Königin verstoßen werde. So verfuhren sie mit der kleinen Prinzessin nicht anders als mit den beiden Prinzen. Wieder war es der Aufseher der königlichen Gärten, der dem Mägdlein das Leben rettete. Seine Gattin übernahm bereitwillig auch die Pflege und Erziehung des Mädchens. So nannte der Aufseher nun drei Kinder sein eigen. Sie wurden von ihm und seiner Frau wie leibliche Kinder gehalten.

Die tückischen Schwestern aber gingen zum Sultan und berichteten

ihm unter Tränen und Wehklagen, daß die Königin eine tote Ratte zur Welt gebracht hätte. Das war dem König zuviel. In rasender Wut rief er den Großwesir zu sich.

„Nun ist es genug", schrie er. „Diese Frau darf nicht länger am Leben bleiben. Sie ist ein Ungeheuer. Mit der Zeit würde sie meinen ganzen Palast mit Ungeheuern bevölkern."

Dann sprach er das Todesurteil aus. Dem Großwesir befahl er, es vollziehen zu lassen.

Alle Minister und der Großwesir warfen sich dem Sultan zu Füßen und baten um Gnade und Schonung für seine Gemahlin. Der Großwesir wies abermals darauf hin, daß die Sultanin unschuldig sei an diesem grausamen Spiel der Natur. Die Hinrichtung sei eine viel zu harte Strafe. Wenn der Sultan nicht mehr mit ihr leben wolle, solle er sie verstoßen. Es werde Strafe genug für sie sein, wenn sie fern seiner Gunst leben müsse.

Schließlich sah der Sultan ein, daß der Großwesir recht habe.

„So mag sie denn leben!" sprach er. „Aber ihr künftiges Leben wird härter sein als der Tod. Ich begnadige sie nur unter dieser Bedingung: Man stelle am Eingang der Hauptmoschee einen eisernen Käfig auf. Dort soll sie wie ein wildes Tier eingesperrt werden. Jeder Muselmann, der die Moschee betreten will, hat ihr ins Gesicht zu speien. Tut er es nicht, verfällt er der gleichen Strafe wie sie. Damit mein Gebot befolgt werde, hast du Wachen vor dem Käfig aufzustellen. Jede Unterlassung ist mir sofort zu melden."

Der Wesir wagte keinen Widerspruch mehr. Der Käfig wurde gebaut und die unglückliche Königin wurde dem Schimpf und Spott des Pöbels preisgegeben. Sie erlitt ein Schicksal, das die neidischen Schwestern vollauf verdient hätten. Mit Mut und Seelenstärke ertrug sie ihre Leiden. Alle gutgesinnten Menschen bewunderten sie und hatten Mitleid mit ihr.

Während die Königin ihr Los standhaft ertrug, wuchsen ihre Kinder in der Obhut des Aufseherpaares heran. Sie waren ihren Pflegeeltern in kindlicher Liebe zugetan. Der Aufseher und seine Frau sorgten zärtlich für sie. Der ältere der Prinzen erhielt den Namen Bahman. Den jüngeren nannten sie Perwis. Die Prinzessin hießen sie Parisade. Allen dreien war eine natürliche Hoheit zu eigen. Die Prinzessin entwickelte sich zu einem anmutigen und klugen Mädchen; sie übertraf noch ihre Brüder an Schönheit und Verstand. Es wurden die besten Lehrer bestellt, und diese hatten wenig Mühe mit ihren Zöglingen. Die Kinder wurden in allen Zweigen der Wissenschaft und Kunst sowie des höfischen Lebens gebildet. Binnen kurzem übertrafen sie beinahe ihre Lehrer. Auch die Prinzessin nahm an dem Unterricht teil, aber sie blieb keineswegs hinter ihren Brüdern zurück. Alle drei waren der Stolz ihrer Lehrer.

Der Aufseher sah mit Freude, daß seine Pflegekinder zu tüchtigen jungen Menschen heranwuchsen. Eine schönere Belohnung für seine Güte konnte er sich nicht wünschen. Da ihm seine Wohnung nicht mehr gut genug schien, kaufte er in der Nähe der Stadt ein Grundstück. Dort ließ er ein großes Landhaus erbauen. Er scheute keine Mühe und keine Kosten. Der neue Besitz war der schönste im ganzen Umkreis. Das Haus wurde aufs prächtigste ausgestattet und das umliegende Gelände in einen herrlichen Garten verwandelt. Seltene Bäume, Sträucher und Blumen wurden gepflanzt. Einen naheliegenden Wald innerhalb seines Besitztums ließ er mit einer Mauer umgeben. Dort setzte er alle Arten von Wild an. Das war das künftige Jagdgebiet für die beiden Brüder und die Prinzessin.

Als der Wohnsitz fertig eingerichtet war, ging der Aufseher zum Sultan. Er bat um die Gnade, sein Amt zurücklegen zu dürfen, seine alten Tage wolle er auf seinem Landgut zubringen. Der Sultan bewilligte dem treuen Diener seine Bitte. Huldvoll fragte er, ob er sonst noch einen Wunsch habe.

„Mein Gebieter“, erwiderte der Aufseher, „ich habe nur den Wunsch, bis ans Ende meines Lebens im Schatten Eurer Gnade zu verweilen.“

Der Sultan entließ ihn mit gnädigen Worten. Und der Aufseher zog mit den Prinzen Bahman und Perwis und der Prinzessin Parisade in sein neuerbautes Landhaus.

Die Gattin des Aufsehers war schon vor einigen Jahren gestorben. Er selbst sollte auch nicht lange die wohlverdiente Ruhe genießen. Nach einigen Monaten erkrankte er plötzlich. Kurz darauf starb er. Er hatte keine Zeit mehr gefunden, seinen Kindern ihre wahre Herkunft mitzuteilen. Die Geschwister empfanden über den Tod ihres Beschützers bittere Trauer. Sie hatten ihn für ihren wirklichen Vater gehalten, darum erwiesen sie ihm nach dem Tode alle Ehren, die ihm gebührten.

Fortan lebten die drei in Eintracht und Ruhe auf dem Landsitz. Friedlich vergingen die Tage.

Einmal waren die beiden Brüder zur Jagd geritten. Die Prinzessin war allein zu Hause. Da kam eine fromme alte Einsiedlerin an die Tür des Hauses. Sie bat um die Erlaubnis, eintreten und ihr Gebet verrichten zu dürfen, da die Stunde des Gebets herangekommen sei; es befinde sich nämlich keine Moschee oder andere Behausung in der Nähe. Parisade hieß sie freundlich willkommen. Nachdem die Frau ihr Gebet verrichtet hatte, führten sie die Dienerinnen auf Geheiß der Prinzessin im ganzen Haus umher. Die fromme Frau bewunderte den schönen Bau und die geschmackvolle Einrichtung. Im Garten lobte sie die Schönheit und Eigenart der Anlagen; der Erbauer sei wahrlich ein Künstler gewesen. Schließlich führten die Dienerinnen sie zu der Prinzessin. Diese erwartete sie im schönsten Saal des Hauses. Freundlich lud sie die fromme Frau zum Nähertreten ein.

„Komm zu mir“, rief sie. „Setze dich an meine Seite, gute Mutter! Ich bin glücklich, mich ein wenig an deinen Worten erbauen zu können. Du bist auf dem rechten Weg zu Gott. Alle Menschen sollten dir nachstreben.“

Die fromme Frau wollte sich zu Füßen der Prinzessin niedersetzen. Aber das ließ die Prinzessin nicht zu. Sie ergriff ihre Hand und zog sie zu ihrer Rechten nieder. Die Alte war gerührt über die Freundlichkeit des jungen Mädchens.

„Herrin“, sagte sie, „dieser Platz gebührt mir nicht. Aber da du befiehlst, gehorche ich.“

Während sie nun plauderten, stellten die Dienerinnen ein reich verziertes Tischchen vor sie hin. Es war mit feinem Gebäck, Obst und allerlei Leckerbissen belegt. Die Prinzessin bot der alten Frau Kuchen an.

„Iß, fromme Frau“, sagte sie. „Du hast sicherlich Hunger. Auf deinem Weg wirst du kaum eine Stärkung erhalten haben. Suche dir von den Früchten aus, was dir beliebt!“

„Hohe Herrin“, antwortete die Alte, „ich bin so feine Speisen nicht gewohnt. Wenn ich davon esse, geschieht es nur dir zuliebe. Ich darf nicht verschmähen, was du so freundlich anbietest.“

Bescheiden kostete sie von den Speisen und Früchten. Währenddessen sprach die Prinzessin mit ihr über ihre frommen Übungen. Schließlich fragte sie, wie ihr das Landhaus gefallen habe.

„Edle Herrin“, antwortete die Alte, „es ist ein wunderbarer Bau. Die Einrichtung ist trefflich. Es ist alles da, was zur Bequemlichkeit des Lebens dient. Die Gegend ist herrlich. Die Gartenanlagen sind meisterlich erdacht und ausgeführt. Um diese Stätte aber unvergleichlich zu machen, fehlen noch drei Dinge.“

„Gute Mutter“, rief die Prinzessin, „nenne mir diese drei Dinge! Ich werde keine Mühe scheuen, sie zu beschaffen.“

„Herrin“, erwiderte die Frau, „das erste ist der sprechende Vogel Bülbülhesar. Sein melodischer Gesang zieht alle Vögel der Umgebung an; sie kommen herbei, um in seine Lieder einzustimmen. Das zweite ist der singende Baum. Seine glänzenden Blätter sind lauter Zungen und Kehlen, die liebliche Weisen ertönen lassen; jeder, der den Gesang hört, wird davon bezaubert. Das dritte ist das goldfarbige Wasser. Es genügt, einen Tropfen dieses Wassers in ein Becken fallen zu lassen; sofort schwillt er an bis zum Rande des Beckens. Dann sendet er einen Strahl gegen den Himmel wie ein Springbrunnen. Dieser steigt und fällt unaufhörlich, ohne daß das Wasser über den Rand des Beckens läuft.“

„Fromme Mutter“, rief die Prinzessin, „was es doch für wunderbare Dinge auf der Welt gibt! Ich bin dir dankbar, daß du mir davon berichtet

hast. Sicher ist dir auch bekannt, wo diese merkwürdigen Dinge zu finden sind. Welche Mittel muß man anwenden, um sie zu erwerben? Ich bitte dich, nenne sie mir!“

Darauf antwortete die fromme Frau: „Edles Fräulein, du bist so freundlich zu mir gewesen. Ich kann mich nicht weigern, deinen Wunsch zu erfüllen. Höre also: Diese drei Dinge befinden sich am selben Orte. Suche sie auf der Grenze zwischen den Königreichen Persien und Indien. Der Weg führt an deinem Hause vorbei gerade nach Osten. Wer diese Dinge gewinnen will, braucht dem Weg nur zwanzig Tagereisen weit zu folgen. Dann muß er den ersten besten nach dem sprechenden Vogel, dem singenden Baum und dem goldfarbigen Wasser fragen. Er wird die richtige Auskunft erhalten.“

Nach diesen Worten erhob sich die Einsiedlerin. Unter vielen frommen Wünschen nahm sie Abschied von der Prinzessin und ging ihres Weges.

Parisade vertiefte sich in den Gedanken an die drei Dinge. Sie bemerkte gar nicht, daß die Alte wegging. Aber als sie einige Fragen an sie richten wollte, war sie allein. Sie suchte sich alle Angaben ins Gedächtnis zurückzurufen. Ihr Entschluß stand fest: Sie mußte in den Besitz dieser Wunderdinge gelangen. Daß dies mit mancherlei Schwierigkeiten verbunden sein würde, war ihr bewußt. Während sie angestrengt nachdachte, kamen ihre Brüder von der Jagd zurück. Diese waren über ihre Schwester sehr verwundert. Sonst empfing sie sie stets heiter und mit scherzhaften Worten. Heute war sie in Gedanken versunken. Sie schien die Anwesenheit der Brüder nicht einmal wahrzunehmen.

„Liebe Schwester“, sagte Prinz Bahman, „was fehlt dir? Warum bist du nicht so fröhlich wie sonst? Hat dich jemand beleidigt? Sag uns deinen Kummer, damit wir dir helfen können!"

Die Prinzessin gab keine Antwort. Sie sah die Brüder nur an, dann senkte sie wieder den Kopf und sagte, ihr fehle nichts.

„Schwester", fuhr Prinz Bahman fort, „du verheimlichst uns etwas. Sag uns doch, was vorgefallen ist. Ich gehe nicht früher von der Stelle. Oder bist du unserer Gesellschaft müde? Möchtest du das Band der Freundschaft und Liebe zwischen uns zerschneiden?"

Als die Prinzessin ihre Brüder in solcher Aufregung sah, sprach sie beruhigend: „Nein, nein, liebe Brüder, wir gehören zusammen wie früher. Ihr seid meinem Herzen teuer wie vorher. Aber heute habe ich etwas erfahren, was mir Unruhe verursacht. Wir meinten bisher, unser Landhaus sei in jeder Hinsicht vollkommen. Heute habe ich entdeckt, daß noch drei Dinge zu seiner Vollkommenheit fehlen: der sprechende Vogel, der singende Baum und das goldfarbige Wasser. Nun ist mein Herz von Sehnsucht erfüllt, diese drei Dinge zu besitzen. Vielleicht meint ihr, daß unser Haus auch so schön genug sei. Aber ich bin ohne die drei Dinge nicht mehr zufrieden. Ratet mir, wer mir dazu verhelfen kann."

Darauf erwiderte Prinz Bahman: „Liebe Schwester, wir werden alles unternehmen, diese drei Dinge zu erwerben. Ich bin überzeugt, daß mein Bruder ebenso denkt wie ich. Sag uns nur, wo sich das alles befindet. Zeig uns den Weg! Ich werde die Wunderdinge suchen. Morgen früh will ich reiten."

„Lieber Bruder", wandte Prinz Perwis ein, „du bist älter als ich. Du hast daher mehr Anrecht, zu Hause zu bleiben. Ich will ausziehen, um die drei Dinge zu suchen."

„Bruder", antwortete Prinz Bahman, „du würdest bei deinem Mut und deiner Klugheit das Abenteuer so gut bestehen wie ich. Aber die Sache ist abgemacht. Ich reise und du bleibst. Du übernimmst den Schutz der Schwester und des Hauses."

Prinz Bahman ließ sich sodann von seiner Schwester den Weg beschreiben. Sie gab alles an, was die fromme Frau ihr mitgeteilt hatte.

Am nächsten Morgen befahl er, sein Pferd zu satteln, und nahm Abschied von den Geschwistern. Guten Mutes wollte er sich auf die Reise begeben. Da füllten Tränen die Augen seiner Schwester. Sie hielt ihn am Arme zurück.

„Lieber Bruder“, sagte sie, „geh nicht fort! Bleibe bei uns! Wenn ich an die Gefahren dieser Reise denke, ergreift mich bittere Sorge um dich. Mein Herz ist schwer. Lieber will ich auf die seltsamen Dinge verzichten, als dich einer Gefahr aussetzen. Wer sagt mir, daß du wiederkommst?“

Prinz Bahman lächelte über die Besorgnis der Schwester.

„Schwesterchen“, versetzte er, „nun gibt es kein Zurück mehr. Die Reise ist beschlossene Sache; nichts kann mich davon zurückhalten. Aber sei ohne Sorge! Mit Gottes Hilfe werde ich deinen Wunsch erfüllen und gesund wiederkehren.“

Nun zog er sein Jagdmesser aus dem Gürtel und überreichte es der Schwester. Er sagte dabei: „Nimm dieses Messer und behalte es bei dir!

Wenn dich Sorge um mein Schicksal überkommt, zieh es aus der Scheide! Ist die Klinge blank und rein, so bin ich munter und gesund. Solltest du aber Blutstropfen daran finden, so bin ich nicht mehr am Leben."

Die Prinzessin konnte den Bruder auf keine Weise von seinem Entschluß abbringen. Er ritt auf seinem stattlichen Pferd die Straße hinaus nach Osten.

Zwanzig Tage zog der Prinz geradeaus seines Weges. Dann erreichte er die Grenze, wo Indien an das Königreich Persien stößt. Am zwanzigsten Tage erblickte er abseits der Straße einen Greis von scheußlichem Aussehen. Er saß neben einer armseligen Rohrhütte. Sein Haar war schneeweiß; es hing ihm wild über Kopf und Gesicht. Der zerzauste Bart reichte von der Oberlippe bis hinab auf den Boden. Seine Nägel an Händen und Füßen waren lang und krallenartig. Auf dem Kopf trug er einen breiten Hut aus Palmblättern, und um den Leib hatte er eine Binsenmatte gewickelt. Das war seine ganze Kleidung. Dieser Alte war ein Derwisch. Schon vor Jahren hatte er sich aus dem Leben zurückgezogen; nun führte er in der Einsamkeit ein gottgefälliges Leben.

Prinz Bahman hatte schon den ganzen Tag nach jemandem ausgeblickt. Er mußte ja nach den drei Dingen fragen. Also stieg er ab, als er den Alten sah. Er wollte die Anweisungen der frommen Frau genau befolgen, darum verneigte er sich tief vor dem Derwisch.

„Mein Vater", sagte er, „Gott möge dir ein langes Leben bescheren und dir alles gewähren, was du wünschest!"

Undeutlich gab der Derwisch Antwort auf diesen Gruß. Prinz Bahman konnte kein Wort verstehen. Der lange Bart des Alten war schuld daran, daß seine Rede unverständlich war. Der Prinz wollte aber die gewünschte Antwort haben. Darum nahm er eine Schere aus seiner Satteltasche und näherte sich dem Alten.

„Ehrwürdiger Vater", sagte er, „ich habe mit dir zu reden. Doch dein Bart ist so lang, daß er deinen Mund überwuchert. Ich verstehe kein Wort, wenn du sprichst. Auch deine Augenbrauen sind borstig und lang. Du kannst ja kaum aus den Augen schauen. Erlaube mir daher, daß ich dir Bart und Brauen mit dieser Schere beschneide."

Der Derwisch gab durch einen Wink sein Einverständnis, und der Prinz führte seine Absicht aus. Als Haar- und Bartwirrnis entfernt waren, sah der Derwisch gleich viel jünger aus. Es zeigte sich nun, daß er eine frische Haut- und Gesichtsfarbe hatte.

Da sagte der Prinz zu ihm: „Schade, daß ich keinen Spiegel habe. Du würdest staunen, wie sehr du dich zu deinem Vorteil verändert hast."

Diese Worte schmeichelten dem Derwisch. „Herr", sagte er lächelnd, „ich bin dir unendlich dankbar für diese Gefälligkeit. Wenn ich etwas für dich tun kann, bin ich gerne dazu bereit. Ich möchte mich dir erkenntlich zeigen."

Darauf erwiderte der Prinz: „Heiliger Mann, ich bin aus fernen Landen gekommen, um drei Dinge zu suchen: den sprechenden Vogel, den singenden Baum und das goldfarbige Wasser. Diese drei Dinge befinden sich hier irgendwo in der Nähe. Ich kenne aber den Ort nicht genau. Wenn dir der Platz bekannt ist, so beschreibe ihn mir. Ich will diese gefahrvolle Reise nicht umsonst gemacht haben."

Bei diesen Worten wurde der Derwisch ernst. Er senkte die Augen und verharrte in Schweigen. Da ergriff der Prinz neuerlich das Wort.

„Guter Vater", fuhr er fort, „hast du mich nicht verstanden? Weißt du etwas von diesen drei Dingen, dann bitte ich dich um Auskunft. Weißt du aber nichts, so sag es mir. Ich will keine Zeit verlieren und mich bei jemand anderem erkundigen."

Nach einer Weile gab der Derwisch zur Antwort: „Herr, ich kenne die Stätte, die du suchst. Aber du bist so freundlich gegen mich gewesen. Ich habe dich liebgewonnen. Um deinetwillen möchte ich dir nicht sagen, was du zu wissen begehrst."

„Was könnte dich davon abhalten?" erwiderte der Prinz. „Warum möchtest du meine Frage nicht beantworten?"

„Das will ich dir sagen", versetzte der Derwisch. „Du müßtest dich in größte Gefahr begeben. Schon viele hohe Herren haben bei mir nach jenem Ort gefragt. Keiner ließ sich durch meine Warnungen zurückhalten. Aber auch keiner ist bisher wiedergekommen. Wenn dir dein Leben lieb ist, so geh nicht weiter!"

Prinz Bahman ließ sich von seinem Vorhaben nicht abbringen.

„Lieber Freund“, entgegnete er, „ich danke dir für deinen guten Rat. Aber ich fürchte mich nicht. Im Vertrauen auf meine guten Waffen will ich es mit jedem Gegner aufnehmen. Ich glaube nicht, daß jemand tapferer oder entschlossener ist als ich.“

Da erwiderte der Derwisch: „Es können doch auch unsichtbare Feinde deinen Weg behindern. Wie willst du dann deine Waffen gebrauchen?“

„Das ist mir gleichgültig“, sagte der Prinz. „Ich will und muß den Weg gehen. Zeige mir, bitte, wohin ich mich wenden soll.“

Der Derwisch erkannte, daß er den Fremden in seinem Entschluß nicht wankend machen konnte. Nun holte er aus einem Sack neben sich eine Kugel. Diese gab er dem Prinzen.

„Ich sehe“, sagte er, „daß meine Mühe, dich von dem Entschluß abzubringen, fruchtlos ist. Du bestehst trotz aller Warnungen hartnäckig darauf. Schön, so sollst du den Weg erfahren. Nimm diese Kugel. Wirf sie vor dich hin und folge ihr! Am Fuß eines Berges wird sie stillestehn. Dort steig vom Pferd und wirf ihm die Zügel um den Hals. Es wird ruhig auf dem Platz stehenbleiben, bis du zurückkommst. Du aber steig mutig den Berg hinan! Links und rechts vom Weg wirst du eine Menge großer, schwarzer Steinblöcke sehen. Bald wird sich neben und hinter dir ein großes Stimmengewirr erheben. Schimpf- und Hohnworte werden dir folgen. Dadurch sollst du gehindert werden, die Höhe zu erreichen. Das Getöse wird immer ärger werden, je weiter du kommst. Aber laß dich durch nichts beirren! Antworte nicht! Aber vor allem blicke dich ja nicht um! Das wäre dein Verderben. Alle schwarzen Steine neben dem Weg waren einst große Herrn, tapfere, kühne Männer. Alle sind sie einst ausgezogen, die drei Dinge zu erwerben. Aber alle haben sich auf dem Weg zur Bergeshöhe umgeblickt und sind dafür sofort zu Stein verwandelt worden. Auch dir steht das gleiche Schicksal bevor, wenn du dich umblickst. Ich beschwöre dich daher, sieh dich nicht um! Wenn du meinen Ratschlägen folgst, wirst du glücklich auf den Gipfel des Berges gelangen. Dort sitzt in einem Käfig der sprechende

Vogel. Er wird alle deine Fragen beantworten. Frage ihn nach dem singenden Baum und nach dem goldfarbigen Wasser. Du wirst alles hören, was du zu erfahren wünschst. Wenn diese drei Dinge in deinem Besitz sind, hast du keine Gefahr mehr zu fürchten. Beherzige, was ich dir gesagt habe! Sonst mußt du das gleiche Schicksal erleiden, das allen andern beschieden war."

Aber Prinz Bahman erwiderte: „Nichts soll mich daran hindern, den Gipfel des Berges zu erreichen. Ich will deinen Rat befolgen. Binnen kurzem wirst du mich mit der gewünschten Beute beladen wiedersehen. Leb wohl!"

Mit diesen Worten stieg er zu Pferd. Er nahm die Kugel in Empfang und warf sie vor sich hin auf den Boden. Die Kugel begann zu rollen und lief mit großer Geschwindigkeit vor ihm her. Am Fuß eines mäßig steilen Hügels kam sie zur Ruhe. Dort sprang der Prinz aus dem Sattel und warf dem Pferd die Zügel um den Hals. Sogleich machte er sich daran, den Berg hinanzuschreiten. So weit er sehen konnte, war der Weg mit großen, schwarzen Felsblöcken besät. Kaum hatte er einige Schritte getan, als er Stimmen vernahm.

„Da kommt schon wieder so ein Narr!" riefen sie laut und drohend. „Was will er denn? Laßt ihn nicht vorbei!"

„Packt ihn! Haltet ihn!" schrien andere.

Wieder andere brüllten Schimpfworte wie „Räuber!" „Mörder!"

Auch spöttische Stimmen klangen an sein Ohr: „Nein, tut ihm nichts! Der sprechende Vogel wartet ja schon auf ihn."

Ungeachtet aller drohenden Worte stieg der Prinz mutig weiter. Er wollte rasch den Gipfel des Berges erreichen. Aber die Stimmen rings um ihn wurden immer lauter und schrecklicher. Das Getöse steigerte sich zu einem furchtbaren Gebrüll und kam ganz in seine Nähe. Es war ihm, als wollten unsichtbare Hände ihn festhalten. Seine Beine begannen zu zittern. Furcht und Entsetzen bemächtigten sich seiner. In seinem Schrecken vergaß er ganz auf die Warnung des Derwisches. Er drehte sich um: Aber im selben Augenblick wurde er zu Stein verwandelt. Auch sein Pferd wurde zu Stein.

Seit der Abreise des Prinzen Bahman hatte die Prinzessin Parisade täglich in Sorgen ihres Bruders gedacht. Jedesmal war sein Jagdmesser ihr Trost gewesen. Sooft sie es aus der Scheide gezogen hatte, war es blank und rein gewesen. Da wußte sie, daß der Bruder gesund und wohlbehalten sei. Als Prinz Bahman zu Stein verwandelt wurde, sagte sie gerade zu ihrem jüngeren Bruder, wie sehr sie hoffe, daß Bahman gesund von seiner Reise heimkehren werde. Zur Bestätigung zog die Prinzessin das Messer aus der Scheide. Da sah sie mit Entsetzen, wie von der Spitze des Messers große Blutstropfen zur Erde fielen. Schreckensbleich schleuderte sie es weg.

„O mein armer Bruder", rief sie unter Tränen, „so habe ich dich durch meine eigene Schuld verloren! Warum wollte ich auch die drei Dinge besitzen? Sie haben meinem Bruder jetzt das Leben gekostet. Hätte doch jene Frau nie die Schwelle unseres Hauses betreten! Hätte ich sie doch nie gefragt, wie ihr unser Haus gefalle! Nun kommt alle Reue zu spät. Ich werde meinen armen Bruder nie mehr wiedersehen."

Mit solchen und ähnlichen Worten beklagte sie den Tod des Prinzen Bahman. Bittere Tränen entströmten dabei ihren Augen. Nicht minder betrübt als die Prinzessin war Prinz Perwis; er war seinem älteren Bruder von Herzen zugetan. Aber er suchte die Schwester zu trösten.

„Liebe Schwester, fasse dich!" sagte er. „Es war vom Schicksal so bestimmt. Kein Trauern und Klagen kann unserem Bruder das Leben wiedergeben. Sicherlich war es auch von Gott bestimmt, daß jene Frau in unser Haus gekommen ist. Ich will sogleich aufbrechen und nachforschen, was aus unserm Bruder geworden ist. Wenn ein Feind ihn getötet haben sollte, werde ich Rache nehmen. Gleichzeitig aber werde ich alles daransetzen, mir die drei Wunderdinge zu verschaffen."

Vergebens versuchte Parisade, den Bruder von seinem Vorhaben abzubringen. Sie beschwor ihn flehentlich, nicht auch sein Leben aufs Spiel zu setzen. Er dürfe sie nicht allein zurücklassen; auch liege ihr an den drei Dingen gar nichts mehr. Aber Prinz Perwis hörte nicht auf ihr Flehen. Er nahm am nächsten Tag Abschied, um den Weg nach Osten anzutreten. Ehe er aber aufbrach, zog er eine Perlenschnur hervor. Auf ihr waren hundert Perlen aneinander gereiht.

„Nimm diese Perlenschnur", sagte er, „und lege sie um deinen Hals! Solange diese Perlen beweglich sind, bin ich am Leben. Sitzen sie aber fest, bin ich gestorben. Aber wir wollen hoffen, daß ich gesund wiederkehre."

Damit bestieg Prinz Perwis sein Pferd und ritt fort. Am zwanzigsten Tag seiner Reise kam er zu der Stelle, wo sein Bruder den Derwisch getroffen hatte. Dieser saß noch auf demselben Platz neben seiner Rohrhütte. Er sah dem ankommenden Reiter mit unbewegter Miene entgegen. Der Prinz stieg vom Pferd und grüßte den Alten freundlich. Dann fragte er nach dem Ort mit dem sprechenden Vogel, dem singenden Baum und dem goldfarbigen Wasser. Der Derwisch suchte den Prinzen von seinem Vorhaben abzubringen. Er machte ihm dieselben Vorstellungen, die er dem Prinzen Bahman gemacht hatte. Erst vor kurzem sei ein junger Mann den gleichen Weg gegangen und nicht mehr zurückgekehrt.

„Frommer Vater", sagte Prinz Perwis, „ich kenne diesen jungen Mann.

Es war mein älterer Bruder. Er ist ausgezogen, die drei Dinge zu suchen. Ich weiß, daß er tot ist. Aber ich habe keine Ahnung, wie er ums Leben gekommen ist."

„Das kann ich dir sagen", antwortete der Derwisch. „Er ist in einen schwarzen Stein verwandelt worden. Als solcher liegt er auf dem Weg zum Gipfel des Berges. Auch du gehst diesem Schicksal entgegen. Darum folge meinem Rat und gib dein Vorhaben auf!"

Der Prinz erwiderte: „Ich bin dir von Herzen dankbar für deine Besorgnis. Aber ich habe meinen Entschluß reiflich erwogen. Darum bitte ich dich inständig, beschreibe mir den Weg! Ich hoffe, glücklicher zu sein, als mein Bruder gewesen ist."

„Gut", antwortete der Derwisch, „du sollst deinen Willen haben. Wenn ich nicht so alt wäre, würde ich selbst den Führer machen. Da ich aber zu schwach dazu bin, soll diese Kugel dich führen."

Bei diesen Worten griff er in den Sack und reichte dem Prinzen eine

Kugel. Er gab ihm genaue Gebrauchsregeln. Auch warnte er ihn dringend vor den drohenden Stimmen. Er solle mutig bis zum Gipfel vordringen. Dort werde der sprechende Vogel der Lohn für seine Furchtlosigkeit sein. Dann ließ er ihn ziehen.

Der Prinz dankte. Dann nahm er die Kugel und warf sie vor sich hin. Dort, wo die Kugel stehenblieb, ging er nach den Weisungen des Derwisches. Kaum hatte er vier oder fünf Schritte getan, hörte er hinter sich eine grobe Stimme.

„Halt, du frecher Bursche!“ rief sie in ungebührlichem Ton. „Wo willst du hin? Ich werde dich für deine Unverschämtheit gleich prügeln.“

Bei diesen beleidigenden Worten vergaß der Prinz alle Warnungen. Ergrimmt riß er seinen Säbel aus der Scheide. Dann wandte er sich nach rückwärts, um den groben Mann zu erschlagen. Aber im Umdrehen schon war er in einen Stein verwandelt. Das gleiche geschah seinem Pferd.

Unterdessen befragte die Prinzessin Parisade täglich und stündlich ihre Perlenkette nach dem Befinden des Bruders. Sogar wenn sie nachts erwachte, nahm sie die Schnur zur Hand. Immer versuchte sie, ob sich die Perlen auf der Schnur noch bewegen ließen. Als Prinz Perwies in einen Stein verwandelt wurde, hielt sie gerade die Perlenkette in ihrer Hand. Plötzlich hafteten sie fest und waren nicht mehr zu bewegen. Da wußte sie, daß sie auch ihren zweiten Bruder verloren hatte.

Obgleich tiefer Schmerz sie erfüllte, verlor sie keine Zeit mit Weinen und Klagen. Nun mußte sie selbst erforschen, was mit ihren Brüdern geschehen sei. Schon am nächsten Morgen zog sie Männerkleidung an und bewaffnete sich. Ihrem Gesinde sagte sie, sie müsse eines Geschäftes wegen abreisen; sie werde aber in wenigen Tagen zurückkommen. Dann machte sie sich zu Pferd auf den Weg, den ihre Brüder gezogen waren. Von ihren häufigen Jagdritten her war sie Anstrengungen gewohnt, daher machten ihr die Beschwerden der Reise wenig aus. Am zwanzigsten Tag kam sie wie ihre Brüder zu dem Derwisch. Sie setzte sich neben ihn und begrüßte ihn.

„Heiliger Vater“, sprach sie, „laß mich an dieser glückverheißenden

Stätte ein wenig ausruhen. Kannst du mir sagen, wo ich den sprechenden Vogel, den singenden Baum und das goldfarbige Wasser finden kann?"

Der Derwisch entgegnete: „Edles Fräulein — du trägst zwar Männergewand, aber deine Stimme verrät dein Geschlecht. Ja, ich kenne den Ort, nach dem du fragst. Warum willst du ihn wissen?"

Und die Prinzessin antwortete: „Guter Derwisch, ich habe viel von den drei Wunderdingen gehört, und nun will ich sie besitzen."

„Ja, edles Fräulein", entgegnete der Alte, „diese Dinge sind wirklich wundervoll. Sie würden den schönsten Schmuck jedes Hauses bilden. Aber hast du auch von den Gefahren gehört, die mit ihrer Erwerbung verbunden sind? Es wäre besser, du kehrtest sogleich wieder nach Hause zurück."

„Frommer Mann", entgegnete die Prinzessin, „ich komme von weit her. Meine Fahrt war anstrengend. Ich werde nicht in meine Heimat zurückfahren, ohne den Zweck meiner Reise erreicht zu haben. Darum bitte ich dich, zeige mir den Weg. Sage mir die Gefahren, die mich erwarten. Ich will mich mit Kraft und Mut wappnen."

Da beschrieb ihr der Alte wie ihren Brüdern alle Schwierigkeiten und Gefahren, um sie von ihrem Entschluß abzubringen.

Aber die Prinzessin sagte: „Um den Gipfel des Berges zu erreichen und zum Käfig mit dem sprechenden Vogel zu gelangen, ist zweierlei notwendig. Erstens: man darf nicht umschauen; zweitens: man muß die Angst und das Entsetzen vor den wirren Stimmen unterdrücken. Ich traue mir genug Festigkeit zu, keinesfalls zurückzublicken. Gegen die Stimmen aber möchte ich eine List gebrauchen."

„Was willst du tun?“ fragte der Derwisch.

Die Prinzessin gab zur Antwort: „Ich werde mir die Ohren mit Baumwolle verstopfen. Dann kann ich die Stimmen nicht hören. So wird mein Sinn nicht in Furcht und Verwirrung geraten, und ich werde auf dem ganzen Weg deiner Warnung gedenken können.“

Erstaunt rief der Derwisch: „Edles Fräulein, auf diesen Gedanken ist noch keiner gekommen! Daher sind wohl auch alle ums Leben gekommen. Hoffentlich kannst du dein Unternehmen glücklich beenden. Ich bitte dich, achte genau auf meine Ermahnungen!“

„Guter Vater“, erwiderte die Prinzessin, „mein Herz sagt mir, daß ich mein Vorhaben glücklich vollenden werde. Zeige mir jetzt den Weg zum Ziel!“

Noch einmal ermahnte sie der Derwisch, ihren Plan fallenzulassen. Die Prinzessin aber beharrte unerschütterlich auf ihrem Entschluß. Also überreichte der Alte auch ihr eine Kugel.

„Besteig dein Pferd“, sagte er, „und wirf diese Kugel vor dich hin! Dann folge ihr, solange sie rollt! Sie wird am Fuß des Berges anhalten, auf welchem sich die gesuchten drei Dinge befinden. Dort steig ab und geh den Hang hinauf! Was sich dann ereignen wird, habe ich dir schon gesagt. Nun ziehe hin! Der Segen Gottes sei mit dir!“

Parisade nahm die Kugel und dankte dem Derwisch herzlich für seine freundlichen Worte. Dann bestieg sie das Pferd, warf die Kugel und folgte ihrem Lauf.

Als die Kugel stillstand, stieg die Prinzessin vom Pferd. Sie verstopfte sich die Ohren sorgfältig mit Baumwolle. Dann begann sie, den Abhang hinanzusteigen. Sie war fest entschlossen, den Gipfel des Berges zu erreichen. Um sie her war dumpfes Murmeln; die einzelnen Worte aber konnte sie nicht verstehen. Je weiter sie kam, desto lauter und drohender klang das Stimmengewirr. Sie fing auch dann und wann ein einzelnes Schimpfwort auf. Meistens galt es ihrem Geschlecht. Aber sie achtete nicht darauf. Lächelnd dachte sie: Schreit und schimpft nur zu! Ich ärgere mich doch nicht. Von meinem Wege werdet ihr mich nicht abhalten. Nun war sie dem Gipfel des Berges schon ganz nahe. Da wurde der Lärm ganz grauenhaft. Sogar die Baumwolle bot nicht mehr vollständigen Schutz. Doch die Prinzessin schritt unverzagt in doppelter Eile weiter. Schon sah sie den Käfig mit dem sprechenden Vogel vor sich. Das gab ihr neuen Ansporn, den Weg rasch zu vollenden. Als der Vogel sie herankommen sah, erhob er im Bunde mit den unsichtbaren Gestalten seine Stimme.

Donnernd laut rief er: „Zurück, du Närrin! Wage es nicht, mich zu berühren!"

Doch die Prinzessin ließ sich nicht einschüchtern. Schnell eilte sie zum Käfig hin und ergriff ihn.

„Mein lieber Vogel", rief sie, „nun gehörst du mir! Keine Macht der Welt soll dich mir je wieder entreißen!"

Nun nahm sie die Baumwolle aus den Ohren. Da hörte sie, daß der Vogel in sanften Tönen zu ihr sprach.

„Tapferes Fräulein", sagte er, „du mußt mir verzeihen! Ich habe mich mit den andern nur vereinigt, um dich zu prüfen. Aber sei guten Mutes! Jetzt wird dir nichts mehr geschehen. Ich werde von nun an immer dein getreuer Diener sein. Manchen guten Dienst werde ich dir erweisen können. Ich weiß, wer du bist; das wird dir eines Tages von großem Nutzen sein. Sage mir nur, was du befiehlst; ich werde gehorchen."

Die Prinzessin freute sich sehr, daß sie endlich den sprechenden Vogel errungen hatte. Der bittere Gedanke an ihre Brüder beeinträchtigte freilich ihre Freude. Im stillen hoffte sie, mit Hilfe des Vogels Näheres über den Tod der Brüder zu erfahren.

„Ich wünsche gar vieles", sagte sie zu dem Vogel. „Aber zunächst möchte ich wissen, wo ich das goldfarbige Wasser finden kann. Ich habe davon schon so viel Wunderbares erzählen hören."

Der Vogel zeigte ihr den Ort; er war nicht weit entfernt. Die Prinzessin ging hin und füllte ein silbernes Fläschchen bis oben mit der wunderbaren Flüssigkeit. Dann wandte sie sich wieder an den Vogel.

„Nun sage mir noch", bat sie, „wo der singende Baum ist. Ich möchte ihn ebenfalls finden."

Der Vogel antwortete: „Gleich hinter deinem Rücken steht ein kleines Gehölz. Dort wächst dieser Baum."

Die Prinzessin drehte sich um und sah das Wäldchen. Rasch ging sie hin. Sogleich erkannte sie den gewünschten Baum an dem Wohllaut, der aus den Zweigen ertönte. Aber der Baum war stark und hoch. So schien es ihr unmöglich, ihn mit sich zu nehmen. Ratlos ging sie zu dem Vogel zurück und fragte ihn, was sie tun solle.

„Prinzessin", sagte dieser, „du brauchst nicht den ganzen Baum mit dir nach Hause zu nehmen. Pflücke nur ein kleines Zweiglein ab und pflanze es in deinen Garten. In kurzer Zeit wird der Zweig zu einem ebenso großen Baum heranwachsen, wie jener dort im Gehölz ist."

Da brach die Prinzessin einen Zweig von dem Baum. Nun war sie im Besitz der drei Dinge, die sie sich so sehnlich gewünscht hatte.

Wieder wandte sie sich jetzt an den Vogel und sagte: „Ich muß deine Dienste weiter in Anspruch nehmen. Vor mir sind meine Brüder ausgezogen, um dich zu finden. Bei diesem Unternehmen haben sie den Tod gefunden. Sie müssen unter den schwarzen Steinen neben dem Pfad zum Gipfel sein. Sag mir ein Mittel, wie ich sie auffinden kann. Ich will sie mit mir nehmen."

„Prinzessin", antwortete der Vogel, „dieser Wunsch ist leicht zu erfüllen. Du brauchst nur einige Tropfen von dem goldfarbigen Wasser auf die Steine sprengen. Dann werden sie wieder in Menschen verwandelt werden. Unter ihnen wirst du auch deine Brüder finden."

Mit großer Freude hörte die Prinzessin diese frohe Kunde. Sie nahm die drei wunderbaren Dinge und schritt langsam den Pfad hinunter.

Dabei sprengte sie auf jeden Stein einige Tropfen des goldfarbigen Wassers. Und siehe da, jeder Stein erwachte zum Leben. Da erkannte sie unter den Wiedererstandenen ihre beiden Brüder Bahman und Perwis. Sie umarmte sie mit Tränen der Freude in den Augen.

„Meine lieben Brüder, was macht ihr denn hier?" fragte sie in ihrer Überraschung.

„Wir haben geschlafen", sagten diese.

Und die Prinzessin fuhr fort: „Ja, ihr glaubt geschlafen zu haben. Aber ohne mich würdet ihr wohl weiterschlafen bis zum Jüngsten Gericht. Habt ihr vergessen, warum ihr ausgezogen seid? Ihr wolltet die drei wunderbaren Dinge erwerben. Was aber ist wirklich geschehen? Ihr wurdet wie alle vor euch in schwarze Steine verwandelt. Blickt euch um, ob noch etwas von den schwarzen Steinen übrig ist. Alle Männer und Pferde, die da herumstehen, haben als Steine auf dieser Stätte gelegen; aber nun wurden sie in ihre frühere Gestalt zurückversetzt. Das habe ich durch die Kraft des goldfarbigen Wassers erreicht, mit dem ich die

Steine besprengte. Der sprechende Vogel hat mir dieses Mittel verraten. Hier seht ihr ihn in seinem Käfig. Er gebot mir auch, einen Zweig von dem singenden Baum zu pflücken. Nun habe ich euch wieder. Froh und dankbar wollen wir jetzt nach Hause zurückkehren."

Mit Staunen hatten die Brüder und alle umstehenden Männer der Prinzessin gelauscht. Nun dankten sie ihr mit überschwenglichen Worten. Die fremden Männer gönnten ihr die Eroberung der drei Dinge von Herzen; hatte sie ihnen doch dafür das Leben wiedergeschenkt. Darum wollten sie ihr hinfort als Sklaven dienen.

Die Prinzessin aber erwiderte: „Meine Absicht war, meine Brüder wieder ins Leben zurückzurufen. Wenn ich euch dabei gleichfalls gedient habe, edle Herren, so seid ihr mir deshalb keinen Dank schuldig. Ich danke euch herzlich für euer freundliches Angebot. Aber besteigt eure Pferde und kehrt in eure Heimat zurück!"

Jeder bestieg nun sein Pferd. In geschlossenem Zuge ritten sie dahin, die Prinzessin an der Spitze. Wegen ihrer klugen und mutigen Haltung hatten ihr alle einstimmig den Vorrang zuerkannt. Im Vorbeireiten wollten sie auch den Derwisch begrüßen und ihm danken. Aber er war gestorben; nun war ja kein Führer zu den drei wunderbaren Dingen mehr nötig. So ritt die ganze Schar dahin und verringerte sich von Tag zu Tag. Immer wieder zweigte einer in seine Heimat ab. Schließlich waren nur mehr die Prinzessin und ihre Brüder übrig. Sie erreichten sicher und wohlbehalten ihr Landgut.

Hier stellte die Prinzessin vor allem den Käfig mit dem sprechenden Vogel im Garten auf. Kaum hatte er seine Stimme erschallen lassen, flogen von allen Seiten Scharen von Vögeln herbei. Nachtigallen, Amseln, Finken und Lerchen vereinigten ihre Lieder mit dem Gesang des Vogels, daß der ganze Garten von dem Wohllaut der Vogelstimmen widerhallte.

Den Zweig pflanzte die Prinzessin in ein schönes Beet im Garten. Alsbald faßte er Wurzeln und wuchs und gedieh. In kurzer Zeit wurde er ein stattlicher Baum. Aus seinen Blättern aber tönten liebliche Melodien.

Mitten im Garten ließ die Prinzessin ein prächtiges Becken aus weißem Marmor erbauen. In dieses goß sie das goldfarbige Wasser aus dem silbernen Fläschchen bis zum letzten Tropfen hinein. Das Wasser schwoll an und erfüllte das Becken bis zum Rand. Aus der Mitte stieg ein klarer Strahl wie ein Springbrunnen haushoch empor. Die Wassergarben fielen wieder in das Becken zurück. Aber kein einziger Tropfen ging verloren, und der Brunnen sprühte fort, Tag und Nacht.

Die Kunde von diesen wunderbaren Dingen verbreitete sich rasch in der ganzen Gegend. Von nah und fern strömte das Volk herbei und bestaunte den Garten und seine Wunder.

Einige Zeit nach ihrer Reise ritten die Prinzen wieder einmal auf die Jagd. Zufällig war an diesem Tag der Sultan von Persien im selben Jagdgebiet unterwegs. Als die Prinzen dies vernahmen, wollten sie die Jagd einstellen. Auf dem Heimweg trafen sie aber trotzdem mit dem Sultan Chosru Schah zusammen. Sie warfen sich vor ihm zu Boden und berührten mit der Stirn die Erde. Der König wunderte sich über die beiden prächtig gekleideten jungen Männer und die herrlich gezäumten Pferde, so daß er neugierig wurde, auch die Gesichter der beiden zu sehen. Darum forderte er sie auf, sich zu erheben. Nun richteten sie sich auf. Sie standen in bescheidener, aber edler Haltung vor dem Sultan. Dieser betrachtete sie lange. Ihr vornehmes Wesen und ihre feinen Manieren setzten ihn in Erstaunen. Also fragte er sie, wer sie seien und wo sie wohnten.

Prinz Bahman nahm das Wort. „Hoheit", sagte er, „wir sind die Söhne des verstorbenen Aufsehers der königlichen Gärten. Er hat sich vor der Stadt ein Landhaus erbaut. Dieses bewohnen wir mit unserer Schwester. Wenn wir das notwendige Alter erreicht haben, Herr, werden wir Euch Dienst und Gefolgschaft leisten."

„Wie ich sehe", sagte der Sultan, „liebt ihr die Jagd."

„Herr", entgegnete Bahman, „sie ist ein gutes Mittel, Auge und Arm zu üben, damit wir dereinst tüchtige Gefolgsleute Eurer Majestät sein werden."

Diese Antwort gefiel dem Sultan. Er sagte: „Ich möchte sehen, wie

ihr euch bei der Jagd anstellt. Kommt und sucht euch ein Wild! Ihr sollt es in meiner Gegenwart erlegen."

Die Prinzen stiegen zu Pferd und schlossen sich dem Sultan an. In einem nahen Dickicht kamen zugleich ein Löwe und ein Bär aus ihren Verstecken hervor. Prinz Bahman verfolgte den Löwen, Prinz Perwis jagte den Bären. Beide brachten die Tiere in kurzer Zeit gewandt zur Strecke. Bald darauf kam wiederum ein Löwe in Sicht. Er wurde von Prinz Perwis mit sicherem Speerwurf erlegt. Inzwischen sandte Prinz Bahman seinen Speer einem Bären in die Flanke. Als sie noch weiter jagen wollten, hielt sie der Sultan zurück.

„Genug, genug", sagte er. „Wollt ihr das ganze Wild ausrotten? Ich habe eure Geschicklichkeit und Tapferkeit gesehen. Dies genügt mir als Probe für euren Mut. Kommt jetzt mit und wartet mir beim Mahle auf!"

Prinz Bahman erwiderte: „Hoheit, wir sind diese hohe Ehre und Auszeichnung nicht wert. Darum bitten wir, uns in Gnaden zu entlassen.“

Chosru Schah fragte verwundert, warum sie seine Einladung ablehnten.

„Hoher Herr“, sagte der Prinz, „wir haben zu Hause eine junge Schwester. Wir leben in inniger Eintracht mit ihr. Daher tun wir nichts, ohne uns vorher mit ihr beraten zu haben. Auch sie tut nichts, ohne uns vorerst zu befragen.“

Der Sultan lobte diese große Geschwisterliebe und sagte: „So will ich euch die Erlaubnis geben, zuerst mit eurer Schwester zu reden. Kommt morgen aber wieder hierher! Dann könnt ihr mir mitteilen, was eure Schwester dazu sagt.“

Die Prinzen verabschiedeten sich ehrfurchtsvoll und ritten nach Hause. Aber sie dachten nicht mehr an den Auftrag des Sultans. Daher vergaßen sie, ihrer Schwester von dem Vorfall zu erzählen. Am nächsten Tag trafen sie den Sultan wieder bei der Jagd. Da fragte er sie, ob sie mit ihrer Schwester gesprochen hätten. Sie erschraken und blickten einander verlegen an.

„Verzeih', erhabener Herrscher“, sagte Prinz Bahman. „Wir haben beide nicht mehr an Euren Befehl gedacht. Daher haben wir unsere Schwester noch nicht zu Rate gezogen.“

„So vergeßt nicht, es morgen zu tun“, erwiderte der Sultan. „Bringt mir dann Bescheid!“

Doch die Prinzen vergaßen auch diesmal. Trotzdem geriet der König nicht in Zorn. Er zog drei kleine goldene Kugeln aus seinem Gewand. Diese steckte er Prinz Bahman in den Gürtel.

Er sagte lächelnd: „Diese Kugeln werden euch am Vergessen hindern. Sie werden zu Boden fallen, wenn du dich am Abend entkleidest. Dann wirst du dich an meinen Auftrag erinnern.“

Es kam so, wie der Sultan vorausgesehen hatte. Als der Prinz am Abend seinen Gürtel ablegte, rollten die Kugeln auf den Boden. Nun holte er rasch seinen Bruder Perwis. Zusammen gingen sie in das Zimmer ihrer Schwester. Sie hatte sich noch nicht zur Ruhe begeben. Nach vielen Entschuldigungen setzten sie ihr die Gründe ihres späten Erscheinens auseinander. Die Prinzessin tadelte sie wegen ihrer Gedankenlosigkeit. Wie konnten sie dreimal den Befehl des Sultans vergessen!

„Eure Begegnung mit dem Sultan", fuhr sie fort, „ist ein glücklicher Zufall. Große Erfolge und Ehren mögen euch in Zukunft winken. Für mich aber ist es traurig. Über kurz oder lang werdet ihr dem Ruf des Herrschers folgen. Ich danke euch für eure Rücksicht. Aber ich muß euch für eure Unhöflichkeit gegen den König tadeln; sein Wunsch mußte euch Befehl sein. Ich darf euch also jetzt nicht abreden, wie ich es gerne möchte. Das würde euch nur dem Zorn des Herrschers aussetzen. Ihr müßt ihm für seine Gnade danken. Es ist für euch die höchste Auszeichnung, in seine Dienste treten zu dürfen. Bevor ihr geht, will ich noch den sprechenden Vogel um Rat fragen. Er hat mir in manchen schwierigen Fällen gute Dienste geleistet."

Sie ließ den Käfig mit dem Vogel an ihre Seite stellen. Dann trug sie ihm die ganze Angelegenheit vor. Schließlich fragte sie ihn um seinen Rat.

Der Vogel antwortete: „Es ist notwendig, daß die Prinzen dem Sultan in allen Dingen zu Willen sind. Sie sollen ihrerseits den Sultan demütig bitten, an einem Fest in eurem Hause teilzunehmen. Damit werden sie einen untrüglichen Beweis ihrer Treue geben."

„Aber, lieber Vogel", wandte die Prinzessin ein, „was wird dann aus unserer Geschwisterliebe? Wird sie durch die Entfernung meiner Brüder aus diesem Hause keine Einbuße erleiden?"

„Im Gegenteil", antwortete der Vogel, „sie wird dadurch nur noch stärker werden."

Die Prinzessin fragte weiter: „Wenn der Beherrscher der Gläubigen in unser Haus kommt, muß ich mich ihm dann unverschleiert zeigen?"

„Das ist nicht zu vermeiden", entgegnete der Vogel. „Aber es wird nur zu deinem Vorteil sein."

Am folgenden Tage ritten die beiden Brüder wieder zur Jagd. Schon von weitem rief ihnen der Sultan entgegen: „Habt ihr wieder vergessen, eure Schwester zu befragen?"

Bahman näherte sich ihm ehrerbietig. „Herr", sagte er, „wir sind bereit, zu gehorchen. Unsere Schwester hat sofort ihre Einwilligung gegeben. Sie hat uns sogar heftig getadelt, weil wir unsere Pflicht gegen Euch vernachlässigt haben. Durch uns läßt sie Euch demütig um Verzeihung bitten. Sie selbst sei die Ursache gewesen, daß wir gefehlt haben."

„Macht euch darüber keine Sorgen!" entgegnete der Sultan. „Eure geschwisterliche Anhänglichkeit freut mich. Ich hoffe, daß ihr auch mir gleich ergeben und anhänglich sein werdet."

Die Prinzen erröteten verlegen über diese gütigen Worte des Sultans. Sie suchten ihre Verwirrung unter tiefen Verbeugungen zu verbergen.

An diesem Tage machte der Sultan zeitig Schluß mit der Jagd. Er zog die Brüder in seine Nähe, um sich mit ihnen zu unterhalten. Dabei sah er, daß sie nicht nur körperliche, sondern auch geistige Vorzüge besaßen. Mit Vergnügen hörte er ihre Reden und Antworten. Während des ganzen Rückweges mußten sie an seiner Seite reiten. Das erregte den Neid und die Eifersucht des ganzen Gefolges. Als sie in die Stadt einritten, waren aller Augen auf die beiden stattlichen Jünglinge gerichtet.

„Wollte Gott", sagten manche, „daß unser König zwei so prächtige Söhne hätte. Unsere unglückliche Königin schmachtet jetzt im Kerker. Wenn sie ihm damals zwei Söhne geschenkt hätte, wären sie jetzt im gleichen Alter wie diese jungen Herrn."

Im Palast führte der Sultan die beiden Jünglinge in sein eigenes Gemach; dieses war aufs prächtigste ausgestattet. Dort ließ er ein herrliches Mahl auftragen und lud sie ein, mit ihm zu speisen. Die Jünglinge setzten sich bescheiden und verzehrten schweigend das Mahl. Der Sultan verstand, daß die beiden die Unterhaltung nicht beginnen konnten; darum zog er sie ins Gespräch. Er fand seinen günstigen Eindruck von den beiden aufs neue bestätigt. Die Jünglinge waren in allen Zweigen von Kunst und Wissenschaft aufs beste bewandert und blieben dem Sultan keine Antwort schuldig. Auf allen Gebieten zeigten sie Verstand, Scharfsinn und Urteilskraft. Er bedauerte in seinem Herzen, nicht zwei so prächtige Söhne zu haben. Auch nach dem Mahl unterhielt er sich lange mit ihnen.

Schließlich sagte er: „Ich hätte nie geglaubt, daß es unter meinen Untertanen so wohlerzogene junge Leute gibt. Die Unterhaltung mit euch ist für mich ein großes Vergnügen. Doch es ist spät. Ihr sollt euch noch an Gesang und Musik erfreuen."

Auf einen Wink des Sultans betraten Spielleute und Tänzer den Saal. Sie zeigten ihre Kunst und Geschicklichkeit. Unter fröhlichem Spiel und heiteren Scherzen verstrichen die Stunden. Als der Abend nahte, warfen sich die Prinzen dem Sultan zu Füßen. Sie dankten für seine Huld und baten, heimkehren zu dürfen.

Der Sultan verabschiedete sie freundlich. „Geht jetzt!" sagte er. „Aber kommt morgen wieder zur Jagd! Von dort sollt ihr mich abermals in den Palast begleiten! Gern hätte ich euch immer bei mir, denn eure Gesellschaft und Unterhaltung erfreuen mich sehr."

Da warf sich Prinz Bahman zu seinen Füßen nieder. „Herr", sagte er, „wir haben eine Bitte an Euch. Wollt Ihr auf der Rückkehr von der Jagd unser Haus mit Eurem hohen Besuch beehren? Es ist zwar gering und armselig für Euch. Aber Könige verschmähen manchmal nicht, die Hütten der Niedrigen zu betreten."

Der König freute sich über diese wohlgesetzten Worte und gab eine gnädige Antwort.

„Euer Haus", sprach er, „wird eurer wohl wert sein. Gerne will ich auch eure kluge Schwester kennenlernen. Ich bestimme daher den übernächsten Tag für diesen Besuch. Ihr sollt meine Führer sein."

Die Prinzen Bahman und Perwis verließen den Sultanspalast und ritten schleunigst nach Hause zurück. Dort berichteten sie der Schwester, daß der Sultan ihre Einladung angenommen habe. Übermorgen werde er bei ihnen einkehren.

„Dann müssen wir ein königliches Mahl rüsten", sagte die Prinzessin. „Vorher wollen wir aber den sprechenden Vogel um Rat fragen. Er soll uns die Lieblingsspeisen des Herrschers nennen."

Sie ließ den Käfig mit dem Vogel bringen und richtete ihre Fragen an ihn.

„Herrin", sagte der Vogel, „du hast vortreffliche Köche. Diese werden alles aufs beste besorgen. Nur ein Gericht möchte ich dir besonders empfehlen: Laß eine Schüssel mit frischen Gurken bereitstellen. Diese sollen mit Perlen gefüllt sein. Gleich als ersten Gang mußt du dem Sultan dieses Gericht vorsetzen!"

„Gurken mit Perlenfülle?" fragte verwundert die Prinzessin. „Das ist eine sonderbare Speise. Der Sultan kommt doch nicht in unser Haus, um Perlen zu genießen. Auch habe ich nicht Perlen genug, um Gurken damit füllen zu können."

„Herrin", antwortete der Vogel, „handle genau nach meinen Anweisungen! Dann wirst du sehen, daß ich dir gut geraten habe. Wegen der Perlen mach dir keine Sorgen. Laß morgen früh in deinem Garten am Fuße des ersten Baumes rechts in der Allee nachgraben! Dort wirst du genug Perlen finden."

Am nächsten Morgen ließ die Prinzessin an der bezeichneten Stelle nachgraben. Als der Gärtnerbursche schon ein ziemlich tiefes Loch ausgegraben hatte, stieß er mit der Schaufel an einen harten Gegenstand. Die Prinzessin befahl ihm, vorsichtig weiterzugraben. Bald war ein goldenes Kästchen freigelegt. Der Gärtner reinigte es von der anhaftenden Erde, dann übergab er es der Prinzessin. Diese öffnete den Verschluß. Da sah sie, daß es voll von Perlen war. Sie waren alle von gleicher Größe und für den beabsichtigten Zweck geeignet. Erfreut ging Parisade mit dem Kästchen in das Haus.

Sie zeigte ihren Fund den beiden

Brüdern. Diese betrachteten verwundert die schönen Perlen. Nun wollten sie auch wissen, woher sie diese hätte.

„Liebe Brüder“, antwortete sie, „kommt mit mir in mein Zimmer. Dann will ich es euch sagen.“

Die Prinzen waren neugierig, alles zu erfahren. Darum erzählte ihnen Parisade von dem sonderbaren Rat des sprechenden Vogels. Er habe sie angewiesen, die Perlen für das Gurkengericht aus der Erde zu graben. Die Geschwister konnten sich nicht erklären, was der Vogel damit bezwecke. Aber sie wollten den Rat des Vogels trotzdem genau befolgen.

Dann ließ die Prinzessin den Oberkoch rufen, um ihn auf den bevorstehenden Besuch des Sultans vorzubereiten. Der Koch möge seine ganze Kunst aufbieten und solle die feinsten Speisen und Leckerbissen vorbereiten.

„Auf eine Speise mußt du besonders acht haben“, sagte sie schließlich. „Du mußt sie mit eigener Hand zubereiten. Ich wünsche ein Gericht frischer grüner Gurken; diese müssen mit Perlen gefüllt sein.“

Bei diesen Worten zeigte sie ihm das Kästchen mit den Perlen. Die Miene des Oberkochs war mehr als verblüfft. Man konnte erraten, was sich der Mann dachte.

„Du hast recht gehört“, sprach sie. „Ich bin nicht verrückt. Zwar hat noch niemand von dieser seltsamen Speise gehört. Aber ich habe meine guten Gründe, darauf zu bestehen. Tu also genau, was ich dir befohlen habe. Nimm das Kästchen mit den Perlen mit dir. Solltest du nicht alle Perlen für die gefüllten Gurken benötigen, hast du mir den Rest zurückzugeben.“

Der Küchenmeister nahm das Kästchen in Empfang und entfernte sich. Er wollte sofort seine Anordnung treffen. Seine Speisen sollten allen Wünschen gerecht werden. Die Prinzessin ließ in Haus und Garten alles in Ordnung bringen. Die herrlichsten Teppiche wurden aufgelegt. Alle Diener bekamen neue Kleider.

Am andern Tage ritten die Prinzen zum verabredeten Treffpunkt. Dort erwarteten sie den Sultan, der auch bald eintraf und die Jagd begann. Erst als die Sonne ihre höchste Stelle erreicht hatte, wurde die Jagd eingestellt. Prinz Perwis ritt voraus, um der Schwester die nahe Ankunft des Sultans anzukünden. Prinz Bahman blieb beim Sultan, um den Führer in das Landhaus zu machen.

Prinzessin Parisade wartete am Eingang des Hauses auf das Erscheinen des Herrschers. Als er vom Pferd gestiegen war, fiel sie ihm zu Füßen. Ehrerbietig grüßte sie ihn. Die Prinzen stellten dem Sultan ihre Schwester vor. Freundlich ergriff er ihre Hand und half ihr, sich vom Boden zu erheben. Als er ihr nun ins Antlitz schaute, staunte er über ihre Schönheit und Würde.

„Ich sehe", sprach er lächelnd, „daß die Schwester den Brüdern ebenbürtig ist. Sie dürfen mit Recht stolz auf dich sein. Nun verstehe ich auch, daß die Brüder zu dir um Rat kommen. Sicher werde ich mich von der Richtigkeit meiner Meinung noch überzeugen können. Doch vorerst wollen wir das Haus und den Garten besichtigen."

Die Prinzessin führte den König durch das Haus. Sie zeigte ihm die ganze Pracht der Anlage und Einrichtung. Der Sultan war über den gediegenen und geschmackvollen Landsitz sehr verwundert. Er erklärte, dieses Haus könne sich den schönsten Palästen in der Stadt würdig anreihen. Dann wollte er auch den Garten sehen. Die Prinzessin öffnete die Tür nach dem Garten. Als erstes sah der König den Springbrunnen, der ohne Unterbrechung einen Strahl klaren, goldig glänzenden Wassers in die Lüfte sandte. Erstaunt betrachtete der Sultan das Schauspiel.

„Das ist fürwahr ein herrlicher Anblick", sagte er. „Wo ist die Quelle, die diesen Brunnen speist? Ich möchte dieses Wunder gerne aus der Nähe betrachten."

Er ging auf das marmorne Becken zu. Dabei kam er an dem singenden Baum vorüber. Wie von Himmelsharfen drangen die Melodien an sein Ohr. Überrascht hielt der Sultan seine Schritte an. Er blickte in die Runde, um den Musikanten zu entdecken. Aber er sah niemanden.

„Woher kommen diese wunderbaren Töne?“ fragte er die Prinzessin. „Steigen sie aus der Erde empor oder dringen sie aus Himmelshöhen herab? Ich bin entzückt und möchte den Musikanten sehen. Seine Meisterschaft hat mir Herz und Sinne bezaubert.“

Lächelnd entgegnete die Prinzessin: „Erhabener Herr, diese Musik ist von keinem Menschen geschaffen. Sie geht von dem Baum aus, den Ihr hier seht. Wenn Ihr nähertretet, werdet Ihr die Töne noch deutlicher hören. Dann werdet Ihr mir glauben.“

Der König trat näher an den Baum heran. Er konnte sich nicht satthören an den wundersamen Klängen. Endlich wandte er sich an die Prinzessin.

„Wie bist du in den Besitz dieses Wunderbaumes gekommen?“ fragte er. „Ich habe noch nie von ihm gehört. Wie heißt er?“

„Herr“, erwiderte Parisade, „wir nennen ihn nur den singenden Baum. Aber seine Geschichte ist lang. Sie könnte Euch jetzt ermüden. Vielleicht habt Ihr die Gnade, in unserem Hause auszuruhen? Dann werde ich Euch erzählen, wie der Baum in diesen Garten kam. Die Geschichte hängt mit dem goldfarbigen Springbrunnen und dem sprechenden Vogel zusammen.“

„So laß uns eilen“, entgegnete der Sultan. „Ich will das goldfarbige Wasser aus der Nähe besehen. Dann kannst du mir deinen sprechenden Vogel zeigen. Auf beides bin ich sehr neugierig.“

Nun trat der König nahe an den Springbrunnen heran. Lange und aufmerksam betrachtete er den klaren Wasserstrahl. Unaufhörlich schoß das Wasser in die Höhe und fiel in breiten Garben in das Becken zurück.

„Liebes Kind“, sagte er dann zur Prinzessin, „nach deinen Worten hat dieser Brunnen keine Quelle. Er besitzt aber auch keinen anderen Zufluß in unterirdischen Röhren. Deshalb muß er gleichfalls aus fremden Landen stammen.“

„Herr“, erwiderte die Prinzessin, „es ist so, wie Ihr sagt. Ich habe nur ein kleines Fläschchen goldfarbigen Wassers in dieses Marmorbecken gegossen; und jetzt seht Ihr das ganze Becken bis zum Rand angefüllt. Diese Kraft hat das Wasser in sich.“

Endlich verließ der Sultan das Becken. Nun verlangte er, den sprechenden Vogel zu sehen. Da führte ihn die Prinzessin zu dem Fenster des Saales, in dem der Käfig mit dem Vogel stand. Scharen der verschiedensten Singvögel waren in der Nähe. Sie alle ließen ihre Lieder ertönen. Erstaunt fragte der Sultan, warum gerade hier so viele Vögel versammelt seien.

„Weil der Gesang des sprechenden Vogels alle anderen Vögel anlockt“, antwortete die Prinzessin. „Sie wollen ihre Stimmen mit seinem Gesang vereinigen. Und dieser übertrifft den Gesang der Nachtigall.“

Der König trat zu dem Vogel. Dieser aber sang weiter. Da redete ihn die Prinzessin an.

„Höre, Vogel“, sagte sie, „vor deinem Käfig steht der erhabene Sultan. Willst du ihm nicht die schuldige Ehrerbietung erweisen?“

Auf diese Worte hin hörte der Vogel zu singen auf. Zugleich verstummten auch alle übrigen Vögel; sie erblickten ja in ihm ihren Herrn.

Nun sagte der Vogel in menschlichen Lauten: „Gegrüßt sei der gewaltige Sultan! Allah überschütte ihn mit seinem Segen! Er gewähre ihm Macht und Glück bis an das Ende seiner Tage!“

Und der Sultan erwiderte: „Ich danke dir für deinen Gruß. Es freut mich, in dir den König der Vögel kennenzulernen.“

Dann begab er sich in den Saal, in dem die Tafel festlich gedeckt war, und setzte sich zu Tisch. Zuerst griff er nach dem Gericht mit den gefüllten Gurken. Anstatt der eßbaren Fülle aber fand er Perlen vor.

„Was ist das für eine sonderbare Speise?“ fragte er. „Man kann sie doch nicht essen.“

Dabei blickte er forschend die Prinzen und ihre Schwester an. Sie konnten ihm aber keine Antwort geben. Da ergriff der sprechende Vogel das Wort.

„Herr“, sagte er, „wie kannst du dich über eine Gurkenfülle aus Perlen

wundern? Du siehst sie doch mit eigenen Augen. Als man dir sagte, deine Gemahlin habe zuerst einen Hund, dann eine Katze und zuletzt eine Ratte zur Welt gebracht, warst du nicht erstaunt. Leichtgläubig hast du für Wahrheit genommen, was man dir sagte."

„Ich habe es geglaubt" entgegnete der Sultan, „weil die Wärterinnen meiner Frau dies angaben. Es waren ja ihre eigenen Schwestern. Sie hatten keine Ursache, mich zu täuschen oder zu belügen."

„Ja", erwiderte der Vogel, „es waren ihre eigenen Schwestern. Aber der Haß und der Neid über das Glück der von dir geliebten Schwester haben sie verblendet. Boshaft und tückisch ersannen sie eine List, um die verhaßte Schwester ins Elend zu stürzen. Befrage sie nur! Sie werden ihr Verbrechen eingestehen! Sie haben deine Leichtgläubigkeit mißbraucht und dich dreimal belogen. Nicht Tiere hat deine liebliche Gemahlin zur Welt gebracht, sondern schöne Kinder. Die beiden Brüder Bahman und Perwis und ihre Schwester Parisade sind deine eigenen Kinder. Sie wurden von den neidischen Schwestern deiner Gattin ausgesetzt. Der Aufseher deiner Gärten hat sie aufgenommen und wie seine lieblichen Kinder großgezogen."

Mit steigendem Erstaunen hatte der Sultan die Worte des Vogels vernommen.

„Vogel, ich glaube dir!" rief er jetzt. „Nun begreife ich auch, warum sich mein Herz sogleich zu den beiden Brüdern hingezogen fühlte. Deshalb erfüllt mich auch Zärtlichkeit zu ihrer lieblichen Schwester. Die Bande des Blutes sprechen deutlicher als Worte. Kommt an mein Herz, meine geliebten Kinder! Empfanget die ersten Beweise väterlicher Liebe!"

Jubelnd eilten die drei in seine Arme. Sie küßten ihn zärtlich, um ihm ihre Freude und Liebe zu bezeugen, dann umarmten sie einander.

Endlich sagte der Sultan. „Liebe Kinder, morgen sollt ihr auch eure Mutter in die Arme schließen. Bereitet euch vor, sie würdig zu empfangen."

Nach diesen Worten verließ er den Saal. Er bestieg sein Pferd und ritt in den Palast. Sogleich ließ er den Großwesir rufen. Ihm befahl er, die beiden Schwestern der Sultanin zu verhaften und zu töten. Ohne Verzug wurden sie in Fesseln herbeigebracht. Sie gestanden ihre Missetat sofort. Dann wurden sie in Gegenwart des Großwesirs enthauptet. Das war die gerechte Strafe für ihre Bosheit und Freveltat.

Unterdessen begab sich der Sultan Chosru Schah mit seinem Hofstaat zur Tür der großen Moschee. Dort schmachtete seine Gemahlin noch immer in ihrem engen Käfig. Mit bitterem Schmerz erduldete sie Schimpf und Schande. Nun führte der Sultan sie mit eigenen Händen aus ihrem Gefängnis. Mit Tränen in den Augen umarmte er sie zärtlich.

„Teure Gemahlin“, sagte er, „ich habe dir namenloses Weh zugefügt. Jetzt bitte ich dich, mir meine Ungerechtigkeit zu verzeihen. Ich will dir die schuldige Genugtuung geben. Deine Schwestern haben mich belogen und betrogen. Sie haben die gebührende Strafe erlitten. Dir aber will ich deine Kinder wiedergeben, die du mir geboren hast. Es sind zwei ausgezeichnete Prinzen und eine liebreizende Prinzessin. Bald wirst du sie an deine Brust ziehen können. Komm mit mir! Nimm die Stellung wieder ein, die dir in Ehren gebührt.“

Das alles geschah angesicht einer großen Volksmenge. Schnell verbreitete sich die Kunde von dieser Begebenheit in der ganzen Stadt. Alle segneten die Gattin des Sultans und verfluchten die teuflischen Schwestern.

Am nächsten Tag begab sich der Sultan mit seiner Gemahlin und dem ganzen Hofstaat nach dem Landhaus der Geschwister. Dort führte er selbst ihr die Prinzen Bahman und Perwis und die Prinzessin zu.

„Teure Gattin“, sprach er, „hier sind deine Kinder! Umarme sie mit mütterlicher Liebe und gewähre ihnen deine Huld und Güte! Sie sind deiner würdig.“

Da fielen die Kinder ihrer Mutter um den Hals. Sie schloß sie innig an ihre Herz. Tränen der Freude entströmten ihren Augen. Die Sultanin fand den schönsten Trost in dem Gedanken, ihre Kinder wiederzuhaben. Ihretwegen hatte sie ja so lange und schmerzlich gelitten.

Hierauf setzte sich der Sultan mit seiner Gemahlin und seinen drei Kindern zu Tisch. Nie zuvor war ein Mahl mit größerer Freude begangen worden. Besonderes Lob wurde dem sprechenden Vogel gespendet; er hatte ja die Schandtat aufgedeckt und die Gatten und ihre Kinder wieder vereint. Nach der Mahlzeit führte der Sultan seine Gemahlin in den Garten. Dort zeigte er ihr den singenden Baum und den wunderbaren Springbrunnen.

Als sie alles gesehen hatten, zogen sie in die Stadt zurück. Prinz Bahman ritt zur Rechten, Prinz Perwis zur Linken des Vaters, ihnen folgten die Sultanin und Prinzessin Parisade. Voraus und am Schlusse des Zuges ritten die Hofbeamten. Das Volk bekundete seine Freude an diesen glücklichen Ereignissen. Die Fröhlichkeit war um so größer, als man die Sultanin nun wieder in Freiheit sah. Auch die beiden Prinzen und die Prinzessin wurden jubelnd begrüßt. Allgemeines Staunen erregte der sprechende Vogel, den die Prinzessin im Käfig mit sich führte. Schwärme von Singvögeln begleiteten den Zug, und alle Bäume an der Straße waren mit Scharen von Vögeln besetzt. Sie zwitscherten und jubilierten, daß es eine Freude war.

Im Palast wartete ein herrliches Festmahl; aber auch in der Stadt währte tagelang ein festliches Treiben.

Am Ende der Festlichkeiten übertrug der Sultan seinem älteren Sohne Bahman die Regierung des Reiches. Der jüngere Sohn Perwis übernahm die Sorge für das Heerwesen. Prinzessin Parisade aber wurde mit dem mächtigen König eines Nachbarreiches vermählt. Die Sultanin lebte mit ihrem Gemahl in Glück und Zufriedenheit. Bald vergaß sie alles Leid, das sie in langer Gefangenschaft standhaft erduldet hatte.

WIE DIE ERZÄHLUNGEN AUS TAUSENDUNDEINER NACHT SCHLIESSEN

Also erzählte Scheherasade ihrem Gatten, dem Sultan Schachriar von Indien. Und es vergingen tausendundeine Nacht, bis sie die letzte wundersame Geschichte beendet hatte. Nun warf sie sich vor dem Sultan nieder und küßte den Boden zu seinen Füßen.

„Mein Herr und König", sagte sie, „ich habe in tausendundeiner Nacht alle Geschichten erzählt, die ich weiß. Darf ich mir zum Lohn dafür demütig eine Gnade erbitten?"

Der Sultan nickte und sprach: „Deine Bitte sei dir gewährt!"

Da rief sie ihren Dienerinnen zu: „Bringt mir meine Kinder!"

Die Dienerinnen liefen und brachten drei Knaben herbei, die Scheherasade in den drei Jahren ihrer Ehe dem König geboren hatte. Der älteste lief, der zweite kroch am Boden herum, der jüngste aber lag noch an der Brust. Scheherasade nahm die drei Kinder und hielt sie dem Sultan entgegen.

„Herr“, bat sie, „hier sind deine Söhne! Um ihretwillen schenke mir das Leben. Die armen Kleinen sollen nicht mutterlos werden!“

Da weinte der König und zog die Kinder an seine Brust. Zu Scheherasade aber sprach er: „Liebste Gemahlin, du wirst nicht getötet werden, das hatte ich schon längst beschlossen. Ich habe dich als edel, treu und tugendhaft erkannt. Allah beschütze dich und unsere Kinder!“

Nun warf sich Scheherasade dem Sultan zu Füßen, um ihm zu danken. Er aber hob sie auf.

„Du sollst als meine Gattin an meiner Seite herrschen“, sprach er, „solange uns Gott das Leben schenkt.“

Somit hatte der König das grausame Gesetz, seine Gattin am Tage nach der Hochzeit zu töten, aufgehoben. Darüber herrschten Freude und Jubel im ganzen Reich. Alles Volk dankte der mutigen Königin Scheherasade.

Am nächsten Morgen ließ der Sultan seinen Großwesir kommen und verlieh ihm ein prunkvolles Ehrengewand. Das war der Dank dafür, daß er ihm seine kluge und tugendhafte Tochter zur Gattin gegeben hatte. Die Stadt wurde geschmückt, Freudenfeste wurden angeordnet und Geschenke und Almosen verteilt. Das ganze Land nahm teil an den frohen Feiern. Der Sultan aber herrschte mit seiner geliebten Gemahlin noch lange Jahre in Glück und Freuden.